读懂
Web3.0

王岳华 郭大治 达鸿飞 著

图书在版编目（CIP）数据

读懂 Web3.0 / 王岳华，郭大治，达鸿飞著. -- 北京：中信出版社，2022.11
ISBN 978-7-5217-4840-6

I. ①读… II. ①王… ②郭… ③达… III. ①网络经济-研究 IV. ① F49

中国版本图书馆 CIP 数据核字（2022）第 188388 号

读懂 Web3.0

著者： 王岳华　郭大治　达鸿飞
出版发行： 中信出版集团股份有限公司
（北京市朝阳区惠新东街甲 4 号富盛大厦 2 座　邮编　100029）
承印者： 北京诚信伟业印刷有限公司

开本：880mm×1230mm　1/32　印张：12　字数：289 千字
版次：2022 年 11 月第 1 版　　　 印次：2022 年 11 月第 1 次印刷
书号：ISBN 978-7-5217-4840-6
定价：69.00 元

版权所有·侵权必究
如有印刷、装订问题，本公司负责调换。
服务热线：400-600-8099
投稿邮箱：author@citicpub.com

目 录

推荐序一 / 姚前
四大变革 V

推荐序二 / 梁信军
Web3.0 以全新范式开启全球化新时代 IX

推荐序三 / 于佳宁
Web3.0 将带来一场全新的互联网范式革命 XV

前言 / 王岳华
Web3.0 的趋势与思考 XIX

1
Web3.0：一场自下而上的互联网革命

互联网：还未长大却已老去 005
Web3.0：自下而上掀起互联网革命 009
Web3.0 关键词——功能协议化 011

Web3.0 关键词——分层可组合性 012
Web3.0 关键词——去中心化 015
从"胖应用"到"胖协议"：Web3.0 建立全新经济生态 016

2
Web3.0 新技术：公链、身份和激励

公链：Web3.0 的计算基础设施 023
身份：用户迁移的必由之路 041
激励：从流量池向完整经济体的转变 059

3
Web3.0 新文化：数据确权制度及其价值发现

NFT：数据确权带来的资产属性和功能属性 067
资产属性：从数据确权到文化发现，再到数据价值变现 070
功能属性：NFT 无限可能的商业价值 085

4
Web3.0 新商业：创作者经济的崛起

游戏：X to Earn 的探索 103
音乐：从创作确权向用户激励进发 115
SocialFi：社交商业模式的重构 123

基础设施：覆盖更多场景的平台和协议　133

5
Web3.0 新金融："三无模式"开创全球统一大市场

区块链：从底层重构金融基础设施　147
传统金融的进化　150
DeFi：无许可、无门槛和无人驾驶的"三无金融"　160
DeFi 的积极意义和未来方向　206

6
Web3.0 新治理：不仅要特立独行，还要寻求认同

DAO 的诞生及其理论渊源　213
DAO 的实践：已经开始"代码自治"的探索　220
DAO 工具：让"代码自治"变得更加强大　250
DAO 和法律的结合：寻找链下共识的支撑　254

7
Web3.0 新趋势：持续生长的其他枝干

元宇宙：Web3.0+ 新型人机交互　259
物联网：从人的数据化到环境的数据化　270
人工智能：数字经济时代的生产力逻辑　275

数字孪生：从消费互联网向工业互联网的延伸 280
隐私计算：从"可用需可见"向"可用不可见"的转变 285
低代码或无代码：打破专业门槛也是一种进步 290

8
Web3.0 新风险：技术范式转化的双重影响

技术风险：白帽子和黑帽子 297
业务风险：越盖越高的"空中楼阁"和无处可逃的
死亡螺旋 305
数据风险："匿名交易"和"数据标签"可以共存吗 311
伦理风险：代码和法律，哪个更底层 314

9
下注 Web3.0

投资机会的多层次、全方位呈现 327
政府：在趋势和风险中寻求平衡 336
互联网公司：延续还是嬗变 347
资本：用最聪明的钱做最诚恳的表白 351
个人能力的变与不变 354

推荐序一
四大变革

Web3.0（第三代互联网）区别于Web1.0（第一代互联网）、Web2.0（第二代互联网）的核心特征是，它是以用户为中心的可信的价值互联网，是智能的立体全息互联网，能极大提升用户体验。

这是一场数据变革，数据的所有权和身份的自主权将从大型平台回归于用户，互联网将变得更加平等、更加开放、更加符合群体利益。在Web2.0中，大量的用户数据集中于互联网平台，一旦泄露，将对用户隐私造成极大损害，比如Facebook（脸书）就发生过类似事件。在Web3.0中，用户数据经密码算法保护后存储在分布式系统中。身份信息与谁共享、数据是何用途均由用户决定。一个典型的商业案例是自动分布式信用评分系统，链上智能合约会先检索与每个钱包相关的所有交易信息，再输入机器学习模型，最后得到用户的征信评分。只有客户签名之后的征信报告才能被各方使用，以有效防止数据和征信报告被滥用。

这是一场信任变革，信息互联网将演化为可信的价值互联网。Web1.0和Web2.0仅是信息网络，虽然可以传播文字、图片、声音、视频等信息，但无法像发邮件、发短信一样点对点传递价值。Web3.0则是价值互联网，不需要依赖特定中介机构即可实现价值的点对点传递。最典型的商业应用是数字货币，比如USDT（泰达币）。在互联网中传递价值的形式还可以是数字资产，这两年的热点是NFT（Non-fungible Token，非同质化通证）。NFT起先在卡通和游戏领域试水，后来艺术家、拍卖行、数字媒体、文化公司、体育联盟纷纷向NFT注入各类文化IP（知名文创作品），使得数字文化、数字藏品通过NFT可在网上直接流转。

这是一场体验变革，互联网将变得更加智能化、更加人性化、更加个性化。通过AR（增强现实）/VR（虚拟现实）/XR（扩展现实）、可穿戴设备、人机接口等技术，人们可在立体全息的空间中，体验到前所未有的交互感、沉浸感和参与感。在虚拟世界，每个动作都与真人的动作如出一辙，除了视觉和听觉，玩家在虚拟世界中感受到的触觉甚至可以通过特殊材料制成的衣服传导给本人。相比而言，Web1.0和Web2.0仅能传递视觉和听觉。

例如，百度推出一款名为"希壤"的元宇宙社交App（应用程序），用户可以在其中创建虚拟化身，也可以与好友即时语音、互动交流。香港科技大学宣布建立全球首个基于元宇宙的"实体—数字"双子校园。京东尝试在电商场景中引入虚拟人，采用虚拟主播，开启"虚拟人+直播卖货"新模式。Gucci（古驰）在Roblox上推出了Gucci Garden，这是一系列品牌主题房间，与推出的类似实体空间相呼应。耐克在Roblox中拥有自己的元宇宙空间Nikeland。宝马正在尝试创建整个工厂的数字孪生，并使用英伟达（Nvidia）的Omniverse元宇宙技术设计产品。另外，"元宇宙+"政府也是热点。韩国首尔市计划在2023年之前建成公共服务元宇宙。迪拜虚拟资产监管局在The Sandbox上建立了元宇宙总部，使其成为新兴数字领域的第一个监管机构。Web3.0不仅仅是一个概念，还是有着数万亿价值体量的，多家主流科技公司和初创企业投入资源的，实实在在涵盖社交、游戏、电商等多个行业的科技创新生态。

这是一场基础性的技术变革，涵盖高性能芯片、高性能计算集群、高性能网络、VR、数字孪生、数字建模、图像渲染、密码学、区块链、人工智能、边缘计算、云计算等前沿技术。发展Web3.0要紧紧围绕国家当前倡导的创新驱动、技术自主可控、服务实体经济发展等战略定位和政策导向。在技术创新方面，Web3.0要强调以技术自主可控为核心。在Web3.0中，我们面临着同在Web2.0中一样的挑战。在Web3.0应用领域，全球主要经济体都处于同一水平，没有代际差，我国甚至有一些自己的特色和优势；在基础技术研究领域，我国依然存在芯片、核心系统、加密算法等"卡脖子"现象；在国际标准参与和制定方面，我国还可能存在短板。对于在Web2.0中落下的课，我们在Web3.0中不仅得补上，还必须迎头赶上，甚至超越。

在技术应用方面，Web3.0要强调以服务实体经济为核心。当前，我国经济面临需求收缩、供给冲击、预期转弱三重压力，处于由增长速度换挡期、结构调整阵痛期、前期刺激政策消化期叠加的特定阶段，需要新的经济增长点。Web3.0和元宇宙或将重构传统商业模式，激发出全新经济增长点。麦肯锡的调研显示：95%的高管预计元宇宙将在5年到10年内对其行业产生积极影响；估计到2030年，互联网用户平均每天花在元宇宙体验上的时间将达到6小时；50%以上的现场活动很可能在元宇宙中举行；从消费者发现品牌到访问虚拟商店，超过80%的商业活动可能会受到元宇宙的影响。元宇宙的潜在价值将达到5万亿美元，相当于日本的经济体量。Web3.0的未来值得期待。

我国高度重视数字化转型和数字经济发展。2021年12月，国务院印发《"十四五"数字经济发展规划》，提出到2025年，我国数字经济迈入全面扩展期，数字经济核心产业增加值占GDP的比重达到10%。2022年7月，上海市人民政府办公厅印发了《上海市培育"元宇宙"新赛道行动方案（2022—2025年）》，提出了上海未来元宇宙新赛道发展的技术路线、主要任务和重点工程。2022年8月，北京市通州区人民政府等四部门联合印发《北京城市副中心元宇宙创新发展行动计划（2022—2024年）》，提出未来三年将副中心打造成元宇宙应用示范区及元宇宙主题乐园。

在Web1.0问世前夕的1993年，美国克林顿政府出台"国家信息基础设施"战略计划，大力建设信息时代的"高速公路"，从而获得Web1.0和Web2.0的全球领导地位。当前正处于由Web2.0向Web3.0演进的重要时间点，相信我们必能抓住和用好这一重大历史机遇，谱写经济高质量发展的新篇章。

目前，Web3.0概念的内涵和外延还在不断丰富和拓展。这是一个动态演进的过程，如何及时跟进、辨明方向、有序竞争、创新引领，需要业界、学界、监管部门集思广益，共同推进。

王岳华、郭大治、达鸿飞三位专家联合撰写的这本《读懂Web3.0》，深入浅出地探讨了Web3.0的价值理念、技术特征、商业模式、金融变革、组织治理、发展趋势、风险挑战和投资机遇，涵盖DAO（去中心化自治组织）、DeFi（去中心化金融）、NFT、元宇宙、创作者经济等诸多主题。希望该书的出版，能对学界、业界有所助益。

姚　前

中国证券监督管理委员会科技监管局局长

中国证券监督管理委员会信息中心主任

2022年10月

推荐序二
Web3.0 以全新范式开启全球化新时代

回顾历史，不难发现人类文明的发展就是"全球化"和"逆全球化"此消彼长的过程，其本质是效率与公平之间的持续博弈。

中世纪的中国就开始与西方通商贸易，借由输出丝绸和茶叶来赚取大量贵金属，18世纪的德国学者将这条道路命名为"丝绸之路"；后来奥斯曼帝国崛起，通商贸易受阻，西欧国家纷纷开始进行海上探险，寻找新商路，拉开了地理大发现的大幕。在过去的30年中，得益于资本、能源、人力、服务等方方面面的全球化，各类资源能够进行高速的跨国流转，各国生产效率大幅提升，全球经济规模持续增长。

但当人们将全球化所带来的益处视为理所当然的时候，全球化引发的弊端也正在被逐渐放大，特别是收入、财富和机会的不平等问题在一些国家持续恶化，各国之间的不平等也在加剧。全球化负面效应的积累和溢出导致"逆全球化"开始抬头。近年来，地缘冲突、全球滞胀、疫情反复等错综复杂的国际局势，使得全球化进一步发展更加举步维艰。

数字化开启全球化的新战场！

物理空间的全球化告一段落并不意味着全球化的全面终结，全球化依然是人类经济社会发展的大势。互联网的发展与壮大为全球化开启了新的方向，开拓了新的数字时空。在承载着新经济的数字地球上，经济活动甚至可以跨越时空，不受地理限制，始终保持着边际成本递减，并持续提升全球的经济效率，对冲当前全球经济的颓势。

因此，推动数字地球的繁荣发展，将成为未来10年到20年继续深化全球化的重要战场，科技将成为其中重要的胜负手。从本质上看，科技发展其实就是人类利用能量和信息实现深度、强度、效率等维度的逐步升级，也是人类文明进步的重要标志。如果说工业革命是对能量利用的升级，互联网是对信息利用的强度和效率的提升，那么Web3.0就是信息利用效率的再度飞跃，其有望推动所有类别资产的数字化，将信息的自由流动升级成价值的自由流动，进而加快价值流转速度，改变价值分配方式，进一步降低边际成本，实现更高维度的全球协作。这些变化将重构商业和社会运行方式，让数字地球更加"平坦"，甚至创造一个没有严格地理概念的超级经济体。在未来的数字地球上，这种超越边界的经济活动或将占据全球经济活动的50%以上。人类正处于一场数字进化的大浪潮之中。

Web3.0以去中心化底层架构构建全新的互联网！

互联网的出现第一次为人类社会提供了一个低成本、大范围适用的数据记录工具，而大量数据的产生推动了以比特为基本元素的虚拟世界的诞生。在这个全新的比特世界里，信息复制和传播的成本近乎为零，以规模效应为主要特征的平台型商业模式凭借这一点大行其道。但在这种商业模式下，由于互联网的服务已经完全超出了商业服务的范畴，互联网公司的私人属性不可避免地和互联网服务的公共属性产生冲突,并直接限制了比特世界在更大范围内实现规模效应。在这种情况下,互联网需要通过范式重构来打开新的生长空间,而这种新的范式就是去中心化的底层架构。

互联网的底层架构首先是连接在一起的,也是去中心化的,各个网络节点可以相互访问或者调用数据,但由于网络只提供基础的数据传输功能,而构成完整数据生命周期的存储、计算和应用都由不同网络节点背后的互联网公司实现,因此互联网公司凭借这些服务形成数据垄断,进而形成数据红利垄断。所谓去中心化的互联网就是把数据存储、计算和应用的功能从仅仅依赖某一家互联网公司执行,变成由多主体、多节点执行,并通过一定的协调方式在不同主体的数据处理结果之间形成一种大家都认可的计算结果。这种做法会导致数据冗余,一个计算原来只需要一个节点执行一次,而现在却需要多个节点重复执行多次,但这种做法打破了某个节点的数据垄断。如果基于目前的公链进行处理的话,比如以太坊,那么所有的计算结果都变成了公开数据,所有人都可以查询或者调用数据。当然,数据公开并不是数据使用的最佳状态或者最终状态,但一定是打破数据垄断的第一步,因为用户永远不会拥有处理自己数据的能力,而用户的数据总是需要第三方机构去处理。单纯从技术的角度来看,既能借助第三方的计算资源完成数据处理的任务,又能打破数据垄断的方式只有去中心化网络的冗余计算和隐私计算,但隐私计算的计算量较大,也有一定的安全风险,所以去中心化成为目前打破数据垄断的较优选择。

去中心化对于互联网来说是一个非常有意思的话题,因为只有在去中心化的架构下,互联网才能真正成为一个实现广泛链接、相互协调的统一网络。在去中心化网络中,看似没有一个主导性的机构发挥协调作用,但去中心化网络可以基于共识机制建立全网统一的数据库,任何和全网共识不一致的计算结果将不会被记录,所以去中心化网络是一个由多中心支撑起来的统一的数据库。而在中心化网络中,看似有一个主体发挥主导作用,但从全网的角度来看,它其实只能形成一个碎片化的数据库,而无法形成一个统一的、共识的计算结果,所以中心化网络是一个由多中心支撑起来的碎片式的数据库。因此从连接的角度来看,中心化网络实现的仅仅是数据在物理层面的连接,而去中心化网络则可以实现数据从物理层面到内容层面的连接。这也就实现了从信息互联网向价值互联网的升级。

Web3.0孕育全新的商业模式!

不同的技术特点导致两种网络适用于完全不同的应用场景。中心化网络比较适用于由单一主体建立的传统型商业模式,但这一模式将网络的整体规模效应限定在一个节点的规模效应之内,毫无疑问会对网络的发展空间形成较大的限制。而去中心化网络直接为数据赋予稀缺性,使其可以天然地应用于金融领域,同时比较适用于模块式、协作式的商业模式,因此去中心化金融被称为"金融乐高"。

由于底层技术架构不同,去中心化网络和中心化网络天然适用于不同的商业模式。在中心化网络中,所有应用需要的软件(比如系统和算法)和硬件设备(比如存储设备和服务器),都需要商业主体自行投资,然后按照"谁投资谁收益"的模式进行商业价值分配,整个网络只能在不同的商业主体之间实现商业利益的协调,因此这种模式是一种封闭式的、传统的商业模式。而在去中心化网络中,完整的数据生命周期由不同的主体相互协作、共同建立,此时的计算资源就成为一种通用而稀缺的资源,比如受限于数据存储结构以及内存空间容量。目前的以太坊每秒钟只能处理大约20笔交易,而使用这种公共的计算资源一定要付费，否则这种计算服务在经济上就不成立。在这种情况下，去中心化网络天然内嵌的就是一种精细化程度更高、协作要求更高的商业模式。

王岳华、郭大治和达鸿飞撰写的这本《读懂Wed3.0》从为什么和是什么的角度解构Web3.0这一宏大叙事，分门别类地描述了基于去中心化底层架构搭建的各种场景的具体进展，既包括通用计算服务领域，也包括实现数据确权的NFT、DeFi、DAO等多个领域。在技术创新、产品形态、商业模式以及经济模型设计等方面，这本书既有对过去几年进展的概括性回顾，也有对当前各领域面临问题的条理性梳理，还有对可能的解决方案的分析和探讨，洋洋洒洒近30万字，相信这本书能为广大读者读懂Web3.0提供非常实际的帮助。

梁信军

复星集团联合创始人

Web3.0生态积极建设者

博士

2022年10月

推荐序三
Web3.0 将带来一场全新的互联网范式革命

移动互联网经过十年时间的发展，已经通过移动终端将便捷的数字化方式渗透到我们生活的方方面面。但在另一个层面，无数互联网公司凭借"免费"的产品与服务，把用户的数据据为己有，将本应该属于个人用户的数据价值尽数变现。近年来，互联网用户的权利意识开始全面觉醒，很多人不再愿意牺牲一部分隐私数据或者利益来换取信息生活的便利。尤其是从小使用互联网并接受数字化教育的Z世代，他们对数字权利意识有着更敏感的探触和要求。

此外，技术的进步、场景的扩展也在促使Web2.0升级换代。我们都能感知到，Web2.0发展的极限已经到来，互联网的发展来到了新的转型节点，区块链、5G、人工智能、云计算、物联网、边缘计算、大数据等新型关键技术愈发成熟，全新商业场景也在逐步实现，Web3.0的概念开始深入人心，互联网的升级已是大势所趋。

Web3.0的核心在于"可读+可写+拥有"，赋予用户真正的数据自主权，以全新的组织形式和商业模式解决Web2.0中的数据垄断、隐私侵犯、巨头"作恶"等问题。与Web2.0相比，Web3.0基于区块链的底层技术，打造了一个由用户主导的开放协作、隐私保护、生态共建的数字世界，将带来一场全新的互联网范式革命。

在Web3.0时代，区块链技术的加持让互联网演化出"可拥有"的属性，我们将真正拥有身份、数据、资产、平台以及协议。同时，Web3.0还具备价值互联网、契约互联网、通证互联网、开源互联网、众创互联网和立体互联网六大创新基因。Web3.0作为信息技术和数字经济的发展方向，将通过技术创新来夯实数字经济发展基础，通过平台创新来构建可信协作网络，通过应用创新来推动实体经济发展。当下Web3.0的应用通道已被逐步打开，新的互联网模式正在快速主流化，且"破圈"普及的速度将超出常人的想象。

此外，随着元宇宙、数字藏品以及区块链应用的迅速发展，各国政府都燃起了对Web3.0的巨大热情。2022年7月，上海市政府发布《上海市数字经济发展"十四五"规划》，特别强调要超前布局新一代网络形态，探索Web3.0关键技术，加快突破分布式网络核心技术。同年8月，北京市政府在《北京市促进数字人产业创新发展行动计划（2022—2025年）》中明确提出要抓住"互联网3.0"创新应用产业机遇。

在国际方面，美国众议院就Web3.0举行听证会，部分议员明确表示要确保Web3.0革命发生在美国。日本甚至将发展Web3.0提升到国家战略层面，并计划从2023年开始逐步推行一系列的政策，以全面改善Web3.0创新环境。可以说，Web3.0的概念已经正式进入各国政策制定者的视野，全球主要国家开始正视这一全新的发展趋势。

值得注意的是，因为Web3.0的概念较为超前，行业内尚未对其有统一且清晰的定义，对Web3.0背后的逻辑和带来的改变还存在一定分歧。这本书的作者王岳华、郭大治和达鸿飞都在区块链和互联网领域有较为深刻的思考和探索实践，书中着重描写了Web3.0如何基于技术对现有互联网再一次进行"破坏性创新"，并以大量的案例作为剖析Web3.0特征的关键，让读者能够以最浅显的方式理解未来互联网的演进逻辑，相信本书会对许多企业家和关心Web3.0发展的人士有所启发。

于佳宁
中国移动通信联合会元宇宙产业委员会执行主任
中国通信工业协会区块链专委会共同主席
火大教育校长
2022年10月

前言
Web3.0 的趋势与思考

我在外面演讲时常常提到思考未来。我们最常听到的一句话是未来已来，但到底什么是未来？未来会如何？未来确实难以预测、判断。但是思考未来是一件必须经常提醒自己去做的事，想想下一年如何，5年后又如何，10年后呢？社会、经济、技术、商业应用、环境，甚至自己的生活可能发生什么样的变化？思考未来是投资人与创业者必须常常做的事。近几年的热门话题无非是Web3.0、DAO、元宇宙等。我们来看一看2022年7月加特纳咨询公司发布的对于区块链生态业态的生命周期的预判（见图1）。其中元宇宙从早期采用者到产业成熟期还有10年以上的时间，而DAO以及Web3.0则还需要5年到10年的时间。从早期投资的角度而言，现在就是开始布局和介入的大好时机。

互联网发展至今，中心化平台和中心化机构解决了很多问题，提高了效率，也促进了整个行业生态的发展，特别是所谓的网络效应被中心化平台发挥得得心应手。但是Web2.0解决了问题，也制造了新问题，比如用户身份的泄露、数据的不透明与不自主、侵犯隐私、危及财产安全的数据盗窃、中心化平台的不对称优势、行业垄断等，这些都使得用户不再自由，无法信任中心化平台。而创新的分布式数据库、智能合约、隐私计算、自主数据身份、分布式存储等，就是要解决上述问题，让互联网变得更加先进，所以我们迈向Web3.0、DAO以及元宇宙，打算构建一个新未来的雏形，由这三者生成的创新的基础设施、解构并重构的新经济组织体系以及新商业范式都会使人类文明变得更加先进。因此，我们说Web3.0是未来的基础设施，DAO是未来的经济组织形式，而元宇宙是未来的生活形态。

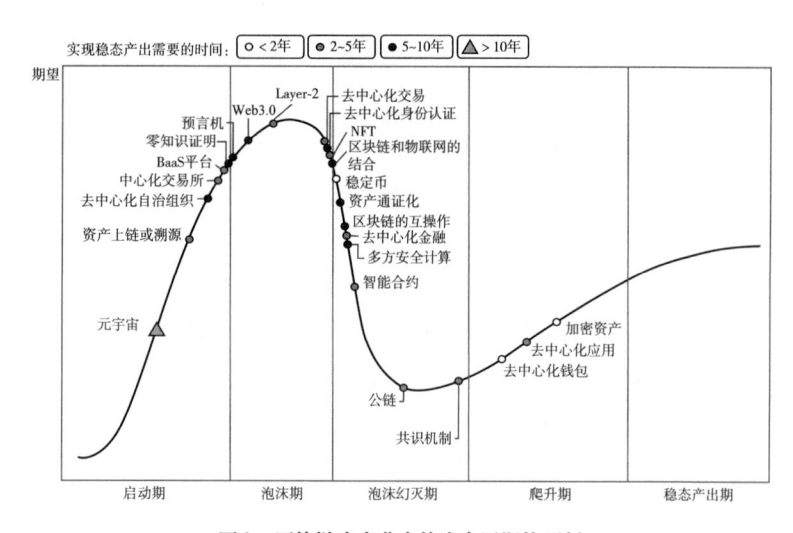

图1 区块链生态业态的生命周期的预判

本书阐述了很多关于Web3.0的概念及其基本要素与构成。本书提到的这些都是Web3.0，但Web3.0却不仅限于此。这就好比盲人摸象，各说各话，都碰到了一个部位，但都无法一窥全貌，事实上这个全貌也没成形，而是一直在演进与变化。然而有三个基本要素驱动着Web3.0的演进，第一个是人工智能与智能合约技术。说到人工智能，或许读者会有疑问：这不是一项老技术了吗？是的，人工智能的发展已有三十多年的历史，但是其一直限于专用场景，比如视频识别。而一定程度的人工智能是Web3.0的基石，比如语义互联网（Semantic Web）、空间互联网（Spatial Web），这些都是基于一定程度的人工智能才成形的。其实在所有的Web3.0应用场景里，数据都需要被或强或弱的智能算法处理，越是强的人工智能，越能提供体验性更好的Web3.0应用。第二个是分布式计算，也可以说是边缘计算。因为Web3.0的数据来源是分布式的，隐私计算也必须在Web3.0中完成，所以只有每个分布式节点的计算与存储功能完善，一个Web3.0系统的数据才能被有效处理，因此边缘计算是一个重要的基础条件。第三个是分布式的数据网络，这里提到的网络侧重于数据本身的结构，且必须是基于类区块链协议中一定的共识机制，数据的来源、验证、核实都是基于分布式数据库的结构由代码自动完成的。这三个要素是Web3.0的基本要素。试想3年后一辆汽车因配备合适的人工智能而可以完全自动驾驶。这个车子本身就是一个独立的边缘计算节点，可以完善地处理其他节点输入的数据，并将处理好的数据或自身产生的原生数据完整地发送出去。此时车主一个人看着改造过的可以像AR一样成像的挡风玻璃，沉浸在自己的元宇宙里。

Web3.0的基本逻辑其实很简单，就是用户自主，也就是去中心化。然而要想从技术层面真正实现用户自主，就需要很多创新性的基础设施，只有基础设施完备，原生的Web3.0应用才能蓬勃发展。所以Web3.0要解决的是如何做到完全的用户自主，并在这个基础上，衍生出新的商业模式，甚至新的商业业态。除了逻辑与基本要素，我们也有一个类似Web3.0的系统，那就是操作系统。Web3.0的底层技术是分布式账本技术和分布式数据库技术，这就好比操作系统里的文档系统（Filing）和I/O（输入输出系统），也像是区块链里的Layer-1数据处理结构。分布式存储就像是操作系统里的文档系统，分布式计算就像是操作系统里的CPU（中央处理器），分布式数据传输（分布式通信）也就好比I/O。CPU、文档系统和I/O都是操作系统的基本要素，类比到Web3.0的底层技术亦是如此。那么未来我们是否有机会看到一个由大一统的协议所构建的Web3.0呢？笔者认为那不是必要的，Web3.0本来就该是各个功能模块协议化、分层可组合的，就像乐高一样，你只要有足够的组件，就能够完成一个成品或产品。

除了以上所说的底层基础设施，Web3.0还有另外两个关键部分，一个是去中心化数字身份，一个是隐私计算。这两个部分是息息相关的。数字身份并不是新的话题，在Web3.0里，DID（去中心化身份）是必要的基础内容。就好比一个人没有身份证，哪儿也去不了，什么也不是，没有任何机构可以识别他、认可他，ID（身份标识号）也很关键，没有ID，个人就没有任何资产。在原生Web3.0中，ID一般是由钱包地址决定的，但显然钱包地址不是唯一的ID，因为去中心化身份本来就允许多重ID，它们可以拆解并重组，但是每个ID的影响力和信任度必须由这个ID所参与交互的数据来验证、认可、核实，最终归属于该ID。所以即便是多重ID，ID的排列组合与融合也可以创造出不同的应用场景与商业模式。除了Web3.0原生的ID，传统Web2.0的ID也必须进行升级迭代，并加上一层隐私计算的保护。至于隐私计算，早在1985年就由S.戈德瓦瑟（S. Goldwasser）提出了零知识证明（Zero Knowledge Proof，ZKP），1987年奥登·戈德里克（Oden Goldreich）等人基于清华大学姚期智教授的两方安全计算发展出了多方安全计算，并加上同态加密以及联邦学习等算法，进一步将隐私计算应用在数据保护的场景中。除了Web3.0原生场景，隐私保护在医疗、金融、政务、供应链等领域也开始了商业落地。

在基本技术架构清晰后，Web3.0的未来趋势就是在这些底层技术上构建应用，而且所有应用上的数据都是分布式数据网络所处理过的数据，进而形成今天我们所知道的NFT、DeFi、元宇宙、创作者经济、去中心化媒体、去中心化社交、去中心化信用评级等Dapp（去中心化应用）。在Web3.0的生态体系里，还有一个非常关键的部分就是新的组织形态，现在看来，DAO就是一个由Web3.0的架构发展而来的新的组织形态。DAO的核心逻辑是把股东（Share Holder）转变成利益相关者（Stake Holder），也可以说是人人为我，我为人人，而其功能及属性可以随着智能合约的规定以及部署而变化，其中智能合约就好像堆乐高积木一样，由DAO的成员根据规则一个一个堆起来。当然，每个成员的权、责、利都可以根据贡献、信用评级、参与程度等要素来建立自己的灵魂绑定。

在传统意义上，你知道你所知道的就是所谓的知识。对于你知道你不知道的，你可以用Web2.0中的百度、谷歌去查询。对于你不知道你知道的，你也可以通过Web2.0中的亚马逊、Facebook来了解。而对于你不知道你不知道的，Web3.0的机会可能就藏在这里。我们期待与大家一起共创未来。

王岳华

2022年10月

1

Web3.0:
一场自下而上的互联网革命

早在2006年左右，Netflix（网飞）、Yahoo（雅虎）等公司的创始人在一次峰会上就提到了Web3.0，但十几年过去了，对于今天的大多数人来说，Web3.0仍然算是一个新奇又前沿的话题。

那么，究竟什么是Web3.0？什么因素推动了Web3.0的诞生？Web3.0能给互联网以及身处网络时代的我们带来哪些变化？

要想寻找以上问题的答案，我们就要回到互联网的发展历程来探究。

互联网：
还未长大却已老去

我们知道，互联网的出现是人类进入信息社会的前提。互联网出现之后，一方面，大量信息可以被低成本地记录进而产生大量数据；另一方面，在数据的总量达到一定量级之后，信息对社会和经济活动的影响也达到一个非常显著的程度。

20世纪90年代，互联网的诞生标志着在纸媒之外出现了一个全新的传播渠道，PGC（Professionally Generated Content，专业生产内容）通过只读的互联网使人们获得的信息极大地丰富。但这一时期的互联网是单向的，互联网产生的数据和用户关系不大。此时我们正处于Web1.0时代。Web1.0基础架构见图1-1。

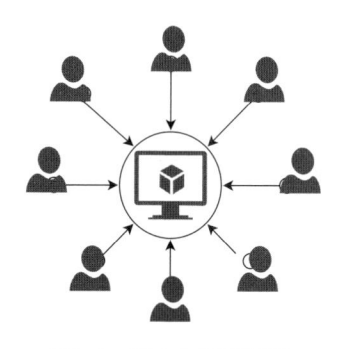

图1-1 Web1.0基础架构

随着时间的推移，用户逐渐不再满足"只有输入而没有输出"的状态，因此渴望表达的诉求催生出一大批可以为用户的创作和表达提供机会的平台［如Facebook和Twitter（推特）等］，需要用户参与的电商平台、视频网站，以及为这些活动提供终端设备和基础设施的科技公司（如苹果和微软等）。这时，我们已经过渡到Web2.0时代。Web2.0基础架构见图1-2。

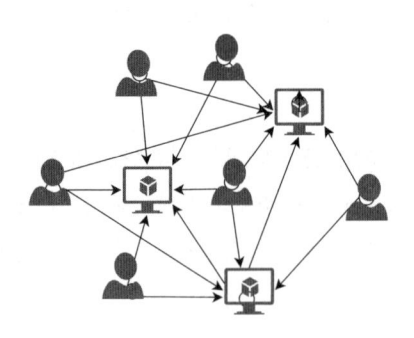

图1-2　Web2.0基础架构

这一时期，用户行为产生了大量数据，但这些数据的特点是"存储即拥有"，而非"谁创造谁拥有"。互联网公司凭借收集数据和利用数据的优势，在财力上变得"富可敌国"，同时，其私人立场和公众利益的冲突也越来越明显。

2021年，已经更名为Meta的互联网巨头Facebook市值最高时达到1万亿美元，如果参照当年各国GDP（国内生产总值）排名的话，这个数值大概可以排在全球前15的位置。在Facebook万亿市值的背后，是19亿日活用户和29亿月活用户，月活用户在全球人口中占比高达36%。

但在由Facebook主导的互联网里，你如果要向朋友发送信息或者发表关于某个事件的个人观点，就需要严格遵循Facebook制定的各种成文或不成文的规则；你如果愿意"以身试法"，就会像当年寻求连任的特朗普一样被禁言，或者被"社交性死亡"。

除Facebook之外的其他领域也是类似的情况，比如你想发起一笔支付，就必须联系某家金融机构代替你执行这笔业务，这意味着：一方面，你的资金需要先转到这家金融机构的账户，再由它替你转出，因此转账资金有可能被挪用；另一方面，如果这家机构愿意全年向你提供免费的转账业务，那么你一定会不断地看到来自这家机构的贷款广告。

这就是事情的关键，即你在互联网上享用了很多服务，但你在互联网上的每一步操作其实都离不开某一个互联网巨头的"陪伴"，而每个互联网巨头又都为它的产品设计了一整套制度，用户在这套制度里就像一个孩子在面对家长或者学校时那样，几乎没有任何讨价还价的能力和空间。

这一时期，我们感受到了互联网服务的强大，但也深陷离开互联网公司就"寸步难行"的困境。互联网公司利用用户对自己产品的依赖，把私人机构的价值诉求变成某种社会规则。在某种意义上，一款热门App产品规则的调整甚至可能导致某种社会规则的改变。

最近，全球媒体都在关注收购Twitter的计划，为什么一项商业并购让媒体变得如此敏感呢？公众对于这次事件的主要关注点在于Twitter股权结构的变更可能会对其经营风格带来影响。

互联网公司主宰互联网所带来的影响远不止于此。一方面，大量的数据泄露给用户生活造成极大困扰，基于数据泄露产生的网络暴力以及网络暴力与现实世界关联产生的危险越来越引起社会的高度关注。

2022年5月，Facebook公开承认，一家名为Cambridge Analytica（剑桥分析）的数据分析公司违规获得了5 000万Facebook用户的信息，并将这些信息用于美国前总统特朗普的竞选活动。

另一方面，互联网公司的经营行为还可能和一国政府或者全体国民产生直接冲突。2021年，澳大利亚政府宣布实施《新闻媒体和数字平台强制议价规则》，其主要内容是计划针对新闻媒体（包括互联网平台）采用澳大利亚政府发布的各种信息收取一定的费用，但是Facebook不愿承担这笔费用。于是，在双方没有达成任何一致意见的情况下，Facebook屏蔽了澳大利亚各类机构（包括政府机构）在其平台上发布信息的功能。在屏蔽期间，气象播报中心、消防局甚至医院都无法对外发布信息，即使是涉及新冠肺炎疫情防控的紧急信息也无法发布，这相当于Facebook对澳大利亚政府"拔了网线"。

Facebook的这种行为引起了全球媒体和民众的广泛批评，同时促使国际社会进一步对互联网公司的作用和影响进行深刻反思。互联网公司通过投资为互联网提供基础设施和服务，并因此获得回报本来无可厚非，但当互联网产品的用户数量达到一定规模后，互联网产品的公共属性就会和互联网公司的私人属性产生越来越强烈的冲突。作为一家商业机构，其是否有权利借助用户对其产品和服务的依赖而将其私人利益凌驾于社会公共利益之上？对于互联网公司和全社会来说，这一问题显然都是一个亟待解决且影响深远的问题。

从传统经济学的角度来看，当一个产品存在显著的外部性时，单纯的市场机制调节往往会导致市场失灵。互联网巨头的服务早已超越经济范畴而触及社会的其他诸多层面，在这种情况下，完全依靠市场机制进行调节的结果是以自由、开放为初衷的互联网正在被互联网公司所

"绑架",并变成一个越来越私有、垄断和暴力的虚拟空间,互联网已经长成自己最不喜欢的样子!

此外,从互联网自身来看,对更大的网络效应的追求是互联网进化的主要方向。目前,这种互联网巨头各自为政、互设防线的状态已经成为影响互联网发挥网络效应的重要制约条件。互联网的发展需要一个既能兼顾商业属性和公共属性,又能为互联网提供进一步成长空间的新起点和新环境。

以上就是当下互联网面临的最迫切的挑战。

Web3.0：
自下而上掀起互联网革命

互联网进化的方向是无限逼近真实世界,但人们不应该也不会因为互联网而改变已有的价值标准,因此需要改变的是互联网自己。

全球范围内,从美国到欧洲,再到中国都在反思,互联网的公共属性和商业属性应该如何兼顾？互联网红利如何分配才会更加合理？如何才能重新赋予互联网应有的自由、开放和协作的精神气质？

事实上,各国政府已经行动起来了。欧盟早在2018年就通过了《通用数据保护条例》,并对谷歌和Facebook开出高达数十亿美元的罚单;互联网公司云集的美国加州福尼亚州颁布了类似的《消费者隐私法案》;中国于2021年6月通过《数据安全法》。这一系列行动很显然都是为了限制和规范互联网巨头的经营活动,从法律角度建立数据确权、保护和分享的新机制,用这些新机制去重塑网络空间。

经典的经济学理论表明,当商品具有显著的外部性的时候,最好的策略是将商品变成公共产品。各国政府显然是希望通过针对公共产品的管制为互联网寻找新的方向,但互联网作为当代经济中最活跃、最具想象力的部分,将其与市场机制完全割裂显然不太可取,也不太可能仅仅通过强化管制的方法就把互联网带回它该有的发展路线。那怎么办呢?互联网最需要的是在技术架构上做出改变,最需要的是一场从底层技术到各类应用生态的互联网革命,即通过技术逻辑的再造去改变其精神气质。

这就是Web3.0要做的事!也就是说,我们要把目前的互联网"打开",在技术架构层面让互联网获得一种开放性,获得一种数据从存储到使用、计算再到应用都能脱离"单点故障"的开放性,让互联网从硬件到软件都实现一次杜绝资源垄断但功能更加强大的"脱胎换骨"。Web3.0对于目前的互联网来说无疑就是一场革命,是一场对未来几十年信息产业、数字经济以及人类的数字化生存方式产生巨大影响的革命。Web3.0基础架构见图1-3。

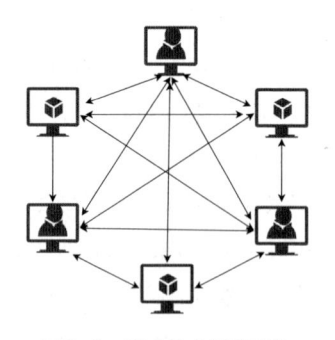

图1-3 Web3.0基础架构

Web3.0关键词——功能协议化

尽管到目前为止,关于Web3.0还没有形成一个公认的定义,但很多版本的描述其实都透露出一种高度相似或者相近的思考方向。比如以太坊前CTO(首席技术官)、Polkadot(波卡链)创始人加文·伍德(Gavin Wood)就提出,Web3.0是一组包容性协议,可为应用程序构建模块,而这些模块取代了传统的互联网技术,如HTTP(超文本传输协议)和MySQL(关系型数据库管理系统)等,同时可以提供一种创建应用程序的全新方式。著名硅谷风投机构a16z将Web3.0定义为"包含区块链、加密协议、数字资产、DeFi和社交平台的技术组"。

我个人的理解是,Web3.0即互联网功能的协议化,协议仅按照代码呈现的有限规则运行,既没有更多的利益诉求,也没有更多的投射到社会层面的价值主张;协议之间可以通过相互组合实现功能的叠加,并达到开放和协作的效果。

比特币就是一个帮助我们理解Web3.0的典型案例。我们知道,比特币的最终发展方向是创造一个点对点的现金支付系统,在这个基于非对称加密技术和点对点的通信系统中,个人拥有私钥就可以自助开户,拥有账户的控制权,也可以不凭借任何人的帮助进行自助转账和交易;而维护比特币系统正常运转的矿工只能按照比特币协议中的内容验证交易或者获得奖励。即使借助一些作弊行为,单个节点也几乎没有任何改变或者影响比特币运行规则的可能,因为比特币的确认和转账功能不依赖任何特定的节点。

又如,支付宝的诞生对电商的兴起发挥了基础性作用。在没有支付宝的情况下，买家和卖家互不相识且互不信任，卖家担心发货后收不到货款，买家担心付款后收不到货，因此交易几乎无法完成。而支付宝通过在买家和卖家之间发挥一种"担保交易"的功能来进行资金结算，从而推动贸易开展。但支付宝的发展并没有到此为止，而是在支付的基础上绑定借贷业务，并推出各种激励政策来推荐自己的借贷业务，这就是Web2.0的典型模式。

在这种模式中，支付和借贷两项业务是捆绑在一起的，这对借贷市场或者支付市场的其他参与方都起到一种排斥的作用，对于扩大金融市场供给、促进市场竞争显然是不利的。

在Web3.0中，支付宝的作用不再由某一机构承担，而是由一个协议承担，这使得即使没有第三方机构作为中介，不信任的双方仍可以安全地进行交易、结算，而这个协议就叫HTLC，中文名为哈希时间锁协议。关于这个协议的具体原理和执行步骤不再详述，总而言之，协议代替第三方机构发挥服务中介的作用是Web3.0的一个重要特征。

Web3.0关键词——分层可组合性

功能的协议化可以从最微观的角度消灭中心化的倾向，但仅靠一个协议不太可能构建起Web3.0的整个生态。发展到今天的互联网已经是一个覆盖从网络通信到文件传输、从底层支撑到各种应用的综合性系统，在面对丰富多元的场景以及复杂多样的需求时，Web3.0需要通过不同的协议来提供服务，而不同的协议一定是可以相互叠加和组合的，只有通过这种组合的方式才有可能让互联网变得更加强大。

这就是Web3.0的可组合性，但Web3.0更突出的是一种分层可组合性，即一种"通过横向的分层打破纵向垄断"的可组合性。Web3.0主要架构见图1-4。

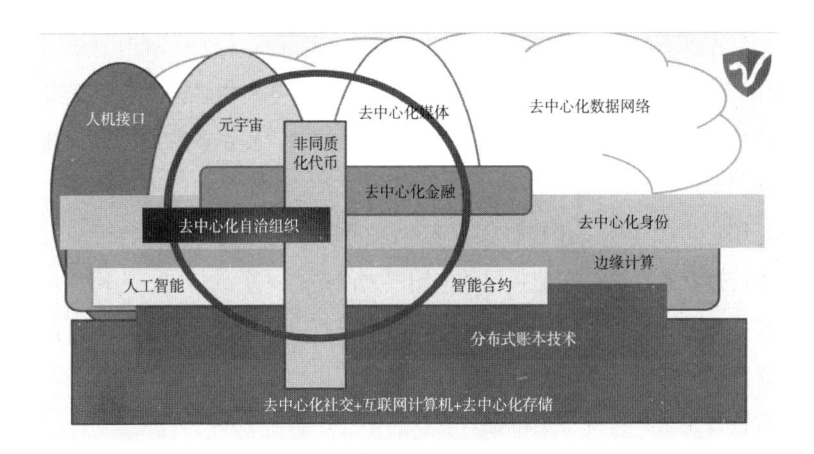

图1-4　Web3.0主要架构

发展到今天的互联网已经是一个多层架构的组合体，作为互联网基石的HTTP通过TCP/IP（Transmission Control Protocol/Internet Protocol，传输控制协议/网际协议）六层架构具备了从节点连接到数据传输，再到文件读取的基础功能，不同的节点按照相同的技术标准进行寻址、路由、加密、传输和接收等操作，并最终形成一个去中心化的底层架构。但是在这个架构中，其他所有的功能都聚合于URL（Uniform Resource Locator，统一资源定位符）指向的一个地址，用户基于这个地址获得各项具体的服务，同时互联网公司也基于这个地址获得数据垄断的权利。而Web3.0的使命就是对URL背后的所有功能进行解构，并通过分层的形式提供比原来中心化节点更加强大的功能。

在这个分层里，有一个通用的计算层，它就像以太坊和其他公链那样为各种应用提供通用计算服务，但各种应用使用这种通用计算服务时需要支付一定的费用；计算层之下是一个通用的存储层，其主要功能是为各种数据提供存储服务，并供计算层和各种应用调用及存取，存储层采用多种存储方式，比如按照内容进行寻址和调用的IPFS（InterPlanetary File System，星际文件系统），还有提供永久存储服务的Arweave；计算层之上是应用层，其面向用户提供各种服务，比如DeFi、DAO以及各种游戏、社交平台等；在计算层和应用层之间的是用户层，为所有用户提供进入Web3.0世界的通道以及和各种应用进行交互的载体；在用户层和应用层之间还有一个激励层，为用户和各种应用提供经济激励，而这种经济激励可以是系统支持的法币，比如各国的法定数字货币，也可以是各种代币，总之，它可以和智能合约进行组合并按照一定规则自动执行。

需要说明的是，Web3.0的分层架构并不是固定格式或者封闭的系统。目前，这种分层只是针对行业已有的技术方案，从功能上实现一种可行的组合，在现有分层结构的每层之间都有可能长出新的、更多的分层，比如：在数据存储层和各种应用之间一定会出现一个负责处理用户授权访问数据权限的控制层，如Ceramic；在计算层和应用层之间也一定会出现一个提供隐私计算服务的隐私层。即使是目前已经存在的各个分层也会进一步分化，进而衍生出新的分层，比如计算层就已经出现了集中节点算力以提供运算服务的分布式计算项目，这是提供分布式渲染和分布式解压缩服务的一类项目。Web3.0的分层没有终点，各层之间只要可以相互进行数据调用，就可以通过叠加分层进行新的功能组合，但并不是所有的业务都需要经过分层的计算处理，只需根据数据的生命周期和功能需求进行选择性的组合即可。

Web3.0关键词——去中心化

协议通过分层组合实现了功能的可扩展，但从另一个角度来看，这些可组合的、复杂的功能还需要建立一套拒绝资源垄断的机制，使Web3.0能够整体摆脱"单点故障"，从而避免出现新的垄断，导致整体生态出现新的失衡和扭曲，因此这套机制的特点就是去中心化。

以以太坊生态为例，基于以太坊提供的通用计算服务，以太坊生态的各种去中心化应用共享以太坊网络的算力和安全性，并提供通用计算服务。不论哪个矿工选择加入或退出，以太坊都可以对外提供通用计算服务。以太坊的计算服务不依赖某些特定机构或者组织，也就是矿工或者矿池，但是其计算功能的逻辑性和准确性是可信的，因此这种特性又被称为去信任的信任（Trustless Trust）。

比如，IC（Internet Computer，互联网计算机）协议基于区块链共识机制在TCP/IP和应用层之间构建了一个包括多个物理节点的虚拟子网。该子网内部的节点对输入输出达成共识，可以相互验证计算结果，且多个子网之间可以通信，还可以通过组合的方式实现计算能力的大幅提升。IC协议能确保所有程序都被子网正确执行，且每个程序的执行状态无法被篡改。当一个程序调用另一个程序时，它可以相信这个调用是被正确执行的。但是对于虚拟子网来说，每一个节点都不是必需的，离开任何一个特定的节点，虚拟子网的整体功能都不会受到任何影响。

IC协议的设计理念在通信、计算、存储等领域也有类似探索，这些协议通过相互组合为数据的产生、存储、调用以及隐私保护创造一个不依赖任何特定机构且功能齐全的新生命周期,从而有望使互联网具备一个克服"单点故障"的全栈架构。

具备克服"单点故障"的全栈架构对于打破Web2.0原有的、封闭的利益格局,建立Web3.0这一全新的经济生态具有重要意义。以区块链为例,区块链通过计算冗余来消除资源垄断,即把计算的结果存储在公共账本中,而公共账本中的信息对于外界所有人都是透明的,任何对此感兴趣的团队都可以对这些数据进行分析和汇总,从而得出更有针对性、更有价值的信息,并基于这个环节建立新的商业模式。

互联网行业曾流传一个说法,即对于互联网创业团队来说,最理想的结果不是凭自己的竞争优势打败竞争对手,而是被阿里或者腾讯收购,因为创业团队只有被大厂收购才能获得足够的流量和数据的支持,从而使产品优势发挥到最大。但是,在这种能够克服"单点故障"的全栈模式中,创业团队完全没必要通过加入某个"圈子"来获得数据支持,这对于保持创业团队的独立性无疑具有重大意义,对于促进Web3.0生态的多样性和稳健性也具有重大意义。

从"胖应用"到"胖协议":
Web3.0建立全新经济生态

协议的功能化在最微观的层面消灭了中心化机构生存的土壤,分层组合和去中心化的特点又使Web3.0在功能逻辑和数据生命周期方面获得了全新的技术支撑。Web3.0不仅具备一个功能强大且充分体现互联网精神气质的技术架构,还为建立一种全新的经济生态提供了巨大的机会。

正如前文分析的那样，Web2.0是一个"去中心化协议+中心化应用"的整体架构。在互联网的底层，HTTP对于节点连接、信息的传输和读取发挥着重要的作用，任何应用都是基于这种具有去中心化属性的基础性功能对外提供服务的。但是由于中心化应用通过功能的扩展实现了对数据访问的控制，因此互联网服务产生的红利完全被这些中心化应用所获取，处于底层的去中心化协议甚至沦为"免费服务"，而这就是Web2.0的"瘦协议+胖应用"产生的利益格局，"胖应用"使得互联网服务的公共属性和互联网公司的私人属性变得不可调和。

但在Web3.0分层组合和去中心化的特性下，这种矛盾和利益格局将不复存在。一方面，原来属于"胖应用"的经济红利将按照功能的分层组合进行重新分配，具有相同或者类似功能的协议将基于互联网的开放性实现更大的网络效应，更多属性不同且功能更加丰富的协议将获得进入服务链参与利益分配的机会，这对于各种创业团队来说无疑是一个巨大的机会，Web3.0将呈现出一种完全不同于"瘦协议+胖应用"的"胖协议"模式；另一方面，在这种"胖协议"模式中，各种协议不再可能通过对某种资源的垄断，特别是对数据资源的垄断，来获得更大的经济利益，它们只有通过功能的提升和优化来体现自己的价值并获得更大的利益。此外，智能合约的组合可以产生更加精细化的激励制度，这套激励制度会对所有已经加入或者希望加入互联网生态的团队和个人产生更加直接的激励效果，进而对互联网的功能提升、技术迭代和生态繁荣提供一种前所未有的、更加强大的支撑。

Web3.0将是一个更具开放性和包容性，以及激励效应的经济系统，其将基于分布式技术架构和经济系统创造一个全新的商业模式，一个高度联系、无国界的数字经济体，以及大量自下而上的创新机会。

从用户的角度来看，Web3.0与Web 2.0可能没有太大区别，但Web3.0的发展却反映了底层技术的变革在产业链层面带来的全新职能分工，而新的职能分工往往意味着新的业务模式和新的产业机会。

互联网已经多次为这种全新的职能分工提供机会，比如，电商的兴起使支付、物流从之前小规模的、私人化的组织形式，演变成一种大型的、社会化的组织形式，因为后者代表了更经济的投入产出比和更高的生产效率。

Web3.0基于技术对现有互联网再次进行"破坏式创新"，而基于这次创新，我们第一次获得了针对自己数据的创造、拥有和被激励的机会。无疑，Web3.0又给我们提供了一次全新的职能分工的机会。

Web3.0提供的机会不仅仅属于区块链，因为区块链只能建立一套可信共享账本，并不能为Web3.0需要解决的全部问题提供解决方案。Web3.0将通过区块链、隐私计算、人工智能甚至物联网技术的结合获得更大的发展空间。

2

Web3.0 新技术：
公链、身份和激励

Web3.0通过"横向分层打破纵向垄断"的方式推动互联网升级,而提供通用计算服务的计算层是Web3.0中最基础的一层。

为什么叫通用计算服务呢?这是因为谁都可以使用Web3.0的计算层。它并不像我们现在登录的绝大多数网站一样,都在自己专属的服务器上运行。在Web3.0里,计算层独立出来,就像我们现在使用的5G网络、自来水系统、电网一样。

那么,为什么一定要让计算层独立出来呢?其实主要是想通过这种分层的方式来避免数据垄断,让数据以公共账本的形式对所有人公开。当然,数据的公开也不是终点,让数据回归创造数据的人才是终点,但这一切要从脱离数据垄断开始。

以太坊就是这样一种提供通用计算服务的基础设施,由于用户可以随时进出以太坊的计算网络,既不会受到任何限制,也不会影响计算功能的输出,因此我们一般都把以太坊之类的网络称为公链。

接下来,我们就从以太坊开始,看看公链是如何提供通用计算服务的?以太坊能不能为Web3.0提供通用计算服务?在以太坊之外,有没有其他竞争者在提供通用计算服务方面有更好的表现?在公链之上,还有哪些通用的服务共同构成Web3.0的公共基础设施?

公链：
Web3.0 的计算基础设施

一、以太坊：世界通用账本

介绍以太坊还要从比特币说起，因为比特币是第一种基于密码学原理和工作量证明在工程层面实现去中心化的应用。从技术的角度来讲，比特币系统的公共账本实际上是一套"状态转换系统"，该系统包括现存比特币的所有权状态和"状态转换函数"，其中"状态转换函数"指接收比特币的交易信息作为输入，并将这些输入转换为新的比特币的所有权状态进行输出（见图2–1）。这一流程看起来和银行的流程非常相似，比特币在不同时间点的所有权状态对应银行不同时间点的资产负债表，而"状态转换函数"则代表银行的账务处理系统。银行这类中心化机构只需按照业务需求进行编码即可完成账务处理，但是比特币这类去中心化机构就需要将状态转换和共识机制结合起来。比特币在共识机制方面开创了区块链应用的基本范式，而这也为比特币赋予"数字黄金"的全部属性。

但是比特币"数字黄金"的属性注定它无法走得更远，主要原因在于比特币的架构缺乏必要的可扩展性。比特币的可扩展性主要体现在脚本、分叉和元币[①]三种扩展形式上。虽然脚本具备部分合约功能，但其功能的局限性也非常明显，比如：不支持性能经济的循环运算，以致无法使脚本计算实现图灵完备；价值盲，即UTXO（Unspent Transaction Output，未花费的交易输出）只有全部金额或者零金额的状态特征，所以只可以实现简单逻辑而不能进行更加精细化的控制，无法根据价格的变化将一部分金额进行转账，使得UTXO只能执行简单的一次性合约，而不能执行多阶段期权合约、两阶段加密承诺协议以及去中心化交易报价等；区块链盲，即通过UTXO无法看到关于比特币区块链的一些重要参数，比如某一区块的随机数、时间戳和上一区块的哈希值。

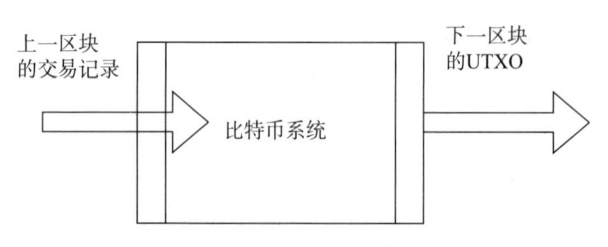

图2-1 比特币的状态转换

以太坊在比特币的基础上建立了一个替代框架，使得开发更便捷、轻客户端性能更强大，同时允许应用程序共享经济环境和区块链安全性。[②]以太坊内置图灵完备的编程语言，使得任何人都可以通过以太坊编写智能合约和进行去中心化应用开发，且可以自由定义所有权规则、交易形式和"状态转换函数"。如果从比特币"状态转换系统"的视角去分析以太坊，你会发现，以太坊的状态不再通过"所有权账

---

① 分叉因其只能共享比特币的共识机制，却不能共享算力，而往往难以具备比特币级别的安全性；元币可以共享比特币的共识机制和算力，但仍然受脚本不易扩展的约束。
② 资料来源：https://ethereum.org/zh/whitepaper/。

本"反映,而是表示为"账户"。"账户"不仅包括资产余额,还包括合约以及控制账户执行次数的随机数。有了"账户"之后,智能合约的执行将更加轻便和快捷,从而为以太坊的可扩展创造条件。类似于比特币可以通过外部账户发起交易,以太坊也可以通过合约账户发起交易,但以太坊在交易函数中增加了STARGAS和GASPRICE参数,用于有效防止在交易中有意或恶意添加无限循环功能或其他浪费资源的计算。

以太坊基于以上设计可以实现更多更加精细化的控制,比如,比特币的多签合约可以设置为集齐五个账户中的三个账户的签名才可以发起支付,而以太坊的多签合约则可以设置为集齐五个账户中的四个账户的签名最多可以提取合约规定金额的80%,用户如果集齐五个账户中三个账户的签名,那么每天最多可以提取合约规定金额的10%。同时,以太坊支持多个账户异步签名,即不同的账户可以在不同的区块签字,最后一个签名完成后自动发起交易。以太坊也可以同时为诸多去中心化应用提供计算支持,特别是快速开发、安全性要求高、协议间交互性高的应用,比如为用户提供代币发行、储蓄与借贷以及金融衍生品等服务的各种金融应用。此外,以太坊还支持附加条件的支付以及在线投票和去中心化治理等功能。

以太坊就是为去中心化应用提供通用计算功能的基础层,但由于其更强调资产账本的同步,因此又被称为世界通用账本。

二、IPFS:通过分布式存储为数据获得独立身份

如果说以太坊为Web3.0提供了通用的计算层,那么以IPFS为代表的去中心化存储类项目则为Web3.0提供了通用的存储层。

IPFS的中文名为星际文件系统，是一个按照内容进行检索的文件存储和调用系统。基于IPFS协议，需要存储的文件以256KB为单位，文件内容会被打散并分开进行存储，但IPFS会为每份文件生成一个哈希值，存储在不同空间的同一份文件的内容会基于哈希值进行组合并生成一个新的哈希值，而这个新的哈希值和原文件进行捆绑后会形成一个完整的索引结构，该索引结构将会被节点上传到整个网络供用户检索时使用。在用户使用文件前，矿工会按照文件的哈希值在索引结构中检索到对应的文件，将文件下载到本地，此时用户就可以按照文件的哈希索引检索到矿工的位置，并从矿工节点下载所需的文件，随后通过IPFS复原来读取文件。

从以上的基本工作流程可以看出，基于IPFS协议，存储内容和存储节点之间并没有直接的对应关系，即使是已经碎片化的文件也必须通过加密手段来保密，而矿工只有在用户发出检索请求后才能在IPFS的索引结构中进行文件检索。我们知道，数据的基本特性是"存储即拥有"，我们将自己的行为数据保存在互联网公司的服务器中，实际上也将数据的使用权赋予了互联网公司。互联网公司为了获得数据使用权，宁愿提供免费服务也要吸引用户，而IPFS的设计显然将这种模式打破了。

基于IPFS协议，用户按照文件内容进行检索，使得数据和文件的存储脱离了提供服务的互联网网站，同时使得数据的调用不再依赖该网站的持续运行，即用户不会因为网站故障或被攻击、IP地址被删等问题而无法下载数据，也无须再为数据在存储期间被篡改而担忧。同时，IPFS协议还可以对分布在不同地域的存储空间进行整合利用，从而为个体的存储空间找到一个变现的机会。

IPFS是一个非常复杂的系统，因为按照内容进行文件检索的技术难点在于文件的标记、确保文件被完整存储，以及确保被存储的文件没有被篡改或删除。IPFS协议主要包括IPLD、Libp2p和Multiformation三个模块。其中，IPLD是一个数据格式转化中间件，负责把不同格式的数据转化成统一的格式，以便数据在不同系统之间转换，比如不同公链之间；而Libp2p则负责帮助节点建立一个可用的P2P（Peer to Peer，点对点）网络，并将支持各种技术标准和传输协议的各种设备接入这一网络，通过发现节点及实现节点连接来发现和传输数据；Multiformation包含了一系列加密算法和自描述的定义方法，其主要功能是对文件内容进行加密，并对节点ID（Node ID）进行编号。

基于IPLD、Libp2p和Multiformation，IPFS可以具备按照内容进行文件检索的物理功能，但是物理功能并不等同于服务功能，因为存储空间的提供、文件的存储和检索都需要主体实施，而主体实施的前提是得到经济激励，这就需要Filecoin发挥作用。Filecoin基于IPFS协议为存储空间的提供和文件检索服务提供激励，从而使IPFS从一个技术范畴的协议发展为一个可以对外提供服务的去中心化存储生态。

IPFS已经成为多种协议数据存储的通用基础设施。2021年下半年，头像类NFT产品获得市场认可，蓝筹PFP（Profile Picture，个人资料类图片）如CryptoPunk（加密朋克）、无聊猿等的"地板价"[①]竟高达数百ETH（以太币）。如果这些图片还被存储在中心化网站的服务器中，那么从理论上说，这些图片随时会被篡改或永久消失。如果将图片上传到以太坊这类区块链上，那么Gas Fee（燃料费）会非常高，因此，大量NFT项目选择通过IPFS进行图片存储。2022年4月1日，

---

① "地板价"是指同类商品的最低价。

以太坊宣布其官方网站 ethereum.org 已经部署到 IPFS 中，用户可通过 ENS（Ethereum Name Service，以太坊域名服务）浏览网站。

去中心化存储凭借其对数据存储功能的重新设计，为建立新的数据生命周期奠定了基础，同时成为 Web3.0 的重要基础设施。除了 Filecoin，Arweave 和 Sia 等项目也都可以通过去中心化的方式提供通用的存储服务，但这些项目基于不同的技术原理分别设置主要技术参数，在用户控制存储参数的灵活性、存储持久性、冗余持久性、数据传输激励和数据的可访问性等方面表现出不同的特性，比如：Filecoin 提供的存储空间大，但其数据读取速度不是最快的，所以它更适合"冷存储"；Crust 在永久存储方面比较弱，但却适合进行快速检索；Arweave 的存储成本比较高，但能提供永久存储服务；Sia 和 TEE（Trusted Execution Environment，可信执行环境）的结合可以强化对数据隐私的保护；对于存储大量数据，Swarm 的成本优势明显，而且和以太坊生态具有天然的可组合性；Storj 牺牲了一定的去中心化特性，但却更符合云存储用户的使用习惯。上述项目的不同特性恰恰反映了通用存储市场的新需求，因此在去中心化是 Web3.0 基础设施的重要特征这一前提下，存储技术方面的优势也是去中心化存储项目获得市场认可的重要前提。

三、IC：专为 Web3.0 应用设计的互联网计算机

如果说聚焦数据存储的去中心化存储属于通用基础设施的一个旁支的话，那么 IC 就是为以太坊的通用计算服务提供了一种新的解决方案。以太坊在比特币的基础上发展出了图灵完备的智能合约，理论上可以支持任何形式的去中心化应用，但事实上以太坊只能支持有限类型的去中心化应用。

为什么会出现这种情况呢？主要原因就是著名的CAP theorem（布鲁尔定理），即一个分布式系统最多具有一致性（consistency）、可用性（availbility）和分区容错性（partition tolerance）三个特征中的两个，不可能同时具备这三个特征。在CAP theorem中，一致性指在原子操作的情况下，各个节点数据保持一致。节点的一致性包括：强一致性（操作完成之后看到的数据都是一致的）、弱一致性（可以容忍操作之后出现部分或全部不一致数据）和最终一致性（一段时间后看到的数据都是一致的）。可用性指每次向未崩溃的节点发送请求都能得到回应；分区容错性指节点之间传递信息时可以出现误差或延误，但其不影响系统运行。

对于区块链来说，分区容错性是前提，所以不同的区块链只能在一致性和可用性上做取舍。

比特币和以太坊是以放弃一定的可用性为代价而追求强一致性的代表。对于比特币来说，从数据结构来看，交易验证需要遍历操作，使得查询方式非常低效；从数据存储来看，每个节点都需要下载完整数据包，因此当交易越来越频繁时，节点存储空间就会成为区块链处理效率的一个障碍；从计算方式来看，所有的比特币交易都只能通过串行计算执行而不能通过并行计算同时执行，所有节点都需要对所有任务进行计算，所以计算效率受到明显影响。

虽然以太坊内置了账户，从数据查询的角度来看其不再需要遍历操作，但每块存储空间仅为1MB，区块容量的限制依然明显，而且以太坊也只支持串行计算而不支持并行计算，所以以太坊属于强一致性而低可用性的系统。强一致性对于金融相关的应用非常重要，但是对于其他类型的应用来说就没那么重要。所以，目前以太坊上的应用往往会采用一种混合结构,即和资产相关的操作在链上执行,而和资产无关的操作在链下执行。这种结构的优势是成本上更经济实惠,但它的缺陷是去中心化应用仍然在某种程度上依赖中心化节点,由此而来的"单点故障"和数据泄露等问题仍然没有得到完美解决。

IC为去中心化应用提供全栈式开发及运维系统,将去中心化应用延伸到更多的场景。IC由一组加密协议组成,而这组协议将独立操作的节点连接到一组区块链网络中,同时克服了传统区块链上的智能合约在速度、存储成本和计算方面的问题,使得智能合约可以以接近中心化网络的速度运行。此外,IC还被设计成一个功能齐全的技术堆栈,这可以构建从计算到存储都无须依赖其他系统、只在IC中运行的系统和服务。

IC采用一种新颖的共识协议,其特点包括使用阈值签名投票并解决计算冗余,使用随机数信标来保证去中心化、安全性、周期性以及最终确认。阈值签名是IC的一项原创技术,可以实现子网与子网或用户间公共签名验证,而IC使用创新的DKG(Distributed Key Generation,分布式密钥生成协议)确保阈值签名的安全性。

IC主要由容器、子网和NNS(Network Nervous System,网络神经系统)组成,其中,容器是IC的基本计算单元,容器内部有可以在WASM虚拟机上运行的字节码和内存页面,用户只需要知道容器的身份信息就可以调用它的更新调用和查询调用功能。

子网是IC的基本组成部分,主要负责托管容器的不同子集。IC通过自身独有的NNS将来自不同节点的计算设备聚集在一起进而创建子网,而这些设备通过IC进行协作,并对称地复制与它们托管的软件容器有关的数据和计算。

NNS由DAO组织并控制，是控制IC的算法治理系统，主要负责网络的控制、配置和管理，其主要内容包括网络数据中心提供商筛选、从网络数据中心提供商处接受的节点的数量和位置以及所有权等信息、将节点分配给子网区块链、容器智能合约升级等。NNS生成新的ICP令牌奖励节点和神经元，ICP令牌所有者可以将其质押神经元，因此神经元持有者具有提案投票权，并根据锁定的ICP令牌数量、时长等条件获得投票奖励。基于以上架构，IC只需通过增加节点来实现无限扩容，同时，IC可以通过不同子网进行针对不同任务的并行计算，并使其计算效率大大提升，而计算成本则远低于以太坊。IC基本架构见图2-2。

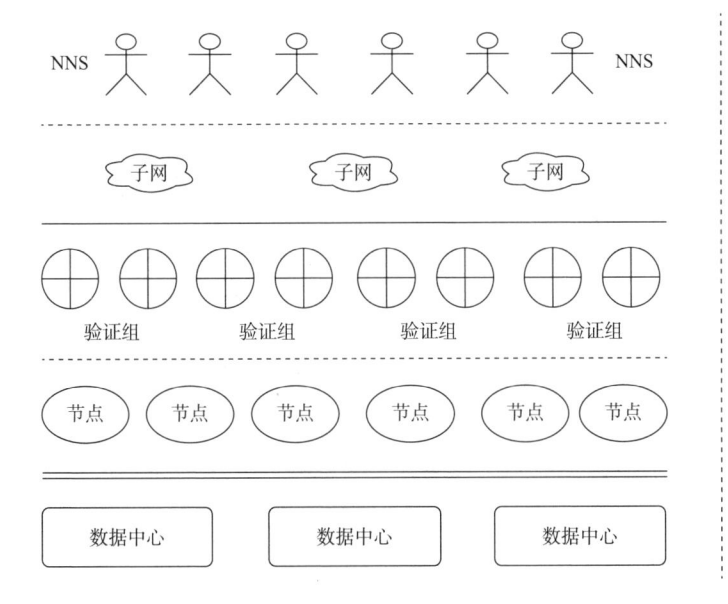

图2-2　IC基本架构

基于以太坊建立的去中心化应用往往更具有金融属性，而基于IC建立的是一种全栈式的去中心化应用，从前端到计算，再到后台都可以通过不同的容器实现一种"无单点故障"的运行状态。基于IC不仅可以建立已经出现在以太坊中的各种应用，还可以构建一个完整的比特币和以太坊的节点，使得IC与比特币和以太坊实现原子层面的互操作。但IC还处于生态发展的早期，各项基础设施有待完善，比如对于转账的原子性尚没有形成统一的技术标准，使得金融相关的应用缺乏足够的安全性。

四、区块链互操作

IC希望凭一己之力提供兼容以太坊且超越以太坊的通用计算层，与此目标相似的是，市场中另外一种方案旨在通过在各区块链之间实现一种互操作，从而提升区块链的整体计算效能，那就是跨链。

跨链既是一个技术范畴的话题，也是一个业务范畴的话题。根据以太坊创始人维塔利克·布特林（Vitalik Buterin）的说法，跨链技术大体上可以分为三类。第一类是见证人机制，典型代表是Interledge，特点是资产确认和转换依赖见证人的个体信用。

第二类是通过HTLC实现跨链，其主要原理在于通过限定时间内哈希函数的验证确认资产交换，大致思路是交易的发起方在P2P网络中发起一个合约，合约的基本逻辑是在设定的时间内，如果一个人输入的一个哈希值的数值等于交易发起方设定的数值，那么他可取走合约中锁定的资产；如果交易双方同时发起两个此类合约，且合约在设定的时间内不可撤回，则可实现跨链资产交换。基于HTLC实现跨链的优点在于不需要生成新的映射资产即可完成跨链，毕竟映射资产的安全性主要依赖生成资产区块链的共识机制和节点构成。这样在理论上就存在节点合谋控制资产生成的可能性，但基于HTLC实现跨链不需要生成新的区块链，不会增加新的风险因素，这使得其在安全性方面有充分的保证。不过，基于HTLC实现跨链的缺点在于交易速度依赖原有区块链的验证速度，如果处理比特币和以太坊中的交易确认较慢，则跨链会更慢。此外，如果仅是进行跨链资产转账，其效率还勉强可以，如果是通过跨链的方式进行去中心化应用操作，那么其效率的短板则更加明显。

第三类是侧链或中继，其基本思路是两条链通过合约等形式实现通信并完成资产置换，典型代表就是Polkadot和Cosmos。通俗地讲，基于侧链或中继的跨链方式可以实现资产跨链以及信息跨链，信息跨链是指不同区块链执行分布式计算的同时可以共享中间计算状态。由此可见，这种方式可以获得非常强大的跨链功能，但美中不足的是，Cosmos和Polkadot的跨链都具有一定的选择性，即不能针对所有的区块链实现跨链互操作，而只能针对基于相同协议的链实现跨链互操作。此外，这种跨链互操作也需要分步实施，但由于第一阶段资产跨链的目标尚未实现，因此信息跨链的技术方案仍处于设计阶段。

五、以太坊的扩展：分片和Layer-2

尽管其他公链的创新都以超越以太坊为目标，但以太坊的自我突破始终没有停止。长期以来，高昂的Gas Fee、高能耗以及网络拥堵一直都是以太坊成长路上的"三座大山"，于是，2018年，以太坊就明确提出了"升级路线图"（以下简称以太坊2.0），即将Pow（Proof of work，工作量证明）共识机制转换为Pos（Proof of Stake，权益证明）共识机制，并通过分片，也就是Sharding技术，进行全面扩容。分片技术的主要思路是支持以太坊实现并行计算并提高计算效率。除以太坊2.0之外，以太坊还提出了Layer-2（二层协议）方案，Layer-2的思路是将部分计算工作从链上移至链下，并通过某种机制实现链下和链上安全性的共享。

（一）以太坊2.0和分片

使用Pos共识机制替代Pow共识机制不仅可以降低能耗，让未来的以太坊更加符合绿色、环保的理念，还可以明显降低以太坊挖矿的参与门槛。在Pos共识机制中，用户只要质押32枚ETH就可以成为节点，参与出块，而且每个账户只能质押32枚ETH，这意味着即使某个人拥有更多的ETH，他也只能拆分成多个账户进行质押，而每个质押账户参与验证的概率几乎是完全一样的。所以，相对目前需要专业矿机才可以参与挖矿的情况来说，采用Pos共识机制可以明显降低以太坊的参与门槛。

绿色理念为以太坊带来更好的社会效应，低门槛为其带来更强的安全性，但这些对以太坊更为迫切的需求——低成本和高性能却没有带来直接的影响。面对来自Solana、Avanlache和Polkadot等公链的竞争，以太坊必须通过在高性能和低成本方面的提升来保持其在公链赛道的优势地位。所以，以太坊在转换成Pos共识机制之后，还要通过分片来实现上述目标。

分片的基本原理是将原来完全并行的节点由并联模式通过分组改成"串联+并联"的混合模式，以提升计算效能。原来的以太坊网络存在大概2万个独立的节点，在没有实现分片的情况下，所有节点都要将所有的交易重复计算一遍，再通过共识机制建立一个共享的账本；

但在实现分片后，所有节点将被分成64组，假设以太坊拥有2万个节点，那么每笔交易无须再被验证2万次，而是只需验证约313次且64笔交易可以同时验证。如此一来，从理论上看，以太坊处理交易的能力就会提高64倍。

以太坊2.0的主要内容就是"Pos+Sharding"。以太坊向Pos共识机制过渡并不是通过分叉实现的，而是采取一种"双链并行"的方式，即在2020年12月以太坊就让信标链（Beacon Chain）完全采用原设计方案，即"Pos+每个节点质押32个ETH"的方案，截至2022年6月4日该新链已经有398 747个验证节点。与此同时，原来的以太坊还按照Pow共识机制继续运行，并设计了一个叫"难度炸弹"的机制，即在矿工挖矿难度逐渐提升并最终退出挖矿之后再进行共识机制的切换。以太坊共识机制的切换，实际上是信标链和原以太坊的合并，因此这个过程又被以太坊称为"The Merge"（合并）。

信标链是基于Pos共识机制通过分片技术实现以太坊扩容的一条链，但Pos共识机制相对复杂，包括分片区块、信标链区块以及最终性确认三个部分，与其相对应的信标链也设置了三层验证机制，且每层的节点筛选和投票机制都有所不同。

（二）Layer-2

伴随信标链的研发，分片技术的研发也在紧锣密鼓地推进，但分片技术属于非常前沿的技术，迄今为止，全球范围内还没有哪个团队可以完全实现分片，也就是说，分片技术的研发处于严重滞后的状态。但是，在分片技术没有取得明显进展时，另一项技术却在以太坊社区获得了广泛的认可，这项技术就是Layer-2。虽然Layer-2没有出现在以太坊之前的规划中，但是它可以通过将计算移到链下的方式，帮助以太坊同时实现更快和更便宜的目标。由于这项技术较多地采用了链下计算，所以其被称为Layer-2，它就像是以太坊的外挂。

1. Layer-2技术方案的演变路线

（1）状态通道

Layer-2方案也经历了一个相对长期的演变过程，最早出现的Layer-2方案是状态通道（State Channel）。状态通道源于比特币的闪电网络，后来在以太坊上出现了一个类似的项目叫雷电网络。状态通道的基本原理是在两个账户之间建立一对一的转账通道，两个账户都以从主链上转移来的资产的金额为限额，可以不经过主网确认就进行不限次数的转账。但是这个方案存在三个问题：一是比较适合固定的两个账户之间的转账，而无法支持网络状的交易，所以，闪电网络更适合商家收款"一对多"类的场景，也就极大可能导致在链外形成新的中心化节点；二是状态通道在安全机制上需要一个类似瞭望塔的角色，用于监控参与转账的一方是否会在不通知另一方的情况下将资金转回主链，从而破坏双方交易的信用基础，而设置瞭望塔需要借助一定的技术，如果普通用户需要借助专业机构才能保证转账安全的话，那么这就为中心化机构提供了生存的土壤，因此这种现象又被称为"数据活性假设"；三是状态通道只适合开展转账等简单业务，不太能支持智能合约，所以，闪电网络对于比特币有一定意义，而对于以太坊这种以运行合约为主要内容的公链则意义不大。状态通道类项目包括Raiden Network、Liquidity Network、Celer Network和Connext Network等。

（2）侧链

状态通道之后是侧链方案。侧链方案的基本思路是构建一条相对独立的区块链，其拥有独立的共识机制，而且往往能和EVM（Ethereum Virtual Machine，以太坊虚拟机）兼容，并通过将特定时刻的区块头部快照传递给主链的方式确定自身的安全性。基于以上思路，侧链方案的缺点也显而易见，那就是攻击者可以利用两次区块快照之间的时间，通过伪造快照来窃取用户在主链上的资产。侧链类项目包括xDai、Skale Network等。

（3）Plasma

侧链方案之后是Plasma。Plasma是2017年8月由维塔利克·布特林和约瑟夫·潘（Joseph Poon）提出的，其主要框架是通过根链上的智能合约转入或转出子链，所有交易都在子链上进行，但子链的状态信息会发布到根链上，等到其退出根链时在欺诈性证明中起作用。Plasma和状态通道的共同之处在于，二者都基于"数据活性假设"向主链提交状态转换信息，并通过欺诈性证明保证提交数据的真实性，但状态通道的状态转换交易仅涉及处于同一状态通道的交易双方，而Plasma的状态转换交易则涉及执行交易的多方。Plasma和侧链的共同之处在于，二者都将状态转换交易提交到Layer-1，但Plasma提交所有的交易数据，而侧链只提交特定时刻的交易数据。Plasma的最大缺点依然是"数据活性假设"，这导致其退出机制非常耗时且复杂，因为对于举报欺诈行为，它需要等待一段时间，所以提币也需要大概一周的时间，这对用户体验产生非常不好的影响。

（4）Rollup

Rollup 是最新的 Layer-2 扩展技术，也是目前市场上最易于实现应用的扩展技术。Rollup 与 Plasma 非常相似，唯一区别是前者避免了"数据活性假设"。Rollup 的基本思路是将大量链下交易打包并汇总为一个调用数据，并将其存储在以太坊存储数据的只读区域而非合约执行区域，因此成本大大降低；同时，Rollup 允许任何人在任何时候在 Layer-1 上读取 Layer-2 的交易数据，而非像 Plasma 那样只向 Layer-1 提交默克尔根，只能验证状态是否已经发生变化，而无法确定发生变化的具体数值。所以，在 Rollup 方案中，每笔交易的安全性都是主网级别的，并且大量交易都在链下进行，这大大提升了处理速度，降低了处理成本。

（5）Validium

Validium 的运行方式与 Rollup 非常类似，但其计算结果并不会存储在 Layer-1 上，而是存储在 Layer-2 上，所以数据的可信度会相对较弱。但是由于其采用了链下存储的方式，因此执行交易的速度更快，这也意味着其具备更好的扩展性，而且对于参与交易的用户来说数据的隐私性会更好。但这种情况又带来新的问题，即由于零知识证明的计算结果只存储在 Layer-2 节点上，因此即使节点对该数据进行一定的删减，用户也不能及时发现。如果 Layer-2 上运行了一个 DEX（去中心化交易所），那么 Layer-2 节点其实掌握了类似中心化交易所的权力，即可以根据自己的意志冻结用户资金。为了提升数据的可用性，有的团队设计了一个"中心化的委员会"，该委员会对所有交易数据进行存储，并允许其在紧急情况下可公开访问。此外，由于 Validium 依赖零知识证明对交易记录进行压缩，所以，和 Rollup 类似，其通用性受到一定的限制。

（6）几种技术方案的比较

StarkWare团队的阿维胡·利维（Avihu Levy）针对Layer-2的五种技术方案做过一个非常经典的分析。他指出，在Layer-1中所有的计算和数据存储都在链上进行，这造成Layer-1计算效能低的问题。不管哪种Layer-2方案，其目标都是通过将计算移到链下以实现计算效能的提升，但是计算一旦移到链下，两个新的问题就随之而生：一是链下计算结果如何存储，二是如何确保链下计算结果的准确性。关于第一个问题，链下计算结果可以分别保存在Layer-1链上和链下；关于第二个问题，目前来看，确保计算结果准确的方法只有零知识证明和欺诈性证明，前者主要依靠密码学原理确保计算结果准确可信，而后者则主要依靠经济激励措施确保计算结果准确可信。

在Plasma方案中，链下计算结果存储在链下，不过所有数据都打包上传至Layer-1，并通过欺诈性证明确保计算结果准确可信，但欺诈性证明需要耗费较长的时间，同时Layer-2提交数据的完整性也受Layer-2节点控制，这对数据有效性的检验造成一定的问题。在Rollup方案中，链下计算结果通过零知识证明打包后存储在Layer-1上，使得计算结果的准确性得到保证，但计算的类型却受到很大的限制，因为一旦交易复杂化，Rollup使用的ZK-SNARK（Zero-Knowledge Succinct Non-Interactive Argument of Knowledge，零知识简洁非交互知识论证）需要执行的计算量就会极大地增加，使得Rollup缺乏通用性，像Loopring一样仅具备支持支付和DEX类型交易的功能。在Validium方案中，链下计算结果被存储在链下，且依靠零知识证明实现数据的可用性，所以Validium在扩展效率大大提升的同时，又在通用性方面表现出不足。正是以上三种方案构成了不同的Layer-2技术路线。

2. Rollup的细分方案

Rollup处理的核心问题包括如何实现事务压缩、如何上传数据、如何确保上传数据的真实性和准确性。所以，根据状态转换的验证方式，Rollup又可以进一步分为ZKR（ZK Rollup）和OP（Optimistic Rollup）。

在OP方案中，链下计算结果同样上传至Layer-1，但无须通过零知识证明确保计算结果准确可信，而是通过经济激励的方式解决欺诈性证明的问题。由于没有采用数据压缩的处理方式，因此OP在扩展性方面明显弱于ZKR，但OP不受零知识证明的约束，在通用性方面明显优于ZKR。

在ZKR中，Layer-2节点为Layer-2上的每一个状态转换生成一个ZK-SNARK有效证明，并将这些证明传送至Layer-1上的Rollup合约，该合约按照密码学原理验证所有的状态转换是否有效。在OP中，Layer-2节点假设所有状态转换都是有效的，并将新的默克尔根和交易数据一起提交至Layer-1上的Rollup合约。OP和ZKR的最大区别就是OP不再对Layer-2提交的状态转换进行验证，而是默认其有效，有人如果质疑这些状态转换证明，就可以发起挑战。在OP中，状态转换有效性的保障机制是基于经济学原理建立的，需要配合代币质押和罚没机制以激励节点，从而保证其有效性。

由于OP的状态转换有效性证明和交易本身无关，因此OP适用于各种形式的交易，可以与各种智能合约兼容，可以提供OVM（Optimistic Vitual Machine，基于OP的虚拟机）。但是对于ZKR而言，一旦交易比较复杂，用于生成零知识证明的计算量就会非常大，所以ZKR不支持通用型智能合约，只支持交易结构比较简单的支付类交易。如果想要提升ZKR的通用性，那么其改进方向就是用功能更为强大或计算更为简洁的其他类型的零知识证明代替ZK-SNARK，比如PLONK、SuperSonic以及Halo等。

此外，在数据传输方面，ZKR只批量传输事务的认证信息，而OP还需要传输一些状态信息以便开展欺诈性证明，所以，ZKR比OP传输的数据更少，在数据压缩方面比OP更强。目前来看，ZKR理论上可以提高100倍的吞吐量，而OP大约可以提高30倍。

以上是关于Web3.0通用计算层现有方案的一些情况，虽然以太坊及其他公链已经构建出相当丰富的生态，但其距Web3.0整体需求还有较大的差距，因此公链仍是Web3.0技术创新的主赛道。

身份：
用户迁移的必由之路

了解处于基础位置的计算层后，我们继续按照分层的思路往上走，来了解Web3.0的身份层和激励层。

在现实世界里，身份指的是一个人的出身和社会地位，也就是这个人和其他人互动的载体。而在Web3.0中，身份指的是一个用户参与各种活动的具体载体，也就是账户。

而不论是在现实世界还是在Web3.0中，激励都指的是通过制度设计对组织或个人行为进行引导。站在Web3.0生态的角度来看，各种去中心化应用的功能千差万别，但是每一个应用都离不开账户和经济激励机制。

接下来，我们先来看看身份在Web3.0中具体是如何发挥作用的。

一、身份的识别：DIDs

在去中心化的网络环境里，每位用户都需要一个独立的身份，所谓独立的身份就是一个不依赖第三方机构证明就可以把自己与他人区分开来的身份。这个身份不是指现实世界的身份证，因为身份证是政府机构给个体开的介绍信，所以身份证只在一定范围内有效，比如在某国境内。这个身份也不是指在各个互联网平台或者社交媒体上注册的账号，因为该账号依赖互联网平台的认可而存在。此外，由于同一个用户需要在不同的互联网平台上重复进行注册和认证，这对于用户来说不但操作起来非常烦琐，而且存在极大的信息泄露风险，因此用户需要一个通用的且独立于使用平台的个人身份，以及对身份进行验证和授权的工具与能够反映更多身份信息的附属工具，而这个身份就是DIDs（Decentralized Identifiers，去中心化身份证明）。对于链上应用来说，DIDs还有一个非常现实的功能，即实现"一人多账户"的整合，这可以防止有人通过开设大量账户对区块链共识机制发起"女巫攻击"[①]。

[①] "女巫攻击"是指同一个用户通过开设大量账户来伪装成多个用户，从而在投票表决或者区块出块过程中欺骗系统，进而对共识结果产生影响的一种攻击。

根据国际网络联盟（World Wide Web Consortium，以下简称W3C）下的定义[①]，DIDs是一种用于验证去中心化数字身份的新型标识符，旨在使DIDs的控制器能够证明对它的控制，而这可以独立于任何集中注册表、身份提供者或证书认证机构而实施。2022年7月19日，W3C分布式标识工作组编制的DIDs规范1.0正式成为W3C推荐标准，这使得DIDs在国际技术标准方面获得与HTTP和CSS（层叠样式表）同等的基础性地位，同时预示着DIDs将对推动Web3.0的发展发挥更加直接的作用。

DIDs由基础层和应用层组成，其中，基础层包括DID标识符和DID文档。DID标识符是一套对DIDs进行辨识的标准表达形式，包括标识方法和标识内容两部分，截至2022年6月底已经有大约100种标识方法完成注册，微软、IBM以及腾讯等机构都对旗下相关标识方法进行了注册，以太坊等公链也是标识方法的一种。DID文档则对如何使用特定DIDs进行简单说明。DIDs基础层是DIDs的主体，但对个人的相关信息并没有具体说明，所以账户需要通过应用层来补充DIDs的具体内容。

DIDs的应用层主要由DID Resolver（DID解析器）和VC（Verifiable Credential，可验证申明）组成。DID Resolver主要负责通过DID标识符获取DID文档；而VC是由发行者如政府、银行、大学等机构和组织开具，由标识符注册机构如区块链、可信数据库、分布式账本等进行注册，由用户持有，并由验证者验证的数据使用授权书。简单地说，VC就是发行者对关于证明个人身份或者经历的文件进行加密，并在区块链或其他类型的分布式账本中注册，而当用户需要使用这份

[①] 2019年11月7日，W3C发布去中心化身份标识核心数据模型和语法规范工作草案。

证明的时候，他可以通过专业的验证机构对发行机构的加密信息进行验证。由于发行机构掌握着非公开的私钥，所以一旦加密信息经过第三方认证即可使得VC成为可信文件。从技术原理来说，VC就是非对称加密技术在文件管理系统中的应用。

通过以上内容可知，DIDs是一个借助技术手段实现现实世界和虚拟世界衔接的综合性系统，同时需要借助不同参与主体的协同作用来实现系统的目标。据Amber Group提出的DIDs生态架构可知（见图2-3），DIDs生态系统主要包括四个层面，其中，标准层处于最基础的位置。W3C和DIF（Decentralized Identity Foundation，全球去中心化身份联盟）等国际性组织作为全球范围内技术标准的制定者和推动者，主要负责DIDs相关标准的制定，并推动DIDs和其他相关标准进行对接以实现融合，同时为各种技术的研发提供基本框架。从标准层往上，第二层是基础设施层，包括为DIDs识别和验证提供服务的各类机构和项目，比如以太坊、Hyperledger等区块链，专注于DIDs集成的Ontology，以及基于区块链提供域名服务的ENS等。此外，VC的发行、验证以及数据存储等功能主要通过基础设施层实现。第三层是集成层，其通过各种技术手段实现链下身份认证、链上身份聚合以及链上行为证明等，将链下和链上数据集成为DIDs标识符和标识文件。第四层是应用层，主要功能是基于DIDs开发各种应用，比如信用评分、贷款、社交、门控、DAO和捐赠等。所以，DIDs构成了衔接现实世界和虚拟世界的一座桥梁，成为用户群体从现实世界向虚拟世界迁移的一个主要入口，而围绕这个入口进行各种Web3.0应用的开发将为用户带来较大的便利。

```
┌─────────────────┐
│     应用层       │
└─────────────────┘

┌─────────────────┐
│     集成层       │
└─────────────────┘

┌─────────────────┐
│    基础设施层     │
└─────────────────┘

┌─────────────────┐
│     标准层       │
└─────────────────┘
```

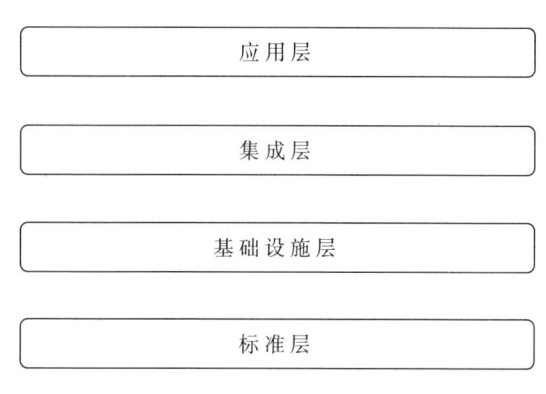

图2-3　Amber Group 提出的 DIDs 生态架构

在众多大型科技公司中，微软对 DIDs 的重视程度尤为突出。早在 2018 年，微软就宣布将 DIDs 作为公司区块链业务的切入点；2019 年 5 月 13 日，微软发布了 ION（Identity Overlay Network，身份覆盖网络）测试版，任何人都可以通过 ION 创建自己的 DIDs。为了加强技术协调，微软加入了 DIF，并和同属 DIF 的 Consensys、Transmute 等机构合作开发了支持规模化创建 DIDs 的协议，ION 即基于该协议开发完成。微软为什么对 DIDs 如此热情呢？在其撰写的《去中心化身份》（*Decentralized Identity*）一书中，微软坦言其开发 DIDs 的首要目标就是将其应用于微软云计算平台，并将其打造成所有云计算用户的统一身份标识，基于 DIDs 为用户提供数据授权的功能。

二、身份的具象表达和应用

基于 DIDs 的整体架构，目前已经有多个团队在这个领域展开探索。对应 DIDs 生态架构的具体环节，探索过程总体上还是按照建立个人身份的基本流程展开的，从个人标识到数据聚合，再到基于 DIDs 开发各种应用。

（一）基础设施

基础设施类项目的主要功能在于为建立个人标识和实现数据聚合提供解决方案，其中，Hyperledger基金会推出的Sovrin协议和互联网公司Circle推出的Verite项目为DIDs提供整体性解决方案，Ontology基于自有公链在信用、身份、钱包、借贷和数据五个领域分别推出OScore、ONT ID、ONTO、Wing和SAGA五个生态项目，吸引了28万用户注册。另外，还有将原生的账户信息和个人信息关联的域名类项目，比如以太坊域名管理系统ENS、Polygon链上的域名管理系统Unstoppable Domains以及IC生态的Identity Labs。

案例

1.Sovrin（https://www.hyperledger.org/use/hyperledger-indy）

Sovrin是一个协议而不是一个具体的产品，该协议为建立DIDs定义了一个分层的、解耦合的和模块化的模型，厂商和开发团队都可以基于该模型进行开发，从而构建定制化DIDs的解决方案。

为了实现上述功能，Sovrin团队建立了一条专用链SovrinLedger，并设有节点、协议和治理架构。Sovrin不仅支持DIDs，还支持VC的发行和验证，由于其可以用同一个架构支持多种DIDs的搭建，因此Sovrin还支持不同DIDs进行相互认证和通信。此外，用户使用基于Sovrin发行的VC需要签名，即VC的使用需要得到用户的授权，这使得用户拥有对VC的绝对控制权。

Sovrin源于Hyperledger项目，而Hyperledger则属于以支持开源技术为主旨的Linux基金会。

2. ENS（https://ens.domains）

ENS是以太坊生态中的域名服务系统，其定位可对标Web2.0中的DNS（Domine Name System，域名系统）。ENS可将账户地址和.eth的域名进行绑定，用户基于ENS可以直接查看账户余额或者进行转账。自2022年以来，ENS已经支持了比特币和ETH等上千种数字资产的转账。

ENS不但和DNS功能比较类似，而且和DNS实现了兼容，所有DNS的域名（比如.com和.org等）都可以整合到ENS中，用户也可以基于ENS的域名直接向整合后的网站进行捐赠。相对于DNS，ENS的最大特点就是用户自己拥有域名，而ENS无权撤销任何域名。

ENS可以和各种钱包、去中心化应用集成，比如ENS可以和去中心化存储IPFS集成，还可以将文件存储到IPFS系统中，从而构建分层的去中心化网络。此外，在Web3.0中，域名的服务范围已经不再局限于网站，而是包括个人账户，这一变化使得人们对域名的需求大大增加。

3. POAP（https://poap.delivery）

POAP（Proof of Attendance Protocol，出勤证明协议）是一种

按照ERC-721标准①发行的NFT，其主要用途在于创造一种不可伪造的活动参与记录，用户可以通过钱包账户对外展示它。

POAP的适用范围非常广泛，用户可以通过一场AMA②、一次空投、一次产品体验、一次社区投票甚至一次生日聚会发行POAP。对于用户来说，一系列的POAP直接反映了账户的活动经历，从而在一定程度上代表该账户背后的用户的身份特征。

POAP最初部署于以太坊中，但是由于以太坊经常发生网络拥堵和收取高昂的Gas Fee，POAP转移到以太坊侧链xDai上，而在xDai上用户甚至可以免费申领POAP。用户如果愿意支付Gas Fee，也可以基于POAP网站将POAP转移至以太坊主网。

（二）链下身份认证

虽然DIDs不要求链下个人信息和链上账户信息一一对应，但是以链下个人信息为线索进行链上信息整合是身份聚合的主要方式。链下身份认证正是基于这一目标而设立的一类项目，其中，Civic是最早提出DIDs身份认证的项目，其主要优势在于用户无须私钥和种子短语就可直接进行认证，即使私钥丢失也可以通过使用身份信息进行恢复；BrightID和Humanity DAO的认证方式较为相似，都是采用视频来进行认证，而Idena则通过测验来进行认证。

---

① ERC-721标准是指以太坊中的一种NFT技术标准。
② AMA是指Ask Me Anything，网络用语，意为线上问答。

案例

1. BrightID

现实世界中的身份认证方式是个人信息和身份证件的强绑定，通过个人的身份证件就可以获得关于此人的基本信息。BrightID认为在虚拟世界中无须进行这样的强绑定，可以通过个人生物信息对链上账户进行整合，从而实现"一人一账户"，这对于防止"女巫攻击"有较大帮助。

因此，用户在申请BrightID账户时需要提交个人头像照片，并通过视频会议与审核人员进行对话以确保真人身份，但在对话过程中无须透露个人真实信息，只需通过视频确认在BrightID系统里申请唯一账号即可。

BrightID比较适合去中心化应用为启动社区而进行空投时的用户验证，可以有效防止"一人多账户"。同时，BrightID也可用于社区投票前的用户验证，以满足"一人一票"的要求，比如以太坊捐赠平台Gitcoin就通过BrightID进行用户验证，以强调用户参与人数的权重。截至2022年6月30日，BrightID已拥有注册用户约5万人。

2. Idena

获得Idena认证的前提是参加测试，而且申请验证的用户需要拿到来自已通过验证的用户的邀请码,拿到邀请码后用户还要在指定的时间参加线上逆图灵测试。所谓逆图灵测试就是基于图片识别的测试,我们在登录一些网站时要在一个9宫格中选出几张包含某种元素(比如火车、斑马线、飞机)的图片,这种测试就是最常见的一种逆图灵测试。参加完这类测试后,用户还需要参加新的测试,比如上传照片等。通过这种方式,Idena才可认定该用户为真人。

(三)链上身份聚合

链上身份聚合包括两种方式:一种是完全基于链上数据进行身份聚合,比如以太坊创始人维塔利克·布特林提出的SBT(Soul Bound Token,灵魂绑定通证),这一类项目的难点在于跨链数据的处理;另一种是链上和链下两类数据的聚合,如Unipass和DAS System等。Litentry是基于Polkadot生态的多链身份聚合协议,可提供去中心化的身份聚合和验证、信用评级等服务;Selfkey提出验证请求的概念,其在基于零知识证明进行用户身份验证的同时保护个人数据不对外披露;Mykey是一个多链钱包,其独特之处在于用户基于Mykey ID可以一键登录多条区块链,并通过智能合约保存私钥,以便在丢失私钥的时候可以通过合约将其找回;Rabbit Hole提出"Learn to Earn"的概念,并根据用户参与各种去中心化应用的情况进行综合声誉评分,最后将评分情况生成VC存入DIDs中供其他应用调用;DAS System则可在所有支持EVM的公链上进行身份聚合。

案例

1. SBT

SBT是以太坊创始人维塔利克·布特林提出的一种通证[1]，其主要特点是由某个账户持有且不可转让，但每个账户持有的SBT数量却不受限制，比如某用户毕业的学校、曾经工作过的单位，甚至曾经参与过的公益活动以及DAO都可以给该用户发放一枚SBT，而且在特定情况下，这枚SBT还可以被撤回，比如该用户从某一个DAO中退出，相应的SBT就会被撤回。如此一来，SBT实际上构成了一个完全去中心化的、自下而上的身份证明，这个身份证明含有极其丰富的信息，不但可以被更多的去中心化应用所采用，而且可以用极低的成本验证。SBT就像是以太坊生态中的一种VC。

2. Spruce

Spruce的主要目标是建立一个聚合Web2.0和Web3.0、多平台通用的统一身份，并基于该身份绘制账户画像。相对于Web2.0中的用户画像，账户画像可以间接反映用户特征，但不能和用户本人建立一一对应的关系。与Web2.0中的用户画像相似的是，账户画像同样可以用于产品推荐和精准营销。

---

[1] 通证又称为代币。

Spruce设置了专用的SpruceID，并将该ID应用于跨产品或跨链的场景，其具备签署、验证和共享消息等功能。Spruce同时推出SIWE（Sign-In with Ethereum），用户借此可直接通过以太坊账户在Web2.0应用中进行注册和登录，无须再通过手机或邮箱等中心化应用，比如用户使用SIWE无须进行二次验证，就可以直接登录Discord。通过Web2.0应用和Web3.0应用共享账户，Web2.0上的社交媒体流量就可以转移到Web3.0上，如此一来，Twitter上的大V（流量博主）就有望在DeFi平台获得更低贷款利息的优惠政策。

此外，Spruce还推出去中心化存储工具Kepler，基于Kepler用户可以针对存储位置和存储类型进行定制化存储，而且Kepler已经实现和SIWE的集成，用户可以在使用SIWE的时候通过Kepler保存数字凭证和私人文件。

（四）基于DIDs的应用

和去中心化应用实现对接是DIDs的终极使命。基于DIDs的应用主要涉及信用贷款、社交、社区治理和捐赠等领域，其中，基于Guild的应用可以在Discord和Telegram中设置社群准入条件，比如持有某种NFT才可以进入某个Discord频道等；基于Mintgate的应用可以为社区创建专门的代币支持的流媒体、票务等；基于ARCx的应用可以结合链上数据进行信用评级等。

案例

ARCx：DeFi Passport

账户是执行区块链交易的基本单元，但区块链账户和现实世界的用户并没有实现一一对应的强绑定，所以传统金融领域非常重要的信用概念就不能直接传递到DeFi世界，以致DeFi只允许抵押贷款，而不允许根据借款主体的信用状况进行差别定价，这一状况导致DeFi借贷的效率低下。

基于这一问题，ARCx计划打造一个体现账户信用状况的DeFi Passport。用户通过ARCx申请DeFi Passport需要缴纳1 000枚DAI作为押金，在获得DeFi Passport之后会根据账户参与DeFi的情况获得一个信用评分，比如账户长期向Compound或者MakerDAO借款但从未被清算将被视为信用良好。项目公布的拟采用的信用评分标准还包括：参与"流动性挖矿"是否频繁发生"挖提卖"、获得空投奖励之后是否可以长期参与项目发展、是否积极参与社区治理等。

在获得信用评分之后，ARCx会对接借贷平台，并对信用评分更高的账户以更优惠的抵押率发放贷款，但该信用评分是动态的，会随着账户链上行为的变化而改变。

三、身份的载体：账户和钱包

尽管DIDs可以通过数据聚合形成用户画像，但在去中心化网络中，参与主体是账户，而从技术角度来看，账户功能的实现主要依赖于钱包。这里所说的钱包不包括基于中心化机构开设的托管式钱包，而特指非托管式去中心化钱包。

为什么是非托管式去中心化钱包呢？因为用户不需要把他的资产"装"到这个钱包里，而是通过钱包查看区块链账户的资产数据，并通过私钥授权账户进行转账或者和某一个智能合约进行交互。

托管式钱包就像银行账户或者各种Web2.0应用开设的账户一样，如果用户想享受银行或者某个互联网平台的服务，那么他需要先在银行或者互联网平台开设一个账户。在银行，他需要把他的现金存到银行的账户，虽然账户是他的，但从技术和业务的角度来讲，由银行决定资金的使用方式。在Web2.0的互联网平台上，不管是社交平台还是电商平台，用户的数据都由平台代为保存，因此互联网平台的估值都是由历史数据或者每日新增用户数据（就是流量）决定的。

但非托管式去中心化钱包和前面讲到的托管式钱包完全不一样，最大的区别就在于，托管式钱包的账户和使用是捆绑在一起的，都必须依赖银行或者互联网平台；而非托管式钱包基于区块链使用密码学函数开设账户，账户和钱包是完全没有关系的，因为钱包的主要作用是帮助用户保存和管理私钥，但同一个账户可以通过多个钱包同时进行私钥管理，钱包对于用户行为没有任何限制能力。非托管式去中心化钱包更像一个数据浏览器，它不保存任何资产但可以帮用户读取数据以及发起交易。

假设用户有一枚比特币并把它保存在一个只有他知道私钥的账户里，那么他通过Ledger钱包可以看到这枚比特币。但如果他把这个账户导入Imtoken钱包，那么他在Imtoken里能看到这枚比特币吗？答案当然是能。那么，他现在是有2枚比特币了吗？当然不是，他还是只有一枚比特币。

将比特币换成法币，用户通过工商银行的App看到账户余额是10 000元，同时，在招商银行的App上也看到账户余额是10 000元，那么，他总共只有10 000元吗？显然不是，他总共有20 000元。这就是非托管式去中心化钱包和托管式钱包最本质的区别。

非托管式去中心化钱包充分体现了Web3.0自主、通用和去信任的基本特征，可以说它是专为Web3.0而生的基础设施。那么去中心化钱包具体能为Web3.0带来哪些好处呢？

首先，去中心化钱包为Web3.0提供一个更安全的资产管理工具。

去中心化钱包只对一个人提供资产相关的服务，不像中心化钱包那样把很多人的资产归集到一个账户中。对于计划针对账户进行攻击的黑客来说，攻破一个账户的成本差不多是相同的，但去中心化钱包分散管理资产的方式大大降低了黑客的攻击兴趣。

此外，从技术角度来看，去中心化钱包的作用就是基于电脑或者手机进行私钥保管，那么去中心化钱包本身会不会盗取用户的私钥呢？总体来看是不会的，因为去中心化钱包往往是代码开源的，其代码被公开在所有人都可以看到的代码仓库中，比如Github。虽然用户不一定能看懂代码，但是全世界范围内有很多人具备这个能力，如果他们发现钱包代码存在一些Bug（程序错误、缺陷），比如将用户的私钥悄悄传至别的地址，那么他们一定会把这件事公布于众。这就相当于社区帮用户做了验证。

其次，去中心化钱包在用户和Web3.0应用之间架起一座桥梁。

去中心化钱包实际上就是用户和各种去中心化应用交互的一个工具，还是一个不可或缺的工具，因为Web2.0的浏览器如谷歌、火狐等都不支持这个功能，Web2.0也没有这种需求，所以在用户和网络的交互中需要增加这一功能。

去中心化应用可以做很多事情，包括转账等简单链上操作，比如用户可以铸造自己设计的NFT作品，也可以进行社区投票，还可以享受各种去中心化金融服务等。但在使用所有这些功能之前，用户首先需要进入钱包页面，仅从这一点来看，去中心化钱包的商业价值就非常明显了。

区块链技术公司Consensys旗下的Metamask是目前使用量最大的一款钱包插件，据相关媒体报道，截至2022年第一季度末，Metamask月活用户已达到3 000万，预计2022年全年收入达10亿美元，Metamask内置的Swap功能成为其主要的收入来源。钱包插件Metamask见图2-4。

再次，去中心化钱包是Web3.0身份的技术载体。

去中心化钱包不仅可以显示用户在各条链上的各类资产，还可以显示用户拥有的各种NFT，比如头像、宠物、房产或者土地等。假如用户属于某个俱乐部或者DAO，而这类组织的会员有一枚专属的NFT徽章，那么去中心化钱包可以在该用户的账户上把这枚徽章显示出来。用户还可以购买一个喜欢的域名，如果他拥有编号为8848的无聊猿，而且正好拥有8848.eth这个域名，那么域名和NFT都会通过钱包体现出来。当然，这些信息也可以通过其他方式体现出来，用户可以基于这些特征开展各种社交活动，或者被某些合约检索到，从而为虚拟生活增添一抹新的色彩。

图2-4 钱包插件Metamask（图片来源：https://metamask.io/）

当然，去中心化钱包在当前状态中也存在功能不足的问题，特别是对于没有使用经验的用户。它需要用户适应"主网+账户+Gas Fee"的使用模式。此外，虽然去中心化钱包不保存资产，但是其保存私钥，一旦文件遭到破坏就意味着资产流失，因为用户无法通过任何人的帮助找回私钥。在DIDs生态中，存在一类身份聚合项目（比如Mykey和Civic），为每个用户开设交易账户，并通过合约实现多人控制账户，因此用户即使丢失私钥，也能通过预先设定的机制取出账户内的资产。

案例

Ledger——把安全放在首位，把资金的处置权赋予用户的钱包

Ledger通过硬件钱包和软件钱包的组合为用户提供安全自由的非托管式去中心化钱包服务。Ledger包括Ledger硬件钱包与Ledger Live应用程序，其中硬件钱包通过离线方式保存私钥，这使得账户的安全性得到极大保障。在用户需要基于授权使用账户时，Ledger Nano在设备内部生成私钥，并将私钥存储在设备内部。当Ledger Nano没有连接到互联网时，Ledger Live协助用户实现和外界的交互。Ledger Nano和Ledger Live就像Apple Pro手机和Apple Store（苹果手机上的网上商店）一样配合，从而保障账户资产安全以及和其他应用的交互。Ledger钱包App及硬件见图2-5。

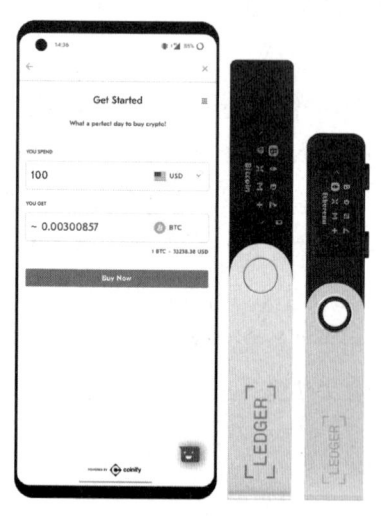

图2-5　Ledger钱包App及硬件（图片来源：https://www.ledger.com）

激励：
从流量池向完整经济体的转变

一、通证经济：从人的激励到行为的激励

（一）什么是通证

通证是以数字形式存在的权益凭证。从形态上看，通证和密码有类似的地方，它们都代表着在特定场景中的一种权益，但密码在中心化场景中使用，而通证只能存在于去中心化场景，且可以和智能合约相互结合生成某种功能。从属性上看，通证是一种代表可以数字化的权益证明，比如股权可以以通证的形式存在，但不是所有通证都代表股权，通证还可以表示为债权、投票权、使用权等。举个简单的例子，比特币也是一种通证，持有比特币的数量就代表在比特币网络中所占的份额，这个份额既不是股权，也不是债权，而是资产数量。在前文中我们介绍了去中心化存储，比如Filecoin这类项目的主要目标是建立一个用户共享的存储市场，而Filecoin中的通证FIL就代表了对容量限定的存储空间的使用权，任何人都可以凭借持有的FIL使用其他人的存储空间来保存自己的文件。在Filecoin这个案例里，项目代币FIL只代表使用权，与股权、分红权、债权没有任何关系。因此，通证所代表的权益性质是高度依赖场景属性的。

（二）通证的双重属性

理解通证的本质需要从其两个属性入手，一是通证的技术属性。首先，通证都是基于特定的区块链账本和智能合约形成的，密码学原理

是通证可以作为权益凭证的技术基础；其次，可编程性是通证的突出特征，可编程性使得通证可以通过和智能合约的结合对各种数字场景进行模拟并代表各种复杂的权益。基于通证的技术属性，通证具有对数字化权益进行确权、定价和交易的基本功能。

二是通证的经济属性。因为通证本质上是一种权益凭证，权益的数量可以通过通证的数量表示，而对权益的需求即对通证的需求，通证供给和需求的平衡状况形成了通证的价格。通证代表的权益和通证价格之间的关系就像传统经济学中商品的价值和价格的关系一样，商品的价值是价格的基础，但商品的价格又受商品供需的平衡状况影响。

基于通证的技术属性和经济属性，通证在作为数字化权益凭证的同时成为数字资产的重要表现形式，这一点也使得区块链成为一系列数字技术的重要组成部分，因为区块链使得复制成本几乎为零的数据产生了一种稀缺性，从而使数据可以成为一种资产。在现实社会中，通证作为一种资产已经被各国政府及其法律所接受，因为通证的资产属性源于它的自然属性，而这一点是不以任何人或者任何机构的意志为转移的。但是除了在萨尔瓦多之类的一些小型经济体中，通证还不能算是货币。尽管最早的通证——比特币是以建立一个点对点的电子现金支付系统的名义启动的，但通证的货币属性应受到社会层面的认可，因此在没有获得各国政府认可之前，通证不太可能成为货币。

凡是硬币都有两面性，通证在作为数字权益凭证方面具有很大的优势，可以独立于其价值支撑而成为资产，但通证在技术和经济层面面临很大的风险，比如技术层面的代码风险、合约风险对通证的安全产生重大影响，经济层面市场价格的暴涨暴跌对通证的使用无疑是一种负面冲击，比特币的货币属性不为各国当局所接受就是一个例证。

(三) 通证经济

基于通证进行创作和消费的经济就是通证经济,虽然通证本质上不是货币,但通证在通证经济中能发挥类似货币的作用,特别是发挥流通手段和储藏手段的作用。一般认为,通证体系的设计是通证经济中非常重要的一项工作,但就像不同时期、不同流派的经济学家关于货币政策对宏观经济的长期发展产生什么样的影响存在较大分歧一样,关于通证体系的设计对通证经济的作用也存在不同的观点。

有人认为,通证体系对于Web3.0项目来说至关重要,因为通证体系的设计直接对各类人群的行为模式产生影响。但也有人认为,通证体系对于Web3.0项目的发展只有辅助性作用,而不会产生决定性的影响,就像货币中性主义者认为的那样,长期来看,货币超发并不会对有效需求形成刺激。

通证体系的内容主要表现为对通证的供给和需求的管理,通证的供给管理和需求管理主要体现在通证的三次分配中。第一次分配指的是通证方案的设计,通证方案在设计时需要对通证总量、单币制或多币制、分配比例、释放节奏等指标进行明确说明。其中,通证总量反映预期的经济规模,但由于通证一般具有18位的代币精度[①],因此通证总量的具体数据并没有太多的实际意义。

对于通证总量来说,比较重要的是总量上限是否固定,但是否设定上限主要取决于通证的功能与定位,比如比特币具备模拟黄金的属性,所以对其设置了2 100万枚总量的上限。对于大部分公链项目来说,

---

① 一个通证可以划分为10^{18}个最小单元。

由于需要持续不断地激励矿工，因此链上往往会设计一个通胀率，通过每年增发来进行激励，比如ETH转为Pos共识机制之后，每年通胀率约为5%。而对于非公链类项目来说，其往往需要设定为总量固定。关于分配比例，项目如果主要靠产品来获取用户，则往往需要在通证分配时为团队、项目顾问以及投资人设定好分配比例；项目如果主要靠社区共识来运营，则可以不为团队预留通证，而是可以采用"零预挖"的方式，通过社区激励进行通证释放。

第二次分配指的是按照项目业务逻辑进行的通证分配。对通证背后的权益的需求是决定通证需求的核心因素，如果项目本身没有对外输出价值，那么对通证背后的权益的需求也就无法成立，所以业务逻辑代表了对通证最基本的需求。如果通证设计仅仅局限于通证层面，而无法在建立通证需求方面发挥作用的话，那么可以确定的是，通证体系的设计对于通证经济的作用其实是辅助性的。

第三次分配指的是通证层面的调节机制，比如针对通证设计的各种质押挖矿机制、销毁机制以及分红机制等，但通证层面的调节机制和业务逻辑并不直接相关。通证层面的调节机制聚焦于通证的需求，并往往以质押或锁仓等形式，通过牺牲通证的短期流动性来获得更多的通证激励，所以其对通证需求的刺激效果比较有限。

通证体系的设计是一个比较复杂的话题，也会是我们分析各个赛道的一个重要视角，在后续各章我们会结合各个赛道的场景特点继续对其进行分析。

二、DAO：为激励注入灵魂

通证和智能合约是链上激励框架的主要组成部分，但智能合约功能毕竟有限，所以仅靠链上激励还不能形成完整的治理模式，只有基于代码的链上激励和社区成员共识的结合才有望建立满足去中心化社区需求的治理架构。链上激励和社区成员共识结合的产物就是DAO。相对于传统的公司制组织，DAO是一种全新的组织形态并表现出如下优点：

第一，DAO是一个形态更加灵活的组织。DAO的建立主要基于社区成员共同的兴趣和爱好以及某种利益共享机制，而且DAO的运行主要依赖智能合约的自动运行，其对社区成员的参与形式没有明确的要求，所以用户加入DAO无须签订长期的劳动协议，也无须放弃其他感兴趣的事情，只需要以比较灵活的形式参与即可。

第二，DAO具有更加坚固的利益基础。虽然DAO的建立强调共同的兴趣和爱好，但一个松散社区的成员间也可能存在共同的兴趣和爱好。如果社区成员聚在一起只是为了探讨问题和聊天，那么这距离一个真正的DAO还有明显的差距。维塔利克·布特林的观点表明，DAO是一个"社区金库和代码自治"的组合，"社区金库"不属于任何人或者小团体，而是属于全体社区成员，只有经过社区决策才可以形成使用金库资金的方案，所以说DAO具有更加坚固的利益基础。

第三，DAO具有明显的效率优势。DAO的决策流程主要依赖社区投票，而决策的执行则主要通过智能合约，所以现阶段DAO并不一定适用于所有场景。但在某些业务流程相对明确、执行逻辑相对简单的应用场景中，DAO更容易表现出明显的效率优势，比如投资型DAO、捐赠型DAO都领先于其他类型的DAO，获得了较快的发展。

3

Web3.0 新文化：
数据确权制度及其价值发现

NFT的中文意思是非同质化代币，本质上，它是一种基于加密技术的数字资产。在以太坊中，凡是基于ERC-721和ERC-1155两种技术标准生成的数字资产都称为NFT，而我们经常听到的同质化代币则称为FT，比如比特币和ETH。NFT有一个显著的特点，就是每个NFT都不可分割，且每个NFT都不一样，所以NFT具有唯一性。

基于唯一性的特点，NFT可以对虚拟世界中的各种素材（比如图片、文字、视频和动画甚至数据等）进行标记，并和某个账户建立对应关系。此后，拥有账户私钥的用户就可以对账户中的NFT进行转账和交易，还可以允许或者拒绝外来用户对账户的访问，也就拥有了该NFT的控制权。

虚拟世界中没有产权的概念，因为产权是来自第三方机构的认可证明，比如政府或者法院。在虚拟世界中控制权即产权，拥有了NFT的控制权就相当于完成了它的确权。通过各种技术设置，NFT的所有者可以获得由转让及授权产生的相应收入，因此NFT成为数字社会数据确权制度的基础。

在这里，我们还要强调一下Web3.0的主题，Web3.0通过"无需信任"的基础设施提供针对数据的可信服务，NFT就是一个典型的案例。

NFT：
数据确权带来的资产属性和功能属性

NFT数据确权的功能可以将NFT数据中蕴含的经济价值归集于一个特定的账户，从而使得NFT具有资产属性。从确权制度本身来看，NFT确权具有低成本和永久产权的特点，这使得一些无法通过现实社会中的产权制度进行确权的数据，或可以按照现实世界中的产权制度进行确权、保护和利益变现但成本太高的数据基于NFT实现确权，比如一张图片、一段视频或者一篇文章。低成本确权的价值在于，在作者刚刚完成创作后，作者和市场对作品的商业价值往往无法进行准确预测，如果通过现实世界中已有的版权制度进行确权和授权，则基本上抹杀了该作品获得商业价值的可能，但是如果基于NFT可以低成本、自助式地确权以及转让，那么该作品就可以实现其可能的商业价值。所以，NFT的主要价值就在于扩大了数据确权的范围，使在传统条件下无法确权的大量资产可以确权，并实现数据本身的经济价值。

首先，从本质上说，确权制度的具体形式并不会对资产价值产生影响，因为资产的价值主要取决于数据本身，比如一件数字艺术品的价值由对艺术品鉴赏的需求和艺术品的稀缺性决定。如果NFT代表一家公司的股权，则NFT的价值由股权未来可能带来的收入决定；如果NFT代表一张会员卡，则NFT的价值由对会员服务的需求和市场上类似商品的丰富程度决定。但是NFT确权后可以在全球范围内得到认可，这使得NFT事实上具有全球流动性，所以，NFT资产流动性的提升将在一定程度上促进NFT资产价值的提升。

其次，NFT天生就具备和智能合约结合的特点，所以，在数据确权后，NFT不仅适用于现实世界中各种产权运营的商业模式，还可以通过一定的功能属性创造传统产权无法实现的新玩法。NFT不仅可以用于征收版税，还可以基于智能合约进行各种设置，例如可以将多人共享版税的要求直接写入智能合约，一旦NFT转让就可以直接向多个账户支付版税，并避免各种信用风险，而且不论NFT经过几次转让，每次转让都会按照转让金额的一定比例向原创作者支付版税。以上只是NFT在版税领域的具体应用，在游戏、金融、电商等领域，NFT都可以通过和智能合约的结合产生新的业务模式，我们把NFT这种和智能合约结合的特点称为NFT的可编程性。

此外，NFT不仅可以和智能合约结合以代表各种场景下的具体权益，还可以和账户捆绑以表示账户的某种特征，比如，一个热衷于推广环保理念的社区可以为成员参加的每一次活动发放一枚纪念章，这枚纪念章当然可以是一枚NFT，而且社区可以根据每次活动的具体内容设计不同主题的NFT。如果会员持有的NFT达到一定的数量标准，比如参加环保公益活动累计达到100个小时，会员就可以获得一枚特制的NFT，凭借这枚NFT，持有人有机会参与这个环保社区的决策和管理活动，也有机会享受某种优惠或者奖励，比如优先购买某款电动车或者减免一部分个人所得税。从这个角度来看，NFT就成为账户的标签，也是账户背后的用户的一个特征，而且这个特征是以公开数据的形式出现的，所以NFT的这种特性又被称为透明表达。基于

NFT透明表达的特性，用户可以基于链上数据进行数字营销的多种尝试和探索。

基于以上分析，NFT以数据确权为基本功能，并表现出资产和功能双重属性。站在资产属性的角度来看，NFT具有低成本和永久产权的特点，而基于这些特点，数字艺术、收藏和体育等领域涌现出全新品类的数字资产，同时，NFT本身又可以衍生出创意、设计、制作或铸造、发行、展览、交易等业务环节。站在功能属性的角度来看，NFT具有透明表达和可编程的特点：基于透明表达的特点，NFT可衍生出运用链上可信数据进行数字营销的新赛道，这对于各类品牌开展市场营销和品牌推广活动具有直接的促进作用；基于NFT的可编程性，NFT可以在游戏、音乐、社交、金融等诸多领域通过精细程度和复杂程度更高的方式建立新的业务模式。NFT双重属性及其功能见图3-1，本章将按照这个框架分别就NFT相关的各个赛道以及部分典型案例进行介绍。

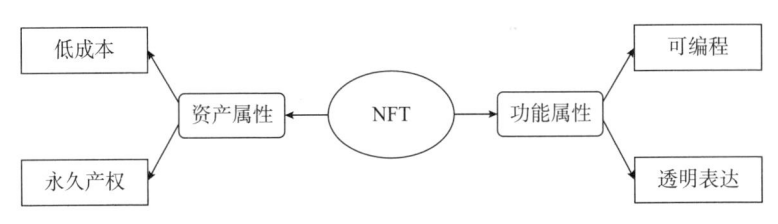

图3-1 NFT双重属性及其功能

资产属性：
从数据确权到文化发现，再到数据价值变现

一、基于低成本及永久产权的文化发现

NFT资产属性的主要特点是低成本和永久产权。

低成本体现在哪里呢？首先体现为制作程序简单，只要经过简单的了解，用户就完全可以独立完成NFT的制作。这个过程有一个专用名词"Mint"，翻译过来就是"铸造"。用户只要打开去中心化钱包，找到相关网站，进行一些基础设置并上传作品，就完成铸造了。这里所说的作品可以是一张图片，也可以是一段视频甚至一句话。其次是时间成本低，整个过程快则几秒钟，慢则几分钟。最后是收费模式简单，只需要用户支付Gas Fee，不收取其他任何费用。

通过这一流程你会发现，NFT的制作过程完全是自助式的，无须任何机构或者个人帮助，用户也不需要为了产权登记而四处奔波，更不需要根据创作类别，按照不同的流程分别进行登记，比如版权、商标等。对于铸造NFT，用户需要做的只是和区块链进行互动，而且NFT支持的作品种类非常多，以电子形式保存的作品都可以做成NFT。

除了低成本，NFT的另一个特点是永久产权。说到这里，你会发现，在制作NFT的过程中无须任何机构或者其他人参与。这一点非常重要，因为只有通过这种方式获得的产权，才属于永久产权。

例如，你可能玩过王者荣耀，在花了很多的时间和金钱后获得一颗"荣耀水晶"，但你如果想要向别人展示这颗水晶，就必须进入这个游戏，如此才能实现"炫富"的目的。这并不是说你没有能力把这颗水晶从游戏里带出来向别人展示，而是说一旦离开了游戏，这颗水晶就不存在了。

所以，这颗水晶的命运就是整个Web2.0的宿命，所有的资产和作品都需要借助别人的"舞台"才能呈现，如果这个"舞台"停止营业了，那么这些资产和作品就只能消失。你想保护你所创造的数据不被他人使用，几乎是不可能的。因为数据保管在互联网公司的存储设备中，即使你自己想用，也需要经过互联网公司的许可。但在Web3.0时代，这种宿命会被扭转，就像NFT一样，只要不是所有节点同时退出网络，NFT就会存在。只要你掌握控制账户的私钥，NFT就是属于你的，不管你想要交易还是送人，都不需要任何机构的帮助或者许可，这就是NFT的永久产权，也是Web3.0的新范式。

正是基于NFT永久产权的优势，艺术品特别是数字艺术品和NFT的结合已经成为越来越多艺术家和收藏者的共同选择。美国艺术家Beeple的一幅NFT作品《每一天：前5 000天》（见图3-2），以近7 000万美元的高价在佳士得拍卖会上售出。英国艺术家Banksy将一件价值7万英镑的艺术品Morons制作成NFT作品，并在全球直播中销毁了原作。

拍出天价的艺术品当然可以赚足流量，但如果你认为NFT就是创造天价艺术品的造富机器，那你就错了。这是因为现实世界中的传统版权保护制度和艺术品市场完全可以为天价艺术品提供养分充足的土壤，而NFT的价值在于可以为更多形式、更多种类、更加碎片化的数字创作提供确权、流通和价值发现的功能,而且NFT就在每个人的身边,无须任何专业机构的帮助就可以制作。随时随地,万物皆可NFT。

图3-2 Beeple的NFT作品《每一天:前5 000天》(图片来源:Wikipedia)

相对于传统的版权保护和艺术品流通机制,NFT是一个功能更强大、适应性更强,但成本更低、效率更高的"备胎",这个"备胎"在物理世界几乎毫无用武之地,但在数字世界却表现出非常显著的优势。NFT的意义不仅在于为数字创作提供了低价且高效的确权功能,还在于对数字世界中的文化发现发挥了基础性和系统性的作用。

怎样强调NFT对于文化发现的作用都不为过,这就像造纸术和印刷术的推广在欧洲文艺复兴中所发挥的积极作用一样。低成本的确权制度对于文化表达的权利从社会精英的小圈子走向普罗大众发挥了重要作用，而一旦普罗大众获得由市场加持的文化表达的权利，就意味着整个社会不论是在文化的传播渠道、传播形式还是在传播内容以及价值诉求方面，都会发生变革，而这些变革又必然加快人文思想的传播，并引发社会层面的变迁。

二、PFP：从小图片到身份表达，再到社区筛选

自诞生以来，NFT首先在传播形式上进行了各种各样的尝试。比如：将NBA（美国职业篮球联赛）球星的精彩瞬间制作成NFT产品，这在市场已有的收集球星卡氛围的烘托下大获成功；将实物艺术品、实物珠宝首饰等制作成数字形式的NFT藏品，前文提到的Beeple的《每一天：前5 000天》就是例证。但迄今为止关于NFT的最大突破是小图片，即PFP。PFP就是JPEG（一种图像文件格式）或者其他格式的小图片，但在被铸造成NFT之后，就变成了身份的象征。让我们来看看CryptoPunk是如何为PFP打开一片天空的吧。

2017年，区块链项目Larva Labs的两位创始人通过算法生成10 000张像素风格的图片，这些图片的大小相同，但在人物肤色、五官、配饰或动作方面有所不同。因为像素风格的图片的构图相对简单，所以此类图片支持通过算法生成。图片生成后并没有被出售，而是任何人都可以通过以太坊钱包免费申领，但当时只有那些习惯在加密社区"尝鲜"的人愿意申领，所以现在持有CryptoPunk的人被贴上了加密社区"OG"[1]的标签。

---

[1] 网络用语，指的是有经验的老手。

进入2021年，加密市场进入了又一个繁荣期，尽管CryptoPunk不像比特币和ETH等FT一样可以在多个平台交易，但OpenSea等NFT专业交易平台的出现为CryptoPunk创造了一定的流动性。伴随着市场情绪的助推，CryptoPunk的成交价格连创新高，特别是在佳士得、苏富比等传统艺术品拍卖行对这些头像进行公开拍卖之后，CryptoPunk的身价更是火速上涨。2022年5月22日，苏富比将CryptoPunk #7523以1 175万美元的价格成功拍出（见图3-3），CryptoPunk的成交价格创下一个新的纪录。同时，Visa之类的机构都入手了CryptoPunk，这使得CryptoPunk成为凭借加密艺术引领区块链应用向更大范围拓展的典型代表。仅仅几年的时间，凭借区块链技术，PFP成为数字藏品中不可小觑的一个品类，CryptoPunk不论是在产品设计还是在发行模式上，都是这一领域当之无愧的开创者。

图3-3　CryptoPunk #7523（图片来源：Larva Labs）

对于任何种类的资产来说，因市场景气这一大背景而快速上涨的价格是它最好的广告。但对资本市场稍有常识的人都知道，任何资产的价格都是"有涨必有跌"。CryptoPunk的出现始于对加密社区先行者的致敬，但价格因素带来的投机心理也成为它身上一个不可忽视的标签。不管是谁花2 000万美元购买一个CryptoPunk头像，我都不会怀疑他对像素风格艺术品的热爱和欣赏，也不会怀疑他内心怀揣着将这个头像以更高价格出售的强烈冲动，因为冒险、对财富的追求本身就是加密社区与生俱来的特质，这也算是NFT文化发现的一部分。

对于收藏者个人而言，NFT是对收藏者主观心态的表达。假如你在拍卖会上花费1 200万美元拍到一件CryptoPunk，你当然就获得了这件作品的所有权，你可以非常自然地把它换成你的头像。但问题是：其他人不能用它作头像吗？如果有人这样做，这是不是就涉嫌侵犯你的私人财产呢？

当然不是，因为任何人都可以使用这张图片。但如果有人直接把同一张图片铸造成NFT并再次销售，他就会受到OpenSea这类平台的限制。此外，其他人在这张图片的使用权上几乎和你一样。你买的CryptoPunk也不像你想象的那样被保存在区块链上，永不删除，唯你所有。事实上，CryptoPunk最初只是被保存在Larva Labs的服务器上，一次宕机就可能让你和你的头像短暂分离。

这些事实说明，尽管你花了1 200万美元，但实际上你只买了一个链接，这个链接被打包在以太坊的某个区块中，这一切只能证明你曾经为你喜爱的头像花了一笔钱。如果别人也将这张图片用作头像，那么这一方面说明他也喜欢这个头像，另一方面说明他是在"借别人的装备耍酷"。

但无论如何，不管是花了1 200万美元的你，还是没有花一分钱的其他人，只要把这张图片用作自己的头像，就是在向外界讲述自己的经历和感受。虽然对于不同的人来说，这段经历和感受意味着完全不同的内容，但无论如何，头像已经超出了图片本身，也具有了某种主观成分，这就是身份的表达。人们在虚拟空间里花费的时间越多，这种数字身份的价值就越高，甚至比现实生活中宾利和劳力士的价值更高。

如果在现实生活中，在某种场合佩戴劳力士会更容易获得某些人的关注，那么在虚拟世界，使用一个经常被各种媒体曝光的头像会达到同样的效果，比如有人把Twitter头像换成CryptoPunk，当天就有几百个人申请加好友，这也算是CryptoPunk从单纯的个人自我表达向文化发现延伸的一个证明。

CryptoPunk开创了PFP的发展方向，它的价格也充分体现了头部项目的效应。但价格涨得过快也带来了明显的副作用，高价格限制了用户规模的扩张，所以在CryptoPunk之后涌现出一大批类似的PFP项目，但从主题上看后者更加多元化。比如，以一群已经拥有超级财富却整天在一个乡村俱乐部里闲逛的猿猴为主题的无聊猿、以猫为主题的Cool Cats、以企鹅为主题的Pudgy Penguins，以及以女性为主题的World of Women等。

这些项目往往都在同一主题下制作几千甚至上万份作品，持有同一系列作品的人显然具有某种相似的文化诉求。如果把这些人看成一个DAO的话，那么NFT就是所有DAO成员共同拥有的一个文化标签，也是在DAO成员中发挥凝聚作用的某种文化诱因。在这种情况下，NFT就成了一种社区筛选的工具。

三、交易平台：NFT价值变现的基本途径

NFT和数字艺术品的结合衍生出文化发现功能，文化发现功能反过来又为NFT的资产价值提供支撑。在这条价值链中，如果我们用NFT代表数据资产的确权技术，用其中的文化因素代表数据资产的使用价值，那么NFT资产就是凝集了数据在数字艺术领域的使用价值，并在确权后形成的一类资产。这类资产就包括我们在前文讲到的数字藏品和PFP。

当然，数字藏品和PFP只是众多NFT资产品类中的两类，因为这两类资产最早直接应用NFT技术，所以我们用它们来举例。在Web3.0中，数字藏品和PFP都是经过确权的NFT资产，按照相关产业逻辑，在完整的商业闭环中，资产在经过确权后还要有一个资产价值变现的重要环节，NFT交易平台可以帮助NFT资产实现价值变现。

说到NFT交易平台，就不得不说OpenSea，因为自2017年成立以来，OpenSea就占据了以太坊中98%以上的NFT资产交易量，而且OpenSea还支持多链NFT资产交易，比如Solana链。可以说，OpenSea的交易量就代表了以太坊中NFT资产的交易量，OpenSea的流动性就代表了以太坊中NFT资产的流动性，OpenSea的交易热点就代表了整个NFT市场的交易热点，而OpenSea的快速崛起也是NFT市场繁荣的最佳注解。

欧科云链数据显示，2021年以太坊NFT市场的整体交易金额达90亿美元，相较于2020年增长了25倍，而截至2021年年底，OpenSea的

收入达3.02亿美元。[1]值得注意的是，OpenSea在2021年年初仅有7名员工。OpenSea凭借幸运和坚持，站到了NFT市场早期繁荣的风口上。OpenSea的故事是一个关于技术和商业相互融合，又非常幸运地迎来一个巨大的风口，并且在经历无目标的坚持之后，突然起飞的故事。

从技术角度来看，NFT交易平台的核心在于其发挥了类似电商平台的作用，从而确保交易双方同步完成资产和资金的交割，以消灭交易的信用风险。OpenSea的主要优势源于NFT的确权功能，在万物皆可NFT的背景下，数字艺术品和NFT的结合恰好最直观地体现了NFT在确权方面的可行性。对艺术品来说，防伪是一个非常重要的话题，而NFT恰恰能通过完整地保存所有交易记录而让用户确信这件作品正是自己想要的那一件。尽管NFT只能通过完整的交易记录来证明作品的来源和流转过程，而不能证明这件作品是原创的还是通过拷贝和粘贴而来的，但是这已经足够了。

NFT的确权功能并非OpenSea所独有，因为不论是中心化的解决方案还是OpenSea采用的去中心化方式，在技术上都无法构成竞争壁垒。此外，OpenSea也不是最早开发出这套交易系统的平台，与OpenSea同期开展NFT交易的平台还有Rare Bits，当时Rare Bits甚至比OpenSea拥有更多的技术人员。OpenSea的成功可以从商业角度找到理论支撑。

从商业角度来看，OpenSea的商业模式非常简单，而且只聚焦NFT交易这个环节，依靠手续费盈利。相对于技术层面的同质性，早期

---

[1] 资料来源：https://tokenterminal.com/terminal/projects/opensea。

OpenSea的运营策略表现出非常鲜明的差异化特征,主要包括三个方面：零门槛准入、零手续费铸造以及主动出击同项目方合作。

资产交易平台作为一种典型的双边市场,平台在启动时需要解决的一个核心问题是先增加商品供给,还是先提高用户流量。不论是商品供给还是用户流量,一旦某一端建立优势,另一端就会实现相应增长,从而使两端的优势同步得到持续强化。但问题是,最先迈出哪一步？在这一点上,与OpenSea同期起步的NFT交易平台,比如KnownOrigin、Nifty Gateway和Foundation等,都采用了作品审核机制：只有知名度足够高的艺术家或者名人才可以在这些平台上发售作品。但OpenSea采用了一种截然不同的做法,那就是所有人都可以上传自己的作品,甚至可以通过平台的铸造功能完成现场制作、现场挂单。这种准入门槛的差异看似仁者见仁、智者见智,但其实体现了不同交易平台对NFT这个新生事物的定位。NFT只是为知名艺术家进行作品变现所增加的一个渠道,还是代表一个新的资产品类和一个正在兴起的市场？平台对NFT的定位如果是前者,那么应该参照已有艺术品交易市场的玩法设置规则；如果是后者,则这个交易市场不仅需要新的资产品类,还需要新的创作灵感、新的用户群体以及新的交流方式。所以准入制有给NFT交易市场预设门槛的嫌疑,而针对OpenSea的这种开放式策略,平台看似没做什么,但其实为用户探索新领域留出了空间。

如果说零门槛准入是OpenSea为创作者提供的便利,那么站在消费者的角度来看,他们同样能享受到OpenSea提供的便利。OpenSea支持艺术品、收藏品、域名、音乐、照片、虚拟土地等品类的NFT进行交易。为了方便用户检索产品,OpenSea支持用户自定义检索主题,比如可以按照衣服和帽子检索CryptoPunk,可以按照肤色和花纹检索无聊猿，还可以根据不同选项自动匹配检索商品。这个功能看似简单，但对于强调个性化的NFT藏品来说却非常实用。除了方便用户检索，OpenSea还采取了多种措施，想方设法地降低用户的Gas Fee。考虑到以太坊的Gas Fee太高，如果OpenSea采用一般技术方案，那么绝大部分NFT最终变现的销售收入都不足以覆盖Gas Fee。如果仅仅因为作品上线就要求用户支付一笔费用，而上线之后能否获得销售收入还不确定，那么用户的创作积极性一定会受到极大的打击。因此，OpenSea将交易转移到以太坊侧链Polygon上，这大大降低了Gas Fee。此外，OpenSea还开发了"Collection Manager"功能，即用户在创作NFT时无须支付任何Gas Fee，只有在链上转让NFT的时候才会支付一次Gas Fee。通过这些方式，OpenSea为创作者提供了极大的便利。

在为创作者和消费者提供便利的同时，OpenSea还非常重视对优质项目的筛选，通过不断推出新品类的项目来迎合市场的需求。两位创始人为了了解社区成员的喜好，在创业初期长期泡在OpenSea的Discord频道上"陪聊"，这一方面可以更好地了解用户，另一方面可以和各种各样的创作者沟通，以挖掘有潜力的创作者。2021年的春季，在NFT市场还没有彻底火爆，但已经在CryptoPunk的带动下显示出极大热度的时候，OpenSea主动出击，帮助无聊猿和Meebits（一个PFP项目作品，示例见图3-4）在OpenSea上进行了成功的发行，从而将市场流量成功聚集在OpenSea上，为之后的市场火爆奠定了基础。

进入2022年，OpenSea的成功有目共睹，但关于其可持续发展的质疑也逐渐产生，市场认为OpenSea面临的主要挑战有：对虚假资产和赝品资产的管理、治理模式的改变以及以聚合交易为代表的新技术路线的出现。

图3-4　Meebits系列之一（图片来源：Larva Labs）

由于OpenSea采取零门槛准入政策，各种各样的资产都可以在OpenSea上挂单销售，其中就有直接拷贝和粘贴而来的虚假资产和高度仿照知名IP的赝品资产。如果针对这类资产进行上架设限，平台就需要加入更多的人工审核环节，而这一措施会和OpenSea开放性的技术架构以及追求更好的用户体验的目标产生冲突。于是，OpenSea聘请了曾在苹果公司和Spotify（一个音乐服务平台）进行产品管理的拉·贾拉曼（Ra Jaraman）担任产品副总裁，希望借此解决此类问题。

相对于资产审核的问题，OpenSea在治理架构上面临的压力更大。一方面，通过在资本市场募集资金来为企业发展获得长期动力是必由之路，但在OpenSea的CFO（首席财务官）布赖恩·罗伯茨（Brian Roberts）透露OpenSea可能选择通过公开发行计划登陆资本市场的时候，这却遭到社区的反对。社区认为OpenSea赚取的巨大商业利益离不开社区的贡献，OpenSea如果寻求资本市场募资，则应该像其他大多数Web3.0项目那样通过发行治理代币来募资并向整个社区空投，以回馈社区。如果OpenSea登陆资本市场，那么这意味着对社区用户利益的损害。而站在OpenSea的角度来看，它如果选择发行治理代币，就需要面对合规等方面的问题，这无疑使合规成本大大增加。而全球第一家登陆资本市场的数字资产交易所Coinbase就没有发行治理代币。在这种情况下，OpenSea只好选择推迟登陆资本市场的计划，等待时机。

但市场却并不愿意为OpenSea等太久。2021年12月24日，一个匿名团队发起名为OpenDAO的项目，计划针对OpenSea的所有用户空投治理代币SOS，并通过用户激励计划提供NFT资产交易服务，但OpenDAO并没有对OpenSea形成太大的冲击。2022年1月10日，OpenSea的另外两个竞争对手LooksRare和X2Y2（都是NFT交易平台）又来了，它们甚至推出NFT交易挖矿激励计划。尽管它们的命运我们不得而知，但链上的存货列表和交易账户信息是透明可见的。而且从理论上说，相对于可能的收益，针对OpenSea发起一次"吸血鬼攻击"[①]的成本几乎可以忽略不计。OpenSea面临的竞争压力巨大。

但对于OpenSea来说，一个更加严峻的问题是NFT交易聚合器的出现。以Gem和Genie为代表的NFT交易聚合器可以让所有NFT交易平台共享流动性，因此对于任何一个NFT交易平台来说，接入交易聚合器就意味着可以和其他平台共享买家流量。站在买家的角度来看，任何平台都没有权利阻止他们以更低的价格买到自己感兴趣的NFT，包括OpenSea。在这种情况下，对于其他NFT交易平台来说，

---

① 就像SushiSwap（一个去中心化交易所）针对UniSwap（一个去中心化交易所）所做的那样，提供同样内容的服务，并利用代币空投吸引用户，其实质是利用区块链公开透明的信息打价格战。

只需要维护好卖家就可以了，而买家从哪个平台登录已经变得不重要了，因为只要卖家的资产有竞争力，"酒香不怕巷子深"，聚合器能帮卖家聚合买单，实现交易。OpenSea作为一个交易平台，其打造的核心竞争壁垒就这样被变成了"共享池"。OpenSea做出的反应是果断将Gem收购，但另外一个聚合器Genie却被UniSwap收购，而UniSwap计划于2022年秋季推出NFT资产兑换功能以及任何ERC-20代币都可以和NFT兑换的功能。也就是说，持有Meebits的用户如果想交换一张无聊猿的话，不用先将Meebits卖掉，再买进一张无聊猿，而是可以直接进行物物交易。既然直接的物物交易可以实现，那么使用任意一个虚拟经济体的货币，也就是各种ERC-20代币和NFT直接交易当然也就不在话下了。

OpenSea的商业模式完全是传统互联网的商业模式，但这种传统模式却在Web3.0的大潮中找到了属于自己的机遇，这无疑是对Web3.0巨大包容性的一次证明。但进入2022年，市场进入短暂的回调期和整合期，Web3.0各个赛道之间的融合在所难免，因此OpenSea面临的竞争压力不仅来自身边的"吸血鬼"，还来自改换模式的新物种，更来自跨领域的巨头。相对于5年前的创业初期，虽然现在OpenSea已经集聚了巨大的市场优势，但面对新的挑战，它无疑需要重新出发。

四、资产碎片化：资产属性向金融属性的转化

除了交易可以使NFT实现价值变现，还有一种方式可以实现同样的目的，那就是NFT碎片化。NFT碎片化并不是指将一件NFT作品直接拆分成若干个"碎片"，而是将一件NFT作品的资产价值赋予一组FT，并通过FT实现流动性的提升。NFT碎片化协议提升了NFT的流动性，降低了入市门槛，使得NFT变成一种能够产生收益的生息资

产。目前NFT碎片化的代表性项目有NFTX与Unicly。

（一）NFTX：基于指数基金为NFT创造流动性

NFTX将同等价值的NFT汇集成一只指数基金，用户在将NFT作品存入资产池后即可获得该基金的一定份额，基金份额以ERC-20代币的形式发放，可转让或交易，而NFT的流动性也可以得到提升。持有基金份额的用户可以随时将该代币兑换成NFT，但要注意的是，兑换所得的NFT并不一定就是用户之前存入资产池的那个NFT，而是通过协议随机分配的资产池中的任意一个NFT。如此一来，用户就有了套利的机会，那就是将自己认为低于资产池中所有NFT的平均价格的NFT存入资产池，而随机兑换资产池中的另外一个NFT。而这也就是说，基金份额的市场价格不代表资产池中一篮子NFT的平均价格，而是代表最低价，也就是地板价。当然对于NFT市场来说，地板价更能反映一项资产的变现价值。此外，用户可以将获得的代币存入SushiSwap等去中心化交易所，并从中赚取手续费。

相对而言，NFTX更加适合已经具有一定流动性的NFT，它可以使同一系列、属性相似的NFT聚合，从而提升NFT的整体流动性。而对于完全缺乏流动性的NFT，NFTX对于其流动性的提升作用有限。NFTX已经率先完成对CryptoPunk和Hashmasks（一种数字艺术作品）等近40个NFT的聚合。此外，NFTX团队还在不断寻求与DeFi指数供应商合作，以便将基金代币纳入NFT指数。

（二）Unicly：基于DAO为NFT提供流动性

用户可以通过Unicly锁定某个NFT集合，并获得uToken。uToken代表该集合的治理权，可决定哪些NFT能够被纳入，并设定解锁NFT集合的最低报价。如果用户想从集合中赎回NFT，那么该集合中的uToken持有者需要进行全员投票，一旦支持票达到一定比例，该集合就会被解锁，而每个NFT的最高出价者可以认领该NFT，但买家不能直接为集合出价。

uToken可以通过去中心化交易所UniSwap进行交易，uToken的提供者可以获得部分交易手续费，而另外一部分交易手续费则用于回购Unicly的平台币UNIC。Unicly于2021年4月7日推出uToken，支持包括CryptoPunk和Axie Infinity（以下简称Axie）等集合。

此外，虽然NFT碎片化还处于初级阶段，但其发展潜力却不容低估。例如，NFT碎片化将在房地产等流动性较差的实物资产市场大有作为，可以解决房地产交易手续烦琐、交易效率低下的问题。随着全球数字货币用户的不断增加以及人们对金融服务需求的不断上涨，NFT碎片化很有可能成为连接现实资产和虚拟资产的一座桥梁。

功能属性：
NFT无限可能的商业价值

一、透明表达：NFT在数字营销中的商业价值

透明表达是NFT功能属性的一个重要特点，基于低成本和永久产权的优势，NFT适用于对大量行为数据进行记录，同时让数据记录成为不可篡改的可信记录，这些记录在进一步的提炼和加工之后就可以成

为用户的个性化标签。NFT的产生基于去中心化网络，所有账户和数据信息对于外界而言都是透明可见的，因此NFT在数字营销方面可以发挥重要作用。

我们知道，营销的本质是管理消费者的需求，不论是在物理世界还是在虚拟世界，营销的第一步都是找到目标客户。传统方法有问卷调研、渠道调研等，但是这些方法的成本非常高，而且调研结果的准确性也不能保证，此外，高昂的营销成本最终需要用户买单。如果用户的心理需求能通过NFT反映出来，那么NFT就是一个非常便捷的渠道。而且这些通过NFT表达内心真实想法的活动都是用户的主动行为，用户如果厌倦某个NFT产品，就把它从自己的账户上撤掉。相对于广告等方式，通过NFT所获得的用户数据的准确性也会大大提升，这一点对于基于用户画像开展个性化营销是非常重要的。

此外，NFT展示的数据是多维度的立体数据，一个持有多个NFT的账户可以反映其对各个领域中各种问题的看法，这对于用户来说是对自身心理诉求的自由表达，对于厂商来说可以通过更多维度挖掘用户更深层次的需求。比如，从事专业运动鞋生产的李宁拥有关于中国人的脚的尺寸的大量数据，针对某项运动对鞋的具体磨损情况可能也有更专业的数据，但是对于用户在绿色环保、健身、养生以及是否喜欢挑战、追求刺激、勇于探险等方面大概率是缺乏了解的，但是这些因素对于用户的需求又有很大的影响。所以，用户的主动表达和被动调研的效果差别很大。

现阶段，我们已经看到很多品牌和厂商正在发行与自己品牌有关的NFT或者数字藏品，小到服饰、香水，大到汽车、房产，还有各种装备。这个过程实际上就是一个标签导入的过程，各种品牌、各种主题的NFT的出现，不断拓宽NFT的覆盖范围，未来一定会在某一个临界点形成一个覆盖全体网民的、立体的可信数据库。而到了那个阶段，大量关于用户特征的数据就会变得透明可见，这也就意味着对于渠道和数据的垄断将变得没有意义，而数据分析能力和品牌内涵塑造能力将变成更加核心的竞争力。

基于NFT可信数据的信息表达是一种比较巧妙或者说比较高级的表达形式。为什么这么说呢？因为NFT信息表达的主体是账户，而不是真人，而且从目前的情况来看，虚拟账户和真人的"弱绑定"还将在未来很长一段时间内存在，一个人对应多个账户的状态可能会是一种常态。这意味着对账户特征的挖掘不能完全等同于对个人信息的挖掘，但账户特征确实又能从多个角度反映出账户背后的个人的一些真实状态和喜好。虽然对于平台而言，数据分析的难度增加了，但是获取用户数据的成本可能大大降低。我们知道，对个人隐私数据的保护是人类数字化生活中越来越需要认真对待的一个非常严肃的问题，各国政府不仅通过立法来规范数据收集和商业应用行为，还通过隐私计算、去中心化身份认证等技术手段来实现对隐私数据的保护。但数据保护和基于NFT进行数据挖掘并不冲突，即使在这些技术和法规得到普遍应用的情况下，个人仍然具有数据披露的主动权，对于头像、活动经历以及工作简历等具有社交属性的数据的披露仍然是个人的主动选择。

正是因为NFT在数字营销方面具有商业价值，所以各大品牌纷纷布局NFT。有的品牌选择和NFT项目合作，共同打造联名款商品，比如李宁与无聊猿联名（见图3-5）。有的品牌选择收购专业的虚拟商品制造商，比如耐克。还有的品牌选择自创NFT，比如Gucci，但更多的品牌选择直接发行NFT或数字藏品。品牌一方面通过虚实商品的互相兑换可以有一定的销量，另一方面同步为自己的用户贴上标签，同时利用相似的方法获取新的用户。总之，NFT已经成为数字营销的必修课。

图3-5 李宁联名无聊猿（图片来源：李宁官方微博）

二、可编程性：赋予NFT多场景应用的可能

NFT还具有可编程的特点。如果说低成本和永久产权赋予了NFT文化发现的功能，那么可编程性更多体现的是NFT的巨大商业价值。通过和智能合约的结合，NFT不仅可以代表各种形式的数字创作所有权，还可以和不同场景结合以代表更多种类、更复杂的权益，可编程性为NFT的商业价值创造了无限可能。

案例

1. NFT设置了灵活的版权收入分配机制

在传统版权制度下,版权收益只能通过一次性转让或者授权他人使用而获得。如果原创作者将版权转让给专业出版商,那么不论出版商通过这个作品获得多少利益,原创作者都无法参与分享。这也是很多原创作者虽然创作了伟大的作品,但却终生贫困的主要原因。

为什么传统市场不能建立原创作者多级分享收益的版权机制?因为没有技术支持,而且监督和实施这一机制的成本实在是太高了。但是当NFT出现后,我们就完全不必担心这种情况,因为NFT可通过智能合约设置多项规则,包括不论该作品经过多少次转让,每次转让都要按照一定比例向原创作者支付版税的规则。这项规则完全自动执行,也就是说,一旦发生交易,原创作者以及出版商分别获得的收入都可以通过智能合约计算清楚,并且自动转至约定的账户。这种兼顾风险和收益的分配制度对于鼓励原创作者无疑具有非常积极的意义。

2. NFT创造了新的数字艺术表达形式

2021年12月,NFT交易平台Nifty Gateway开始发售知名数字艺术家帕克(Pak)的实验性数字艺术品Merge。这个艺术品的最大特点是我们无法将它按照现有的艺术品类进行归类,不论是购买形式还是作品呈现形式，它都和其他数字艺术品具有明显的不同。

我们来看看Merge是如何发售的。首先，用户在Nifty Gateway上购买一种叫Mass的NFT，Mass看起来就像是黑色背景下的一个小圆球，但不同的Mass有所差别（见图3-6）。如果用户购买了两个Mass，那么他看到的不是两个小球，而是一个体积更大的球，而且每个球的名称后面会有一个标注，用以说明这个球是由几个小球合并而成的。当然，小球的"合并效应"始终存在，如果用户已经有了一个标注为m(10)的球，之后又收到一个标注为m(8)的球，那么新球的标注就会变成m(18)，球的颜色也会发生相应改变。

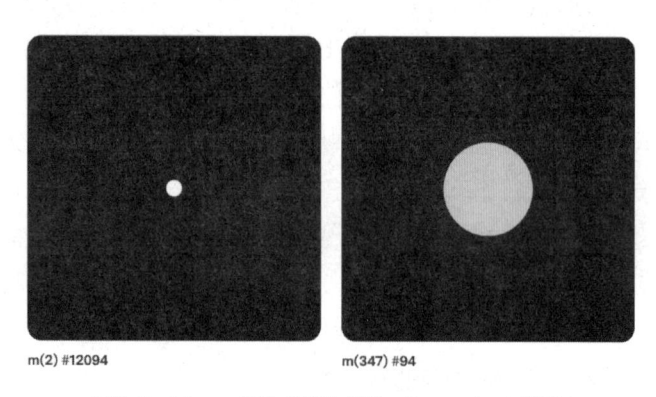

m(2) #12094　　　　　　　　m(347) #94

图3-6　Merge作品（图片来源：@muratpak推特）

如果只是以上内容，那么你是不是觉得Merge有些过于简单，甚至无法体现出艺术品的收藏价值？但是Merge并没有止步于此，而是增加了两项设计，之后Merge以9 200万美元的价格售出。第一项是对用于合并从而生成小球的原材料Mass设置总量限制，也就是说，可能合成的最大球的体积是有上限的，人为设定的稀缺性为Merge创造了价值；第二项是借助作者帕克的名人效应，帕克被誉为"行走在行业最前沿的数字艺术家"，不论是传统形式的艺术品还是NFT作品，都有大量粉丝喜欢。当然，Merge这种新颖的创作形式也可以为帕克的个人标签增添一抹新的亮色。

3. Hashmasks

Hashmasks是一种不仅可以被收藏，还可以让收藏者参与创作的数字艺术品。2021年，Hashmasks团队计划邀请世界各地的数字艺术家共同创作一批数字画作（作品示例见图3-7），但在项目推进过程中，他们发现整个项目的创作工作量太大，于是将画作创作改为元素创作，然后再通过算法对这些元素进行组合，最终他们得到了16 384件作品。这个数字并没有任何特殊含义，只是项目团队在根据自己设置的标准对随机生成的画作进行筛选后得到的数字。

图3-7　Hashmasks系列作品示例（图片来源：Hashmasks）

Hashmasks正是看到了这一点，所以别出心裁地设计了让收藏者为艺术品命名的环节。那么，收藏者如何为艺术品命名呢？Hashmasks推出了一种治理代币，而收藏者从一级市场购买画作即可获得治理代币，收藏者持有画作也可获得一定数量的治理代币，但是收藏者为画作命名或者改名需要花费治理代币，而且每幅画作终生只有两次改名的机会。收藏者可以通过这样的方式按照自己对画作的理解为画作更名，这也算是参与了艺术创作。Hashmasks通过这种方式为数字艺术品的价值实现找到了新的途径。

此外，NFT和游戏、社交以及金融都可以结合，从而产生新的业务模式。例如：NFT使游戏资产能够独立于游戏而存在；如果建立一种更具开放性的虚拟生态，那么在这个虚拟生态中，土地、资源、角色、产出都可以基于NFT技术进行确权、定价和交易，这使得NFT成为虚拟世界中数据确权的基础设施；NFT还可以用于非标金融资产的标记，比如一份保险、一笔贷款、某种结构化金融产品的一个份额，当然也可以是具有不同属性的股权、收益权或者分红权，因此我们认为可编程性赋予NFT无限可能。

三、PASS：用权益为社区身份背书

PASS指的就是会员卡，意思是持有PASS的用户会自动成为某个社区的会员，并可以按照一定规则享受会员特权。PASS是NFT可编程性的一个实际应用，如果说PFP的主要价值在于文化发现，那么PASS就是在PFP的基础上赋予NFT持有人实际权益。我们通过相关项目Moonbirds来看一下如何把PFP和PASS结合起来为NFT赋权。

Moonbirds是加密社区知名KOL（Key Opinion Leader，关键意见领袖）凯文·罗斯（Kevin Rose）于2022年4月针对会员俱乐部Proof Collective推出的"头像+PASS"NFT，头像是像素风格的猫头鹰（产品示例见图3-8）。Proof Collective是由凯文·罗斯创办的针对加密投资信息和行研成果进行共享的闭门社区[①]，该俱乐部已经在2021年12月发放了会员凭证PROOF。由于会员对社区的服务比较认可，所以凯文希望通过增发PASS来扩大社区规模，因此Moonbirds团队在发行方案中提出了对PROOF会员来说有"减配"意味的权限设置，同时针对PROOF会员空投了代币。持有Moonbirds的会员拥有以下权益：

- 加入PROOF Discord这一特定频道。
- 社区后续空投资格。
- IP的二次创作版权。
- PROOF原有社区的早鸟资格和折扣。

图3-8 Moonbirds产品示例（图片来源：Moonbirds）

[①] 闭门社区又称ALPHA GROUP，即针对加密市场中的ALPHA收益进行筛选的资产组合，ALPHA收益指不受整体市场价格波动而受资产本身因素影响的收益。

从会员权益来看，Moonbirds会员在行研成果和热点消息共享方面与PROOF会员有所区别，但这种"简配版"的PASS仍然获得了市场的追捧，Moonbirds NFT曾一度冲上OpenSea的销量榜榜首。那么，引发Moonbirds热销的原因是什么？是不是所有平台都可以复制这种模式？

显然不是，发行人凯文·罗斯的从业经验以及他所掌控的行业资源都不是常人所具备的，凯文·罗斯既是一个风险投资家，也是一个加密项目的创业者，创办过Revision3和Milk等项目。他在2021年3月开始了播客生涯，邀请过Beeple等名人和Art Blocks等项目团队参与直播，属于加密社区知名KOL。"PASS+PFP"只不过是一个特殊的工具，这个工具帮助类似凯文这样的KOL将自己的行业资源引入新的商业模式。

在Moonbirds的案例中，通过赋予NFT持有人会员服务权益，NFT具有了类似PASS的属性。但事实上，会员获得服务的形式有很多种，它们都可以演变成不同的商业模式。接下来我们再以BAYC（Bored Ape Yacht Club，无聊猿游艇俱乐部）为例，看看Yuga Labs如何从NFT项目向打造"Web3.0版迪士尼"的目标迈进。

四、Yuga Labs："Web3.0版迪士尼"的缔造之路

Yuga Labs的故事要从BAYC（产品示例见图3-9）说起，因为BAYC是Yuga Labs的发家项目，而当时因为BAYC走到一起的四个创始人却还没有给它定下一个正式的名称。在BAYC诞生时，CryptoPunk已经连续卖出天价作品，PFP的想象空间已经被打开，看上去市场对PFP的需求已经被激发出来，但对于在CryptoPunk之外打造另一款被

市场认可的PFP，谁都没有明确的答案。

图3-9 BAYC产品示例（图片来源：BAYC）

CryptoPunk的运营方Larva Labs也看到了市场对PFP的需求，并先后推出了Autoglyphs和Meebits，一个是链上生成类项目，一个是体素项目。这两个项目虽然都成功发行，但在市场上引起了一种负面情绪，特别是运营方在发行Meebits的时候采用了一半向CryptoPunk和Autoglyphs持有者空投，一半拍卖的方式，最高拍卖价甚至达到了303枚ETH。市场觉得这种发行方式显然就是赤裸裸的"嫌贫爱富"，CryptoPunk持有者本来就已经赚得盆满钵满，为什么运营方还要向他们空投？如此高的发行价格显然是要把市场中的绝大多数用户排斥在外。

正是在这个时候，BAYC的四个创始人决定将无聊猿推向市场，在他们四个人中，戈登（Gordon）是全职交易员，加尔加（Garga）是媒体人，萨亚斯（Saas）和托曼多（Tomato）是技术员，这基本上可以概括为"草根创业"。他们想象了一个场景：若干年后，一群投身加密领域且早已实现财富自由的猿猴每天无所事事，在俱乐部里打发时间。之后，他们花了 4 万美元聘请职业设计师，后者将猿猴的图案画了出来。尽管他们对于无聊猿是否能收获市场欢迎并没有把握，但是他们决定把自己的想法完整地表达出来。

于是，他们将无聊猿的发行价格全部定为 0.08 枚 ETH（约合 200 美元），这是一个非常亲民的价格，因为一万张无聊猿的价格也比不过一个 CryptoPunk 的。他们还在发售页面打出"BONDING CURVES ARE A PONZI"（联合曲线是庞氏骗局）的标语，以表明团队放弃通过"联合曲线"推高价格，向社区释放平等和友好的信号。同时，团队还创新性地宣布所有持有无聊猿的用户都拥有该 NFT 的完整商业版权，可以基于无聊猿的形象进行二次开发和商业化运营。虽然当时大部分人能想到的商业化运营主要是销售一些周边商品，但对于 0.08 枚 ETH 的成本来说，这带来的收益已经相当高了。对于无聊猿的持有者来说，他们不仅可以在商业上直接获益，还可以在无聊猿身上找到一种共创和共赢的感觉，相对于 Meebits 那种简单而又冷冰冰的小图片，无聊猿显然有更多的吸引力。

与此同时，BAYC 团队也积极利用名人效应，在"猿粉"名单上不断增加 NBA 球星库里等人的名字，而加密艺术家 Beeple 抓住热点创作的 MEEBITS VS BAYC 系列作品通过对比"猿猴"和"像素人"，推高了无聊猿的热度。此外，无聊猿的持有者也变得非常活跃，他们不仅在 Twitter 上将自己的头像更换成这些"猿猴"，还开始互相关注。同时，他们在 Discord 上建立了无聊猿总群和各种细分频道，只有无聊猿的持有者才能加入这类社群。积极活跃的社群、名人效应以及可直接变现的商业模式使得无聊猿二级市场交易持续活跃，再加上不断增强的社区黏性，无聊猿的二级市场价格一路走高。而不断推高的二级市场价格又在早期持有者身上形成财富效应，这使得无聊猿在2022年4月23日达到了其市值的最高峰——42.3亿美元，仅次于CryptoPunk，位列全球NFT市值第二。

说到这里，你是不是以为一个从4万美元起家、一年之内创造40亿美元市值的故事就完美结束了？尽管创业团队很多，但能够创造这样成绩的团队确实也没几个。BAYC团队没有停下他们的脚步，还计划打造"Web3.0版迪士尼"。接下来我们一起看看BAYC团队是如何继续朝着自己的梦想迈进的。

事实上，BAYC团队还是坚持自己一直以来惯用的套路——持续为社区成员赋能。虽然很多团队认可这个模式，但显然只有BAYC团队将其彻底执行。2021年8月，BAYC团队向每位社区成员发放了一瓶"血清"，在将这瓶"血清"和无聊猿混合后，每位社区成员可以获得一枚MAYC（Mutant Ape Yacht Club，突变猿），MAYC是当时市值排名第六的NFT项目。2021年10月，第一届会员专属的Ape Fest活动在纽约开启。2021年12月，BAYC团队和Adidas（阿迪达斯）合作发行联名款产品，将自己塑造成Adidas这一全球知名运动品牌进入NFT世界的引路人。

2021年下半年，在持续推进社区运营和拓展的同时，Yuga Labs在战略层面也进行了非常清晰的思考。2022年，Yuga Labs通过一系列操作清晰地向世人展示了它是如何迈出打造"Web3.0版迪士尼"的下一步的。

2022年3月11日，Yuga Labs收购了CryptoPunk和Meebits，加上无聊猿和MAYC，Yuga Labs已经将NFT市值排名第一、第二、第五和第六的IP收归自己名下。

同年3月17日，Yuga Labs发行ApeCoin，并将ApeCoin定位为DAO的治理凭证，作为交易媒介用于推动交易活动，从而成为挖掘某些稀缺资源或者参加某些社区专属活动的参与凭证，同时是第三方开发者在无聊猿生态中进行开发和创作的贡献凭证。ApeCoin是实现Yuga Labs所有项目（比如无聊猿和MAYC）和其他项目合作的底层支撑。

同年3月23日，Yuga Labs以40亿美元估值融资4.5亿美元，参与方包括a16z、Animoca Brands（一家投资机构）和FTX（一家数字资产交易所）等。a16z是互联网和加密社区领域最活跃的风投机构之一，也是Web3.0领域最活跃的投资机构之一，已在Web3.0领域的多个赛道布局；Animoca Brands是在NFT和GameFi（区块链游戏）领域投资最多，也最活跃的投资机构，投资了The Sandbox和Axie等知名项目；FTX是一家数字资产交易所，孵化了Solana等项目。上述机构的参与无疑为Yuga Labs聚集了一批最资深、最活跃、最富有探索精神的合作伙伴。

同年4月30日，Yuga Labs发布元宇宙游戏项目Otherside的预告，并于同日进行该游戏的土地发售。Otherside由Yuga Labs联合Animoca Brands共同打造，其主要目的在于建造一个汇集各种NFT IP的元宇宙，同时为用户提供UGC（User Generated Content，用户创作内容）的机会。此次土地发售的收入约3.2亿美元，这使得Otherside成为市场中市值排名第四的游戏。

从收购到募资和治理代币的发行，再到元宇宙土地的售卖，在短短两个月的时间里，Yuga Labs一气呵成，把每一件业内机构写在自己规划中的事情都提前一步变成了现实。Yuga Labs坐拥NFT市值排名前六的资产中的五项，其治理代币的市值约80亿美元，这是"元宇宙第一股"Roblox市值的一半，是游戏引擎独角兽Unity市值的2/3（2022年第二季度数据）。虚拟土地开始售卖仅两个月，土地总市值就超过元宇宙项目Decentraland和The Sandbox的市值总和（2022年第二季度数据）。

从汇聚资源的角度来讲，Yuga Labs获得了一个梦幻般的开局，但是摆在Yuga Labs面前的依然是一条从未有人涉足的蛮荒之路。从产品的角度来看，募资成功并不一定意味着产品成功，Yuga Labs凭借自己对市场时机的把握实现了对市场资源的整合，但只有实现商业模式的落地，才算真正形成商业闭环。

目前，距离商业模式落地至少还有三大难关摆在Yuga Labs面前：一是Yuga Labs的终极目标显然需要通过它的元宇宙项目Otherside来实现，但到目前为止Yuga Labs还很缺乏游戏运营经验；二是以无聊猿为代表的一系列NFT，虽然市值较高，品牌优势突出，持有Yuga Labs旗下各类NFT资产的用户有10万多人，但对比大型游戏的用户数据，Yuga Labs有着较大的差距，与打造元宇宙所需要的用户数量的差距更大；第三，Yuga Labs以亲民路线起家，尽管其通过二级市场的财富效应形成了较强的社区凝聚力，但Yuga Labs的后期操作，无论是ApeCoin代币的发行还是虚拟土地的售卖，都对早期用户进行了空投，而这种"富者越富"的操作和被它收购的CryptoPunk的做法越来越像，因此如何在保护早期社区成员的利益和扩展社区规模之间取得平衡是其需要直接面对的一个问题。

总之，Yuga Labs还不能算是一个完全成功的案例，只能算是一个拥有完美开局的案例，但这个开局为行业的发展打开了新的思路，我们期待它接下来能有更多的精彩呈现。

4

Web3.0 新商业:
创作者经济的崛起

NFT数据确权是Web3.0新商业的基础，但仅仅通过数据确权还不能建立完整的商业模式。在游戏、音乐、社交和基础设施等领域，建立全新的商业模式需要结合各个场景进行精细化设计。

但是这些全新商业模式都有一个基本共同点，那就是用户参与创作，并由此建立创作者价值链，而如何将创作者价值链打造成商业闭环是创作者经济能否崛起的关键。

游戏：
X to Earn 的探索

2021年区块链行业的关键词一定少不了GameFi和"边玩边赚"（Play to Earn，简称P2E）。2018年面世的链游项目Axie凭借宠物对战的玩法创造了超过《王者荣耀》的收入奇迹，在疫情暴发的东南亚，它甚至成为一些国家低收入人群的主要经济来源。基于Axie，我们不仅可以思考一款游戏如何通过游戏资产的NFT化为游戏玩家带来收益，以及为什么玩游戏可以赚钱，还可以探讨创作者经济这一商业模式实现持续运营的基本条件。

一、Axie："边玩边赚"模式的开创者

Axie是一款回合制策略游戏，2021年8月的收入达3.6亿美元，这标志着其进入全球单机游戏收入排行榜的第一梯队。Axie对于游戏行业的意义在于其开创了一种全新的模式，即"边玩边赚"模式，这种模式不仅区别于传统游戏的免费模式，还区别于很多区块链项目中的Staking（质押）模式。在"边玩边赚"模式中，用户需要做的不是持续的代币投入，而是通过花费自己的时间和精力来获得游戏代币奖励。"边玩边赚"模式更像是一种工作量证明的奖励模式。

那么，Axie为什么要向用户提供这样的奖励呢？Axie又凭什么能向用户提供这样的奖励呢？我们先来看看Axie的基本玩法。Axie的主角是一种宠物精灵（见图4-1），其玩法主要包括战斗与繁育。在战斗机制方面，Axie提供PvE（人机对战）和PvP（玩家之间对战）两种战斗，战斗中的获胜者可以获得代币奖励。Axie还设置了相互克制的9个种族，克制者可使被克制者增伤15%或减伤15%。[①]而攒能量联动玩法（参考卡牌手游）和阵型机制（前排宠物会被优先攻击）在很大程度上增加了PvP的可玩性，为实现用户留存打下了基础。

图4-1 Axie中的宠物精灵

在宠物繁育方面，9个种族的精灵的6个身体部位会变异，而变异由3个基因控制，因此通过不断繁育，某些玩家可以借此生成具有稀有属性的超级宠物。玩家可以通过出售宠物获利，因此这个繁育机制巧妙地运用了"彩票"原理，这不仅增加了可玩性，还催生出一批忠实的职业繁育专家。

---

① 增伤是指在原有的基础上增加实际伤害值，而减伤则是指在原有的基础上减少自己所承受的伤害。

Axie的游戏机制并不是一成不变的,项目团队会根据需求调高PvP的难度。这一做法的效果是:一方面,宠物在升级后完成日常任务的效率会变高,因此玩家更容易培养出高级宠物;另一方面,新手玩家升级宠物的时间会变长,这可以增加玩家对宠物的感情,降低玩家卖出宠物的获利需求,增加游戏的可玩性和新玩家的留存率。而老玩家越玩越投入,做任务的效率和奖励也随之提高,这可以激发他们的社区优越感,使得他们的留存率同样提升。

Axie采用双代币模式来搭建自己的通证经济体系,两种代币分别是AXS和SLP。AXS属于治理代币,游戏的繁育过程需要消耗AXS,但在每个月的玩家排位赛中,排名靠前的玩家可以获得AXS代币奖励。SLP属于效用代币,玩家在拥有三只宠物精灵后,可以通过PvP或PvE获得SLP代币奖励,但获得的SLP有14天的锁仓期。

Axie的"边玩边赚"模式还催生了一种新的业态,那就是链游公会。链游公会区别于传统游戏公会,它基于游戏中的NFT资产提供租赁业务。例如,进入Axie游戏的前提是玩家必须拥有三只宠物精灵,链游公会可以借出精灵给玩家打金[1]并抽取一定的分成。有了链游公会之后,玩家就可以零成本参与游戏,通过付出自己的时间和精力即可获得奖励。

二、StepN:昙花一现的"跑步赚钱"游戏

玩游戏可以赚钱,那么跑步能不能呢?答案是当然可以。

---

[1] 链游行业的一个术语,指通过玩游戏获得奖励。

StepN发布于2022年2月,是一款主打"跑步赚钱"的游戏。StepN把赚钱的场景设定为"线下健身",但该游戏的经济模式和Axie非常相似:参与"跑步赚钱"的用户要先购买虚拟跑鞋(见图4-2),当跑步数据通过GPS(全球定位系统)和虚拟跑鞋实现数据同步后,用户才可以赚到钱,而且主要的游戏机制都是围绕游戏代币的奖励和消耗设计的。

图4-2　StepN中的虚拟跑鞋(图片来源:StepN App)

在代币奖励方面,持有虚拟跑鞋是获得代币奖励的前提条件,而且每双跑鞋的跑步产出,也就是游戏代币的奖励数量受到效率、幸运值、舒适度和复原值4个参数的影响,但对跑步产出影响最大的不是鞋子的参数,而是鞋子的种类和数量。StepN鼓励用户每天跑步,但并不是跑得越远，奖励越多。用户只能在能量值的一定范围内跑步，用户持有一双虚拟跑鞋每天可以获得两个能量值，而这两个能量值只能当天使用，过期作废，但每个用户持有鞋子的数量是没有上限的。

在代币消耗方面，StepN将虚拟跑鞋分成四大类，每一类又分了30个等级，在消耗一个能量值后，跑步产出按照级别从低到高逐渐增加，而这就在游戏代币的供给过程中创造了一个消耗游戏代币的场景。同样都是"跑步赚钱"，谁不希望每天能多赚一点呢？但要想多赚一点，就要多消耗一点。跑鞋升级是StepN代币消耗的基本场景，"Mint跑鞋"是StepN代币消耗的另外一个场景。所谓"Mint跑鞋"，简单来说就是"旧鞋生小鞋"，这虽然听起来不符合生活经验，但是符合代币经济的基本模式，所以对于用户来说，接受这个规则也并不难。除了"Mint跑鞋"，还有"开宝箱""买卷轴"等代币消耗场景。

相较Axie，StepN适用的场景更多，适合的用户群体更广，纯玩游戏的用户的占比更高。很多人一开始是为了打金，但是在一段时间后逐渐养成了每天跑步的习惯，并因此成为StepN的长期用户。此外，StepN在经济模型上的设计也充分体现了限流的思路，为了限流，StepN不仅要求新用户在参与游戏时需要通过邀请码进行激活，还主动放弃了NFT资产租赁业务，甚至表示不会和链游公会合作，而这意味着更长的产品生命周期。2022年上半年，StepN成为一个现象级的Web3.0产品，最高峰时的日活用户达上万人。但不幸的是，在StepN的用户数量持续增加的时候，虚拟资产的价格大跳水，一个月之内，比特币价格下跌60%。很多用户高价买了鞋子，但获得的代币奖励却少得可怜，这使得"跑步赚钱"变成了"付费跑步"，从而导致游戏流量不到半年就出现大幅跳水。

从以上两个案例就可以看出，不论是卡牌对战还是跑步健身，在不同的游戏场景中，有一条共同的主线贯穿游戏的整个玩法，那就是用户需要先投入一部分资金，之后才能获得奖励的机会，所以对于这类游戏玩家来说，回本周期是一个非常重要的问题。

那么，站在资金流的角度来看，玩家到底能不能通过玩游戏或者跑步赚到钱呢？如果能的话，那么这种赚钱效应是普遍的还是需要具备一定的条件呢？接下来我们就跳出游戏的具体玩法，从经济学的视角针对这些问题进行一次探讨。

三、对"边玩边赚"模式的经济学探讨

（一）为什么玩可以赚钱

在分析"边玩边赚"模式的收益来源之前，我们先回顾一下传统游戏厂商是如何赚钱的。游戏一般分为两种，一种是先付费再玩游戏，一种是免费玩游戏，但付费可以让玩家获得更好的体验和更多的内容。先付费再玩游戏的模式已经成为历史，免费玩游戏是当前大部分游戏采用的模式。但在免费玩游戏的模式中，游戏厂商会通过设置各种付费环节来获取收入，比如付费解锁关卡和地图、购买皮肤、去广告等，这可以提升角色能力，减少玩家的等待时间。

从免费玩游戏的盈利模式中可以看出，游戏收入中只有广告收入来自游戏之外，而其他收入只有在新玩家或者既有玩家转化为付费玩家后才能获取。游戏厂商在设计一款游戏时需要把主要的精力放在吸引新玩家、提高玩家留存率和活跃度、提升付费转化率等方面。那么"边玩边赚"模式的出现能为免费玩游戏的模式带来哪些影响呢？我们先

从NFT为游戏资产赋能的角度来探究这一问题。

首先，NFT通过资产确权为游戏资产赋予价值，基于NFT确权，玩家能真正拥有这些游戏资产，这不仅体现在控制权上，还体现在创作权上。在这种通用的数据确权制度中，玩家可以将自己在游戏中花费的时间和获得的技能通过NFT的形式凝聚起来，从而获得游戏的创作权，以及与之相关的转让权和收益权。

其次，NFT资产具有使用价值，玩家凭借NFT资产可以在游戏中打金、投票、铸造新的NFT等。尽管非区块链游戏也有这类设计，但智能合约的防作弊特性增强了玩家的信心，设有治理投票系统的游戏甚至还允许玩家凭借手中的代币决定游戏走向和确保执行。

最后，NFT资产具有外在价值，玩家获得的NFT资产和游戏代币可以在链上流通，而不限于游戏内。因此，NFT资产能产生流动性溢价和社交价值，稀有的NFT资产更是一种财富、一项技能。此外，链上数据的公开性方便项目方定位持有稀有属性资产的账户并对其展开精准营销，因此NFT资产也具有营销价值。

通过以上内容我们可以看出，NFT资产的第二个和第三个属性直接增加了游戏资产对于玩家的吸引力，而第一个属性则使得游戏资产的供给和需求结构发生根本性变化，因此游戏的商业模式也就自然而然地发生改变了。

基于以上特性，"用户付出时间和金钱，所以应该获得回报"的逻辑成为"边玩边赚"模式成立的理论基础。相对于传统游戏的两大模式，"边玩边赚"模式具有以下优势：

- 收益性和可玩性都是玩家选择参与游戏的理由。
- 赚钱效应可以大大降低游戏的运营投入，比如广告投入。
- 赚钱效应有助于提升玩家留存率，玩家购入初始NFT相当于购入生息资产，而利息收入需要在游戏中投入时间才能获得，因此每天收获利息的过程也是增加游戏黏性的过程。

（二）"边玩边赚"模式的宿命是赚钱效应还是死亡螺旋

从营利性的角度来看，玩家在"边玩边赚"模式中的基本行为可以概括为：

- 玩家既是生产者又是消费者，而NFT是游戏经济体中的资产。
- 玩家进场需要购买NFT，玩家按照游戏规则参加活动可以获得代币奖励，玩家也可以随时卖出NFT离场。
- 玩家购入NFT进场相当于注入初始资本，再投入时间和精力即可获得奖励代币和新的NFT。
- 玩家获得的奖励代币一部分被兑换为稳定币（离开系统），一部分被消耗掉，而剩下的一部分则以主动复投或被动税收的形式流回系统。

"边玩边赚"模式可以表示为：

NFT+时间投入→奖励代币+新NFT→稳定币（离开系统）+燃烧消耗+税收或复投（流回系统）

在"边玩边赚"模式中：游戏代币相当于经济体中的货币，以稳定币表示的价格就是汇率；资本可以自由进入或退出游戏经济体，但要缴纳离境税；系统可根据生息扣除税收来计算当期收益，可以通过现金流折现法对NFT进行估值；除了通过NFT参与游戏以获得奖励，有些喜爱游戏的玩家愿意为了获得收藏、娱乐、社交等方面的价值而支付溢价。

这意味着在一个健康的游戏生态中，如果所有玩家对于未来现金流的观点一致，那么最终支付游戏溢价的是真正的游戏玩家，即出于兴趣而留在游戏中的玩家。所以NFT资产的估值公式可以表示为：

NFT资产估值＝现金流折现价值＋游戏溢价

假设NFT资产最终以稳定币计价，则其资产价格同时受到资产收益率和游戏代币汇率的影响。当市场对资产收益率的预期趋于一致时，玩家对游戏代币价格的预期是影响其对资产进行估值的主要因素。于是，NFT资产价格可以表示为：

NFT资产价格＝游戏代币计价收益 × 游戏币值

因此，我们可以将游戏经济体看作一个利率可变、汇率浮动、资本自由流动、货币政策自主的经济体。项目方扮演类似政府的角色，起到调节税收和资产收益率以及利用国库来稳定汇率的作用。NFT资产是最重要的价值承载，其价值与币价高度相关。

关于对游戏玩法的设计，我们可以得出以下推论：

- 在NFT资产交易和外汇市场中，真实的资产价格迟早会通过交易体现出来。但项目方可以设计复杂的收益体系，例如增加随机性、引入累进税和离境税等，从而使玩家收益率的计算变得复杂，进而引导玩家把更多时间花在游戏上。
- 在传统的"游戏+内购"模式中，玩家最初的动机一定都是玩游戏，而不是赚钱。在引入"边玩边赚"模式之后，除了被游戏吸引而来的玩家，相当一部分玩家是为了打金，特别是游戏公会。由于打金游戏的可替代性极高，所以打金玩家的特点是不会忠于某一个游戏。当游戏发生经济危机时，早期进场的打金玩家获利离场，晚期进场的亏损出局。而在打金玩家离场后，本就不多的忠实玩家难以支撑游戏运营下去，最终留下一地鸡毛。

基于经济体的类比，我们可以得出以下推论：

- "边玩边赚"模式下的经济体系的基础逻辑在于对以稳定币计价的游戏流量的平衡，但"边玩边赚"模式对游戏流量的影响是双向的。一方面，流量增加引起代币价格上涨，从而加速用户积累代币；另一方面，流量减少导致代币价格下跌，从而产生死亡螺旋。
- 对于"边玩边赚"模式来说，两个市场都会对其持续运营产生重要影响，一个是游戏资产的交易市场，另一个是游戏代币的交易市场。尽管用户可能会因为追求NFT资产而参与游戏，但游戏资产的供给管理也因此变得难度大增。如果新的NFT资产被持续创造出来，但由于其不可能完全被新玩家消化，那么这会对游戏生态造成严重冲击。
- 此外，当游戏代币价格下跌时，汇率因素将导致NFT资产估值下跌。如果新玩家流入的速度放缓，二级市场对游戏代币的需求减少，则会使币价进一步下跌。这种游戏流量和代币价格互相影响并导致二者同时快速下跌的现象就是死亡螺旋。
- 对于"边玩边赚"模式来说，游戏不一定只有在运营出现困难的时候才经历死亡螺旋，有时候虚拟资产市场的波动也会使游戏"无症状死亡"。在陷入死亡螺旋后，估值中的游戏溢价不可能增加，因为玩家不会因为NFT资产便宜了而更愿意收藏或炫耀它。

四、另外一种尝试：Highstreet打造商业元宇宙

单纯从"边玩边赚"模式的视角分析游戏，我们往往看到的是过短的生命周期或者在不远处的死亡螺旋。但是如果把"边玩边赚"模式和实际的商业活动结合，也就是把"边玩边赚"模式看成完整商业闭环中的一个环节，那么关于"边玩边赚"模式的整个经济学分析就有可能发生改变，从而为游戏的可持续运营找到另外一种可能。Highstreet（加拿大元宇宙公司）就希望通过游戏场景和商业场景的结合打造一个全新的商业元宇宙（见图4-3）。

图4-3 计划打造商业元宇宙的Highstreet（图片来源：Highstreet）

Highstreet团队的前身是加拿大虚拟现实技术公司LumiereVR，这家公司还收购了数据分析公司Retainad Realite Virtulle。Highstreet计划在整合VR和沉浸式购物体验的基础上，用MMORPG（大型多人在

线游戏）的形式打造一个具有购物、品牌体验、游戏和商品交换等功能的商业元宇宙。

游戏的整体背景是"Highstreet世界"，"Highstreet城市"是"Highstreet世界"的商业中心。用户进入"Highstreet城市"后的第一站是"Highstreet市场"，"Highstreet市场"是一个品牌展示和集中进行限量版商品售卖的场所。要想进入"Highstreet市场"售卖商品，有两种途径：一种是和Highstreet签署合作协议，而这些品牌大多是现实世界中的知名品牌，比如中国台湾的南投开兰茶、美妆品牌欧莱雅等；另一种是类似于在淘宝和京东上开店的保证金模式，即商家要支付一定的保证金以保证在统一的经营框架内开展商业活动。根据项目计划，Highstreet未来将采取DAO的治理形式来制定市场基本经营规范，但基本的经营规则将一直存在，即不允许出现经营活动不受任何约束的绝对自由的交易市场。这种设计延续了现实世界中商业活动的基本准则，为和更多知名品牌建立合作关系奠定基础。

"Highstreet市场"中的产品都具有双重属性。假设用户购买了一双纪念版NFT球鞋并想要兑换，则用户在现实世界会收到一双同款实物球鞋，同时该用户获得的NFT球鞋还可以用于参与"Highstreet城市"中的各种游戏。Highstreet支持房产之外的各类商品的销售，其不支持房产销售的主要原因在于一些国家为房产的买方设置了国籍限制。此外，Highstreet还为虚拟商品的转售提供了专门的交易平台，该平台基于联合曲线进行自动报价，从而使虚拟商品可以获得基本的流动性。

Highstreet还参照Decentraland的模式设计了土地和地产系统。通过土地买卖，各个品牌可以建立自己独占的虚拟空间，例如，Binance和

Avalanche就分别建立了Binance Beach和AVAX Alps。Binance Beach的用户可以直接去Binance上的NFT市场参与各种竞标和拍卖,同时可以购买一些粉丝类通证,当然也可以在Binance Beach上购买一栋属于自己的海景别墅。除了土地和地产系统,Highstreet还设计了各种探险游戏,用户可以通过个人电脑、移动端、VR设备等进入游戏,并在游戏中基于"边玩边赚"模式获得奖励。Highstreet还将游戏和这种激励模式扩展到旗下其他产品中。

Highstreet虽然采取了类似于"边玩边赚"模式的激励机制,但是游戏并不是Highstreet商业元宇宙的核心主题。Highstreet不仅可以为众多商业品牌提供销售商品的机会,还可以为这些品牌提供内容更为丰富的品牌互动,以及基于公开数据账本的用户搜集和获取功能。这使得Highstreet的商业模式非常清晰,那就是通过为现实世界的商业品牌提供与用户互动的新空间而获得收入。而"边玩边赚"模式只是其基于代币激励机制建立的用于增加用户黏性的手段,在外部价值获取和内部用户激励之间保持平衡才是Highstreet获得可持续发展的基本准则。

音乐:
从创作确权向用户激励进发

在互联网时代,音乐已经流媒体化。从理论上看,数字化之后的音乐作品适用于数字艺术品的所有玩法,而这也正是我们现在在NFT音乐市场看到的情况。基于去中心化网络实现的新业务模式已经初具规模,创作者似乎从互联网重组的过程中看到了属于自己的机会,但是目前绝大部分用户都是加密社区的原住民，加密社区之外的用户的比例还非常低，而这些情况也许意味着这个领域还有潜在机会。本节我们从梳理已有的音乐NFT的商业模式开始，探讨这一领域已经出现的一些问题和可能的创新机会。

音乐NFT产生的背景是音乐行业出现高度垄断，以及由此产生的早期音乐人严重缺乏扶持的现实情况。音乐产业链主要由内容提供商（音乐人、唱片公司等）、服务提供商（分发渠道、演出经纪机构等）、消费者三部分组成。传统音乐产业链根据变现形式的不同又分为三条子产业链，即发行产业链、版权产业链和演出产业链。自2019年以来，流媒体每年占据发行产业链50%以上的市场份额，但不论音乐载体的形式如何变化，发行产业链起到的渠道作用始终不可替代。此外，版权产业链和演出产业链中的经纪人和经纪公司也发挥着关键作用。

2021年第二季度，Spotify、苹果音乐等五大厂商占据全球流媒体市场80%的市场份额（见图4-4）。即使音乐家和流媒体平台的收入分成比例为7∶3，但创作者从每次歌曲播放中获得的收入大约为0.003~0.005美元。[1]根据另外一份报告，排名前1%的音乐人获得了90%的流媒体流量，而只有前0.8%的音乐人的年均流媒体收入达到5万美元的水平。[2]因此知名歌手坎耶·维斯特（Kanye West）将21世纪的唱片交易称为"现代奴隶制"。综上所述，流媒体主导下的音乐市场目前主要面临如下痛点：

---

[1] 资料来源：音乐产业分析公司Soundcharts2019年的调研数据。
[2] 资料来源：https://musictech.com/news/most-of-spotifys-top-0-8-of-artists-earn-less-than-50k-in-streaming-revenue/。

- 当代人的娱乐性消费极度依赖推荐系统，音乐也不例外。
- 除了少数不需要经常被提及也自带流量的巨星，音乐人都要加入流量争夺战，即便是一线明星音乐人，也需要不断曝光。
- 音乐人之间的收入分配极不平均，极少数头部音乐人获得了绝大部分的收入，中尾部的音乐人则难以靠音乐维持生计，而推荐系统更加剧了这一不平衡。
- 音乐人可以选择去Bandcamp、Patreon等较小的音乐服务平台，以获取更高的分成，但平台自带的流量差异巨大。
- 有才华的独立音乐人早期往往面临难以获得资助的问题。
- 在知识产权保护较为薄弱的国家和地区，音乐版权的保护机制不完善仍然是一个现实的问题。

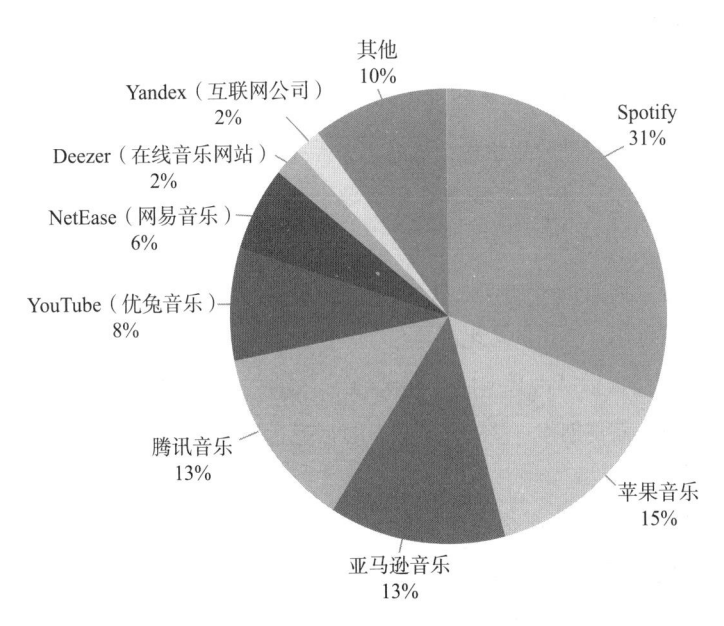

图4-4　2021年第二季度全球流媒体市场份额占比（数据来源：MIDIA Research）

针对以上痛点，音乐NFT可以通过增加音乐作品的金融属性以及结合智能合约的可编程功能，提供以下解决方案：

- 关于单曲、专辑和EP（迷你专辑）在NFT平台的发行或销售。尽管用户有免费听音乐的机会，但仍然有用户愿意收藏它们。这种发售类似于限量版发售，销售的只是音乐的产权，而不包含版权。此外，基于NFT平台的发行是创作人直接面对用户的发行，无须唱片公司或者经纪公司介入，特别是对于已经具有一定知名度的创作人员来说，经济效应更直接。
- 版权通证化。针对音乐版权发行通证，用户可凭通证收取部分版权收入，即创作者可以进行复杂的版税设计（比如音乐NFT每转让一次，创作者都可收取一定比例的版税），同时对持币用户进行版权收入分配。此外，在传统音乐行业中，版税流失在所难免，而且结算周期比较长，半年甚至一年的结算周期对于早期创作者来说是无法支持其持续创作的，而版权通证化后创作者可以通过智能合约自动收集版税，从而大大提高版税结算效率。
- 音乐DAO。创作者或者音乐爱好者可以基于某种共同兴趣建立DAO，可以将持有某种通证或者NFT作为加入DAO的凭证，也可以建立类似PartyDAO（社区协作类DAO）的音乐投资类DAO，使其发挥唱片公司的作用。
- 生成性音乐。这是生成性艺术的一个分支，创作者不再直接创作单曲，而是创作一些音乐片段，然后通过AI软件生成单曲。

鉴于以上优势，众多音乐人开始尝试发行音乐NFT。2021年2月，贾斯廷·布劳（Justin Blau，又名3LAU）通过自己的音乐NFT平台Royal发行专辑 *Ultraviolet*，拍卖筹集到1 170万美元，开创了音乐NFT发行的先河。2021年3月，音乐人高嘉丰在NFT交易平台

OpenSea上上传了一段7秒的音频，卖出了近1.6万元的价格，打响了国内音乐NFT发行的第一枪。

音乐NFT的发行离不开专业的发行平台。据不完全统计，截至2021年年底市面上已有超过50种不同的音乐NFT平台，涵盖了流媒体播放平台、音乐NFT交易平台和创作平台等。

案例

1. Audius：Web3.0流媒体平台

Audius成立于2018年，是目前最大的Web3.0流媒体播放平台，拥有约600万月活用户、10万多条曲目资源和超过100万次播放量的流媒体内容，合作过Deadmau5、Nas等顶级音乐人，音乐创作者可以在该平台上发行音乐NFT以获取收益。Audius的App界面见图4-5。Audius还设置了不同的发行渠道，帮助创作者通过流媒体播放、曲目购买、会员资格拍卖、唱片收藏等渠道获利。同时Audius将作品收入的90%返给创作者，其余部分则返给节点运营商，每周播放量排名前五的艺术家还可获得代币奖励。用户通过质押平台代币AUDIO来享用网络费用返回、参与治理，以及获得艺人徽章等功能。

图4-5　Web3.0流媒体平台Audius的App界面（图片来源：Audius）

2. Opulous：抵押版税融资

Opulous将音乐作品的链下版税收益转为通证，通过NFT的形式将其售卖给投资者，还支持音乐人通过抵押未来版税来融资，并计划发展为基于音乐NFT的借贷平台。Opulous的核心是版税NFT的发行、交易和基于NFT资产的借贷，没有线上流媒体平台的播放功能。但其产品相对初级，目前只发售了唯一一个NFT，还未上线借贷功能。

Opulous在2021年11月发售了一个单曲NFT，这包含音乐作品在现实世界中所有版税收入的50%。具体发行方式为：项目方以歌曲名为名成立一家公司，将该音乐作品100%的知识产权和商业使用权让渡给这家公司，再以这家公司的名义在众筹平台Republic上发行通证，融资上限为50万美元；而投资者用法币购买通证，并共享未来所有版税收益的50%，但不拥有音乐作品的知识产权和商业使用权；之后，项目方根据投资份额，给每个投资者分发NFT以及未来的版税收益。

3. Melos：音乐共创平台

Melos建立了一个音乐创作平台，同时其作为一个社交联系平台，供音乐家和粉丝交流和分享音乐。创作者的NFT可以被无限次编辑和再创作，且每次创作都可以获得收益，而对该NFT做出贡献的制作人也可以获得每次交易的分红。每个NFT都会有一个对应的MusicBlock，它记录了音乐的DNA和Gen。DNA包含作者、溯源音乐等信息，Gen指的是世代数量。Melos通过区块溯源的方式完成了使用权确权的过程。

Melos还规划了利用音乐NFT从事经济活动的多个场景，包括质押挖矿、借贷、租赁、拍卖分成等。该平台的治理代币MELOS的主要作用是激励和治理，用户持有1 000枚MELOS就可以成为DAO成员。此外，Melos还推出了类似用户积分的Wave Points，从而扩充了激励边界。

4. 音乐NFT的新玩法：从用户激励开始

到目前为止，我们看到的关于音乐NFT的主要积极意义都体现在创作者方面，那么对于消费者呢？除了从投资的角度参与版税分成，音乐NFT可以为消费者带来哪些好处？ 2021年12月中旬，音乐NFT投研机构Water&Music的一项调查显示，在购买了音乐NFT的投资者中，已经非常熟悉加密领域的占45%，且不存在非加密领域的投资者买入音乐NFT的情况，也就是说，音乐

NFT的消费主要体现为加密社区的"自嗨"。此外,中间商(发行公司、流媒体平台等)面临的流量成本问题在音乐NFT平台上依然存在,而且如果它们不能解决流量成本问题,那么单纯依靠去掉中间商不能对音乐行业带来太大的冲击。目前,通过NFT为音乐确权,然后依靠加密社区的流量或者创作者自己的流量去发行NFT的模式,可能仅仅适用于已经具有一定知名度的创作者。因为去掉中间商当然可以提高创作者的收益,但这对缺乏知名度、缺乏流量的早期创作者并没有太大的帮助。

所以,音乐NFT平台还要继续在现有基础上探索新的玩法。Euterpe是全球首个IP驱动、内嵌SocialFi(社交化金融)的版权NFT平台,该平台从音乐IP入手,然后扩张到包括视频、游戏、图书、音乐会、明星周边等在内的其他IP领域。该平台最大的特点在于用户在欣赏和宣传作品的同时,还可以获得三种挖矿奖励,即播放挖矿奖励、分享挖矿奖励和投票挖矿奖励。该项目团队的成员大部分都有斯坦福大学的背景,有些还曾担任腾讯娱乐总监、阿里巴巴大文娱战略委员会首席代表、华纳兄弟电影公司国际部经理等职务,对音乐行业的市场策略有非常深的思考。

Muverse团队充分意识到C端音乐爱好者的重要性,致力于将他们从Web2.0无缝衔接到Web3.0的音乐世界,希望将"边玩边赚"模式引入音乐NFT平台,然后凭借独创的"边听边赚"(Listen to Earn)模式和音乐榜单,促成Web3.0音乐社区的扩展。

SocialFi：
社交商业模式的重构

社交是互联网的原生场景，基于社交场景，互联网孕育出迄今为止最经典的"免费使用+广告补贴"的商业模式。但社交平台也是Web2.0主要矛盾的焦点之一，所以社交场景的重构成为建设Web3.0的重要目标，而重构的目标在于打破原有的商业模式，建立一个受益人群更广、对外价值输出更大且各方利益得到更好协调的新商业模式。

新技术（比如NFT）的出现可能是诞生新商业模式的诱因，但并不会直接促成新的商业模式。以社交平台为例，尽管原有的"免费使用+广告补贴"模式导致大量矛盾产生，但社交平台和广告商结成的商业联盟是稳固的，从经济学的视角来看，也比较符合规模效应的作用机制。

NFT和DeFi的发展为去中心化社交商业模式的重构，即SocialFi的发展提供了基本的功能模块，但主要依靠创作者的力量是否可以打破原有的由社交平台和广告商结成的利益联盟？是否有可能构建一个对外输出价值超过"免费使用+广告补贴"模式的新商业模式？简单地从技术角度出发无法直接找到答案，但也许这说明市场正在孕育一个巨大的机会。

传统社交平台中有两条既彼此独立又相互交叉的价值链，其中一条是广告价值链，主要是指广告商和社交平台之间开展的一系列广告业务。在这条价值链上，广告商为获得的点击和关注付费，社交平台凭借用户的聚集以及为用户建立的特征标签收费，用户在这个流程中只是社交平台获得收入的一个工具。

另外一条是创作价值链，在这条价值链上，用户进一步分化为内容的创作者和消费者，而消费者为了获得自己感兴趣的内容而向创作者付费。一般情况下，平台会从创作者的收入中分走一部分，其性质类似于税收，但有时候平台也会给一部分有明显流量优势的创作者提供一部分补贴，以扩大平台用户的规模，增强平台对用户的黏性，并借此强化网络效应。

在Web2.0时期，社交平台的商业模式首先体现为广告价值链，即由广告商和社交平台组成的价值链。尽管用户对于广告收费来说不可或缺，但由于个体用户缺乏有效的技术手段来让自己参与到这条价值链上，所以以用户群体被排斥在这条价值链之外。对于广告商来说，社交平台可以聚集大量用户，通过社交平台建立商业模式显然更符合规模经济的要求。

关于创作价值链，其在不同平台发挥的作用不一样。总体来说，用户规模越大，社交平台给创作者的补贴越少，因为社交平台认为平台的网络效应为创作者带来的流量足以抵消减少的补贴，而这也是占据市场主要地位的社交平台所采取的策略。但其他平台，特别是新进入市场的平台，则需要通过加大创作者补贴以扩大用户规模。

在Web2.0时期，对于平台来说，实现上述收益的两个关键因素是数据和算法。在算法方面，尽管不同的社交平台在产品形态方面存在一些明显的区别，比如Facebook强调用户与朋友之间的信息分享，Twitter强调短消息的公开发布，Reddit（一个社交新闻站点）强调小众社区中的新闻发布，Instagram（照片墙）强调图片分享，而

YouTube则强调视频，但各个平台算法的主要逻辑基本相同，那就是实现广告内容和用户需求的最佳匹配。

在数据方面，尽管所有平台都默认会保管由用户活动产生的全部数据，并且控制数据的访问权，但数据规模对于算法运算的影响往往比算法本身更大。传统社交平台主要依靠功能吸引用户入驻，并通过网络效应将用户留在平台，因此网络效应成为社交平台获得市场份额的主要武器。

尽管社会大众对社交平台造成的用户数据泄露以及其主观的信息发布规则进行了批判，但对于普通用户而言，隐私保护并不是他们选择社交平台的第一需求，内容才是，而能在内容消费的同时获利更是锦上添花。在Web2.0几乎已经汇集所有优秀创作者和内容的当下，Web3.0仅靠数据自主的优势显然难以撼动整个市场格局。共识奇点的到来还需要相当长的时间，因此更现实的做法是通过补贴来争取优秀创作者。这也是去中心化社交平台创新的主要方向。

对于去中心化社交平台来说，其不仅要在基础设施的层面打破数据垄断，还要在得到用户授权后才可以进行数据访问这一前提下建立匹配度足够高的算法，以帮助广告商取得足够好的投放效果，这两方面是确保广告价值链在去中心化社交平台落地的必要条件。这两方面的技术难度主要体现为对跨平台、跨应用的用户数据进行收集和分析，包括跨链的数据收集以及链上和链下数据的收集。例如，如果在同一个界面上展示图片的次数等于在Twitter和Mirror[1]上加总的转发次数，那么这对于用户从Web2.0平台向Web3.0平台迁移非常有利。

---

[1] 一个去中心化内容发布平台。

但广告价值链的建立对于去中心化社交平台来说只能算是一种防御策略，因为在这个领域，中心化社交平台已经积累了非常丰富的数据和经验，去中心化社交平台需要在数据积累方面逐步追赶它。作为市场的新进入者，去中心化社交平台发起进攻的武器应是创作价值链，它需要通过新的基础设施和经济模型来帮助创作者获得合理的收入，给消费者提供更多的功能，比如为创作者发布优质作品、接广告、直播卖货、打赏提供基础设施。而这些功能的另一面就是消费者在免费享受这些功能的同时，便于进行打赏、直接在创作者店里购物、被广告导流到平台外消费，以及成为付费粉丝以购买内容等活动。

在这种模式中，SocialFi可以通过代币来解决这一痛点，并将商业利益在创作者、消费者和平台之间进行重新分配。比如在传统社交平台上，流量分发天然倾向头部推荐系统，创作者的获利门槛很高，因此很多优质创作者由于难以获得足够的利益而放弃平台，但通过将影响力代币化的模式，早期创作者将有可能提早开始获利，甚至消费者也可以通过"边读边赚"或"边看边赚"模式获得激励。

案例

1. DeSo：专为社交打造的公链

为了解决社交数据难以共享的问题，DeSo团队专门为社交产品构建了一条公链，并致力于通过个人影响力代币化、社交NFT等创新机制，连接链上的各个社交Dapp。截至2021年年底，DeSo已经获得来自a16z、Coinbase Ventures（一家风投公司）、红杉资本等机构的超过2亿美元的融资。

Web3.0应用要想消除社交平台对于数据的垄断,则需要从存储角度下手,而当前的公链主要为交易而生,对于社交数据的存储不具备可扩展性。因此DeSo的诞生主要就是为了消除社交数据在区块链中存储的不可扩展性以及聚合各个社交Dapp产生的网络效应。

DeSo最初被设计为Pow共识机制,每5分钟产出一个容量为2MB的区块,约为10条帖子的容量,支持发布个人档案、帖子、评论以及进行用户私信(加密存储)、点赞分享等活动,且所有数据都可以存储在链上,但原始图片和视频、个人隐私信息还是存储在中心化节点中。对比拥有3亿名用户的Twitter每秒可以处理6 000条帖子,DeSo的处理能力显然是不够的。于是DeSo在官网上介绍了未来的发展路径,其目标是服务10亿名以上的用户,这主要通过转向Pos共识机制来实现。

DeSo的主要功能还包括发行创作者代币、社交NFT以及进行打赏。

在创作者代币方面,每个人都可以在DeSo上发行自己的创作者代币,其他人可以购买和出售这些创作者代币。代币在用户创建资料时自动生成,总量为100枚至1 500枚,价格随购买量增长而上升,随出售量减少而下降。创作者代币的总量可以不固定,当用户购买或出售创作者代币时,系统会铸造或销毁这些代币,其价格则由类似AMM(自动做市商)的机制自动确定。创作者代币的价格代表了创作者的个人影响力,理论上因其正面影响而上升,因负面影响而下降。

创作者为了吸引粉丝购买代币，可以赋予代币持有人参加创作者讨论会、查看付费内容、评论帖子、发送站内信息、帮粉丝转发信息、优先显示评论或显示专属身份等权益，这些权益不仅是给忠实粉丝的福利，还可以筛选用户，进而提升社群质量。创作者可以自行设定规则以从交易中获得一定比例的代币收入，而且这个比例是可以调整的，比如在代币发行初期，创作者获得10%的分成，但当他的影响力提升后，新产出的代币全部归粉丝所有。代币销售所得的部分收入可以被代币持有者分走，这有利于推动代币持有者对自己支持的创作者进行宣传。在支持创作者成长的过程中，粉丝也与创作者建立了更为牢靠的关系。

DeSo的前身是Bitclout（一个去中心化社交网络），从产品形态来看，Bitclout可以被视作"Web3.0版Twitter"。DeSo链上的Dapp集合网站Bit Hunt的数据显示，目前已经有超过200款应用被部署在链上，现阶段最受欢迎和功能最为完善的应用是Diamond。其形态类似Twitter，但整合了DeSo特有的发行创作者代币和社交NFT以及进行打赏的功能。

2. Lens Protocol：可组合的去中心化社交媒体协议

Lens Protocol是一个具有开源性和可组合性的去中心化社交媒体协议。基于Lens Protocol，用户可以将自己的主页铸造成Profile NFT（存储特定内容的文件），也可以将创作的内容以NFT的形式对外发售，当然也可以对自己喜欢的内容进行转发或者购买。开发者可以使用协议提供的组件，再按照自己的设计搭建社交应用并共享生态流量。Lens Protocol就像一个社交产品的公共后台，用户可以基于不同形式的界面与其进行交互，并通过Lens Protocol将数据存储到IPFS或者AWS（亚马逊云）中。

Lens Protocol将所有用户分为创作者和普通用户。其中，只有创作者才可以创建自己的Profile NFT，拥有Profile NFT之后才可以发布内容并对内容进行评价，也可以将内容转发到Mirror上。Profile NFT是一种动态形式的NFT，可以对用户持续发表的内容进行记录和更新，同时保存历史发表记录。类似于Mirror等平台，Lens Protocol在上线初期只对进入白名单的用户开放创作者权限。

对于普通用户，Lens Protocol同样设计了模块化功能以供其使用。用户只要关注了某个Profile NFT，就可以生成自己的Follow NFT。Follow NFT的主要作用是跟踪用户关注的内容，每个Follow NFT都有一个独一无二的编号，并通过这个编号记录用户和被关注的创作者之间的互动内容。普通用户还可以获得Collect NFT，并对Collect NFT的对外销售条件进行设置，而Collect NFT主要用于记录用户喜欢并收藏的内容。

Lens Protocol在对上述功能进行集成后，还设置了一个最核心的步骤，那就是将上述功能对接多种形式的智能合约，而这也就意味着其他应用只要通过Plug-in（即插即用）即可使用上述功能。如果上述功能不能直接满足它们的需求，那么Lens Protocol可以设计开发接口以供第三方进行适配和开发。这也意味着，所有接入Lens Protocol的应用都可以共享用户资源。

3. CyberConnect：去中心化社交协议

CyberConnect的定位是去中心化社交协议：将个人的社交数据和社交图谱交给用户，同时为基于CyberConnect开发的社交应用提供通用基础设施。

在Web2.0中，同一个用户在使用两种不同的社交平台时，不但需要在两套相互独立的账户体系里注册，而且个人创造的数据事实上属于这两个平台。个人从一个社交平台转移到另一个社交平台（比如一个Twitter的KOL注册微博）需要从零开始，重新获得用户的关注，尽管他有很大一部分用户同时活跃在Twitter和微博上，但一个想要获得更多关注的KOL不得不在不同的社交平台同时运营多个账号。因为每个社交平台都有自己的专属用户，而社交平台把这些用户看成自己的专属资产，因此KOL只有登录平台才可以连接到这些用户。

CyberConnect通过打造通用的数据协议，打通这些由不同平台人为创造的数据孤岛，并将数据的控制权赋予用户。在CyberConnect上，用户通过去中心化钱包插件来连接个人账户，与该账户相关联的所有社交信息都可以被读取，比如你在所有社交平台上关注的账户、关注你账户的用户，以及双方互相关注的账户。此外，该账户持有的所有NFT资产，包括PFP或者POAP等都可以显示。这种设计相当于在点赞和关注之外为Web3.0应用创造了一个新的社交交互形式，而持有相同NFT的账户很容易通过这种方式建立共同兴趣小组。同时，CyberConnect还基于特定的算法为用户建立推荐关注列表，推荐关注列表的数据主要来自以太坊、Foundation、Rarible等开放数据源，用户的每个账户都可以获得一个个性化的推荐关注列表。

CyberConnect能提供上述功能，主要凭借多个通用API（应用程序编程接口）的支持，包括Getting Started（开始）、Following & Followers List（关注）、Recommended Following List（推荐）等，这些接口不仅可以为CyberConnect提供数据支持，还可以为所有基于CyberConnect开发的应用程序提供用户的社交图谱数据，而且所有应用在使用用户的社交图谱数据时都需要获得用户个人的同意。这样一来，个人社交图谱数据的控制权重新回到用户手中。此外，CyberConnect基于Ceramic协议将数据存储在IPFS上，并通过编解码器强制执行数据签名，以确保数据不被篡改，同时避免了数据垄断的问题。

4. MaskBook：以隐私的名义把用户连接起来

DeSo希望构建一条公链，以解决去中心化应用旨在解决的从消除数据垄断到支持创作者价值变现等一系列问题，而Lens Protocol采用了一种比DeSo更"轻"的解决方案，即将创作者和消费者的行为数据上链，并将其以Profile NFT、Follow NFT以及Collect NFT的方式存储在IPFS或者AWS中，这可以避免数据垄断，又可以通过标准化的方式将这些数据共享。但MaskBook（加密用户社交信息的插件）采用了一种更"轻"的方式提供有关去中心化社交的功能，MaskBook放弃建造一条区块链，而是直接在Facebook等社交平台上进行功能叠加，以实现数据回归用户和建立全新商业模式的目标。

MaskBook的方式非常简单，它提供一个网页插件，这个插件具备移动端的叠加功能，用户一旦安装这个插件，在Facebook上发布的消息就会变成一堆乱码，不管是Facebook团队还是MaskBook团队，都只能看到一堆乱码。但如果接收信息的用户的浏览器也安装了这个插件的话，那么对于用户而言，这条在其他人看来只是一堆乱码的消息就是解码之后的文件的内容，当然用户必须是这条消息的接收者或分享者。实际上，MaskBook就是一个对用户在任何界面发送的信息都进行加密，并且只对拥有权限的用户自动解析信息的软件。

MaskBook的产品思路非常独特，但是它的逻辑又让人乐意接受。为什么我们愿意将这款仅仅实现了部分信息加密功能的软件称为Web3.0产品呢？因为MaskBook帮助用户收回了数据的访问权，并且没有趁机让自己获得数据的控制权。MaskBook采用一整套去中心化的技术方案来实现这一逻辑，即解码加密文件需要的私钥可以存放在本地，也可以通过去中心化数据库Gun.js完成交换或者传递，但不会由任何第三方机构代为保管。同时，MaskBook将协议的关键功能全部开源，这使得MaskBook可以基于Facebook的账户体系、社交关系以及存储空间为用户获得其在去中心化社交平台上希望拥有的大部分功能。

MaskBook的这种做法是直接将幕布挂在Facebook的眼睛上，那么，Facebook会欣然接受MaskBook这种"在眼皮子底下耍花招"的做法吗？当然不会。Facebook如果认为MaskBook已经对自己产生威胁的话，就一定会以任何借口果断地将与MaskBook相关的所有链接屏蔽。事实上，在MaskBook上线不到半年的时间里就发生了类似的事情，但这些事并没有把MaskBook的手脚完全捆住，因为MaskBook采用一种新的加密函数为所有通过MaskBook发送的信息换上了一件"新衣",从而使得对于Facebook来说是一堆乱码的信息变成另外一个样子,比如一个表情包,但是基于MaskBook的插件,用户还是可以看到准确的信息。

这就是MaskBook技术逻辑的重点所在。MaskBook可以基于传统社交平台的基础设施构建一个新的数据层,这个数据层既保护了用户隐私,又实现了将平台屏蔽在数据使用链条之外的目的。这个数据层适用于多个平台,而在多个社交平台上建立一个公共的数据层可以实现以最低成本进行用户迁移的目的。此外,基于MaskBook协议建立的公共数据层不仅仅用于储存用户之间的私密聊天信息。如果增设一个经过加密的私钥,那么这个网络就具有传递资产的金融属性,而且还是一个跨平台和跨链的金融网络。当然,如果继续按照这个思路往下延伸的话,可能关于用户的大部分数据都可以被这个公共数据层处理,而这就是MaskBook的未来发展空间。

基础设施:
覆盖更多场景的平台和协议

一、Mirror:去中心化内容发布平台

曾经有一篇报道这样形容Mirror:"如果让大家写出印象最深刻的Web3.0产品,那么有一半以上的人会选择Mirror。"Mirror凭什么收获这么高的评价呢?我们一般认为Mirror是一个去中心化内容发布

平台，但事实上除了发布内容的功能，Mirror还有众筹、拍卖、投票等功能，基于Mirror可以组织DAO，还可以进行项目开发。接下来，我们来看看为什么Mirror可以称得上是最典型的Web3.0产品。

Mirror的基础功能是去中心化的内容发布。创作者可以基于任何一个以太坊账户或者ENS域名登录Mirror，并将文章制作成NFT进行发布。但不论文章是否被制作成NFT，它都将在Arweave上永久保存，所以所有内容都不会因为硬件的损坏或者内容审查而丢失。此外，Mirror提供开放的API，所有第三方都可以不受限制地检索全部内容，并基于这些内容进行二次开发。这就是Mirror被打上Web3.0产品标签的主要原因。

但是去中心化并不是Mirror的核心诉求，而是它实现愿景的手段之一。Mirror在其官网上写下的标语是"新的工具资助伟大的写作"，既然是"资助伟大的写作"，那它就不是以文字的永久保存为终点的，而是要为写作的整个流程提供支撑，比如筹集资金、进行打赏、结算版税，以及对基于文章共识形成的DAO进行治理。基于NFT对文章确权是一件很容易的事情，永久存储文章内容也只是技术范畴的事情，但围绕内容创作，不仅能够通过技术手段使其"物理上永生"，还能在经济价值和社会价值上帮其找到最应该归属的位置，这才能真正体现Mirror的全部野心和核心价值。

为了实现"资助伟大的写作"这一愿景，Mirror为每一次创作提供尽可能多的变现途径。Mirror上没有点赞和转发，只有打赏，即用户可以直接为自己喜欢的文章提供每次不低于0.01枚ETH的打赏。打赏之外是众筹，众筹被整合为"众筹+NFT+叙事"的模式，要想发起一次众筹，首先要有一个基本的叙事，需要通过文字对项目的目的、方法和产出进行清晰的阐述，然后借助菜单提供的功能对募集资金总额、募集时间、单个账户募集上限等指标进行设定，最后就可以发起众筹了。需要说明的是，在Mirror上每发起一次众筹都需要发行对应的代币，代币发挥参与凭证的作用，当然用户也可以凭借这些代币获得众筹收入。

我们来看看Mirror上都有哪些成功众筹的案例吧！众筹金额最高的项目是Crypto NewYorkers NFT，它设置了白名单，只允许进入白名单的账户参与众筹，每个白名单账户需要支付2枚ETH，共计1 000个账户。这次众筹为项目筹集到了相当于2 000枚ETH的资金。《以太坊：无限花园》（*Ethereum: The Infinite Garden*）是基于Mirror成功众筹的第二个案例，这是一部反映以太坊早期发展历史的NFT电影，它在3天时间成功众筹了1 035枚ETH。名为The Krause House DAO的项目在Mirror上也完成了众筹，这次众筹的主体是一个以已故芝加哥公牛队总经理的名字命名的DAO，筹集了1 000枚ETH，项目方计划用此收购一支NBA球队，或者收购某支NBA球队的部分股权。

通过这些案例我们可以看出，Mirror已经非常精确地将自己定位为基础设施，并通过技术和产品来最大可能地提升基础设施的功能，而基于这些功能，Mirror可以向无限领域拓展。

此外，Mirror还非常善于运营，通过运营让创作者获得极大的关注。Mirror的运营主要围绕Mirror DAO展开，但根据运营活动的内容分为两个阶段。第一个阶段是2021年2月产品上线到2021年9月，这一时期Mirror主要通过Mirror Write Race（Mirror写作大赛）将数百名内容创作大V成功引入平台。

Mirror Write Race每周举行一次，每次获得用户投票最多的前10名作者可以获得一枚由Mirror发行的治理代币WRITE。写作比赛在全球范围内开展，进入前10名完全靠作者的真本事，同时创作者在获得WRITE之后，再销毁代币即可加入Mirror DAO并开通账号。WRITE是加入Mirror DAO的唯一凭证，但用户无法通过购买获得，这使得WRITE一时间成为一种极为稀缺的资源，甚至连以太坊的创始人维塔利克·布特林都公开询问如何才能获得一枚WRITE。在写作比赛举行了半年之后，Mirror网罗了一大批内容质量堪称一流的创作大V，也将原来关注这些大V的目光引向Mirror。

Mirror运营的第二阶段始于2021年10月。2021年10月5日，Mirror将账户功能开放给全部以太坊账户，同时取消写作比赛，并开启名为Reflection和Spotlight的运营活动。所谓Reflection就是Mirror DAO成员投票选出得胜者，后者可以获得WRITE奖励，而Spotlight就是让月度阅读量排名最高者获得WRITE奖励。但这个时期，只有Mirror DAO成员才可以获得一个Mirror子域名，这使得Mirror DAO的稀缺性进一步得到加强。Mirror以这种方式继续扩展Mirror DAO并激活社区。

如果说Mirror在为创作者提供便利方面使足了力气，那么Mirror在生态建设方面则采用了留白的方式，为其他团队留出了更多的发挥空间。Mirror不提供阅读推荐和排名，所以创作者要想获得读者的关注，需要自己发力。Mirror还提供更多的专业服务，例如：Mirror Curator DAO（简称MC DAO，策展人DAO）就推出中英文版本的《Mirror每周评论》(*Mirror Weekly Review*)，针对每周的高质量文章、作者和项目进行推荐；Mirror Club作为SeedDAO的一个子DAO，其主要的作用就是帮助新进入Mirror的创作者熟悉Mirror的各项功能，并帮助他们发起众筹和设计自己的通证经济模式。Mirror通过这些方式逐渐朝着自己的愿景前进。

以上就是Mirror成立一年半以来在"资助伟大的写作"之路上向市场交出的作品，尽管它还只是一个半成品，但我们在这个半成品上看到了一个Web3.0产品应该有的开放性，也看到了一个Web3.0社交平台在为创作者赋能的道路上所做出的努力。Mirror用自己的行动告诉我们，打造一款成功的Web3.0产品绝不是仅仅依靠上链就可以一蹴而就的，而是需要在流量运营、社区治理以及生态建设方面进行整体性设计。

二、Render Network：分布式渲染平台

渲染是电脑制图过程中提升图案视觉效果的一道非常关键的工序，对于3D（三维）效果来说，这更是一道必不可少的工序。渲染一般通过渲染引擎实施，不论是在现实世界还是在电子屏幕上，人类主要通过观察光源在同一物体不同部位的色差来获得立体的感觉，而3D渲染引擎正是通过代码的形式来模拟这一过程，从而使得用户得到一种3D的视觉效果。3D渲染引擎可以实现非常逼真的视觉效果，不仅可以展示角色皮肤表面的毛孔、毛囊，还可以展示附着在上面的灰尘。

虽然渲染只是一个负责细节处理的专用工具，但渲染及电脑制图的进化对于计算机及芯片产业的发展产生了重要的影响。早期的计算机在处理图形渲染或执行其他任务时全部通过CPU实现，由于用户对视觉效果的追求越来越高，图形处理的计算任务也越来越重，为了解决CPU算力不足的问题，英伟达公司最早发明了GPU（Graphics Processing Unit，图形处理器），把与图形计算有关的任务从CPU中分离出来，专门交给GPU执行。GPU不是CPU的简单替身，而是在

芯片结构上就采用了不同于CPU的设计,在执行图形处理等任务时速度更快,效率更高。近几十年,伴随着游戏、动画等领域的高速发展,市场对GPU的需求显著增加,这不仅导致GPU在技术上快速迭代,还让专门从事GPU芯片业务的英伟达公司超越提供CPU芯片的英特尔,成为全球市值最高的芯片公司。

但是,渲染、电脑制图以及GPU的故事还远未结束,而且一切看来都像是刚刚开始,因为人们对虚拟空间图形展示效果的要求越来越高,而超高视效对于算力的要求也随之水涨船高。据报道,电影《阿凡达》针对渲染处理任务就调用了6 000多个处理器,渲染时间长达一年之久。如果仅仅是游戏和动画就把市场对GPU的需求推到这样一个高度的话,元宇宙的出现将导致大量用户在虚拟空间拥有自己的Avatar(数字人),而通过Avatar进行各种交互、实现各种数字化的生活场景和办公场景以及观众数量高达千万人次的在线演唱会等虚拟场景对于图形处理算力的需求就更加庞大了。此外,GPU芯片也是执行各种人工智能算法的主要设备,因此在未来相当长的一段时间内,伴随着人工智能计算量的增长,全球市场对于GPU算力的需求将更加强劲。数据显示,2021年全球GPU市场规模为254.1亿美元,预计到2028年,这一数据将达到2 465.1亿美元,年复合增长率达到32.85%。

面对这一需求,基于技术的角度对GPU的性能进行升级和优化一定会是一个非常重要的解决方案,但是通过新的组织方式将已经存在的GPU算力重新组织起来,以提供大级别的、商业性的计算服务才是一个更加现实的方案。从理论上说,持续依靠提升硬件设备性能以扩大算力在技术上存在较大的局限,因为这种方式对于芯片的设计方案以及制作工艺水平都提出了很高的要求,就像CPU芯片在连续数年按照摩尔定律实现计算速度的大幅增长之后，在相同模式下继续提升算力的空间非常有限。除非在技术架构上做出比较大的突破，否则通过重新组织算力以提供计算服务无疑是另外一条比较现实的路径。事实上，GPU比较适合并行计算的特点以及市场上已经出现的渲染农场和云渲染模式都为这种探索提供了很好的借鉴。有人甚至认为，基于区块链技术的运用，在更大范围内实现渲染等计算处理功能的商业化组织是未来解决渲染算力需求的最佳方案，也是成本更优的方案。在这种情况下，分布式渲染平台应运而生，Render Network正是这一领域的代表。

Render Network于2017年推出，其主要作用就是在大型分布式网络上支持基于GPU进行复杂渲染的任务的分发和执行，它可以实现大量并行计算且无须网络同步连接。Render Network的主要优势在于其主要发起机构之一的OTOY在光场技术方面具有优势。光场技术不仅包括传统3D渲染引擎用到的光线追踪技术，还包括在VR和AR场景下的3D显示技术。而十几年来，OTOY一直处在渲染技术的前沿地位，其主力产品Octane Render是全球第一个基于GPU实现的无偏差和物理准确的渲染器。Render Network集成了Cinema 4D、3Ds Max、Unreal Engine和Unity等主流视效工具，而且为《星际迷航》等项目提供渲染服务。

此外，Render Network以及其他分布式渲染项目在市场上还遇到了一个重要的套利机会。这个机会正是由GPU芯片巨头英伟达公司基于其在GPU市场上的优势地位而表现出的傲慢带来的，那就是英伟达公司对云计算平台只提供工作站级别的显卡产品，而不提供消费级别的主力显卡产品，比如2080或3080系列。但是工作站级别的显卡产品的价格相对于消费级别的显卡产品，高出近10倍，但计算能力却只高出20%~25%，而且英伟达公司对云计算平台芯片的供货还进行长期限制，从而导致云计算平台的GPU算力长期不足。不论是从算力规模还是从性价比的角度来看，中心化云平台显然已经为分布式渲染平台留出了宝贵的市场空间，分布式渲染平台有望承担起为元宇宙提供基础计算能力的重任。

三、Ceramic：去中心化通用数据协议

对于Web3.0而言，数据的个人可控性是其诸多特性中非常显著的一个特性。只有基于数据的个人可控性，平台才有可能按照数据的归属重新分配数据红利，个人才有可能将数据的使用权掌控在自己手里。但是目前市场上已有的、大家熟悉的诸多技术方案还不能为这个问题提供可行的解决方案。即使是作为Web3.0核心技术的区块链，也只能实现用户数据的非垄断性，即把用户数据存储在公共账本上，让这些数据无须获得某个中心化组织的许可就可以被自由访问，但用户掌控个人数据的目标显然还未实现。

Ceramic通过提供通用的数据协议来建立一个去中心化的数据网络，而这个数据网络允许无许可和以身份为中心的互操作，既可以为基于该协议建立的任何应用程序提供数据调用和检索等服务，又可以为这些调用设置控制权限，而数据的关联账户有权允许或拒绝这些针对数据的互操作。此外，它还具备对数据的定义、格式以及服务协议进行调整和升级的能力。

Ceramic以文档为基本操作单元，对文档的基本类型和使用规则（比如签名和状态转化）进行明确的规定。例如，文档被签名后，文档的附加对象被存储在IPFS上，并基于IPLD编码分散存储在整个网络中。

目前，Ceramic支持三种标准文档类型，分别是3ID、账户链接和Tiles。其中，3ID是全局唯一标识符，相当于Ceramic中文档的目录单元，从技术层面来看，3ID就是一组数据接口，从功能层面来看，3ID主要用于实体识别、签署文件、授权验证和对外的资源映射，可以实现文档之间以及文档和其他应用之间的交互。目前，3ID是Ceramic中使用最广泛的DIDs标识符，但符合W3C DIDs技术标准的其他标识也可以被添加到该协议中。

在Ceramic支持的文档类型中，账户链接的主要作用是提供一个可验证的公共映射，以验证DIDs的密码身份，同时该身份被用于公钥、智能合约和其他DIDs的签名。

Tiles是Ceramic所支持的使用最广泛的一种文档类型，是一种可验证申明，即基于非对称加密原理建立的一种可信文件。同时，Tiles的特定服务访问权限通过收集政策、服务政策和隐私政策进行具体说明。其中，收集政策用于定义数据模型和Tiles的引用方式；服务政策用于说明提供服务的端点和接受服务的条件，比如支付条件等；隐私政策用于设置数据访问权限。Tiles不仅可以被单独引用，还可以在不同的Tiles之间通过相互组合来创建信息可变、可验证的文档。Tiles文档的这种组合性使得Ceramic具有接近无限的可扩展性。

支撑Ceramic的三类文档的底层技术是数据流（Data Stream）。数据流是一种将数据从存储端传输到请求端的媒介，Web2.0中的数据流用于在输出或使用之前捕获实时数据。Ceramic基于数据流构建数据模型或数据集合，并用这些数据模型或数据集合来表示文档特征，比如社交图谱或用户资料，而这些文档特征又被组合起来用于构建Ceramic应用程序。

Ceramic 基于不可更改的 Stream ID 来跟踪动态文档，而数据流可以支持各种形式的数据，并且不同数据流可以相互引用，这使得数据流的内容更加丰富。Ceramic 中的每个数据流都由锚定服务发起、签名并锚定到区块链上，数据流内容的任何改变都将引发重新锚定，并在 IPFS 的哈希值列表中进行对应修改。不同的数据流对应不同的节点，数据流之间互不影响，独立进行状态更新，这使得不同节点之间建立了一种类似于并行处理的关系。

基于 Ceramic，用户可以实现数据的个人可控，即 DIDs 使所有的数据资源跨平台可识别。通过建立一种 DIDs 和数据资源之间的映射关系，使得不管数据存储在什么地方，应用程序都可以快速、高效地查找到文件存储的具体位置。Tiles 为数据资源的访问制定控制策略，数据的访问控制由用户基于 Tiles 实现，而非基于双边账户实现。服务器不再参与数据访问的控制，这使得数据的访问成为一种超越特定账户体系的更高维度的交互，而这种基于数据建立的互操作使互联网重新具备开放属性。

此外，这个开放的互联网以参与者可验证的信息为基础，所有的应用程序都可以对这些信息进行访问，数据的访问权限由数据的创建者设置。用户在使用 App 时无须每个都注册，因此开发人员可以把主要精力聚焦于产品本身的功能和服务逻辑，只要完成产品的构建就可以无缝接入整个生态，而无须在数据的协调和存储上花费更多的资源。Ceramic 基于通用的数据协议，实现了一种全新的分层。

3Box 是基于 Ceramic 建立的一个具有可扩展性和用户控制访问特征的数据管理系统，3Box 允许开发人员将应用程序建立在由用户控制访问权限的开放式数据托管服务网络上。基于 Ceramic 的 3ID DIDs 标准，3Box允许用户基于私钥控制自己的身份、数据和服务。此外，Ceramic也支持基于IPFS建立数据库OrbitDB和Textile，Ceramic中的所有项目都可以基于用户的授权访问上述数据库。

Ceramic是一个全新的协议，虽然也具有去中心化组织的某些特点，但是我们却很难将它归类于已有的区块链技术体系。而且Ceramic在技术逻辑上还体现出某些和区块链完全不相容的特点，比如Ceramic完全没有通过冗余计算和共识机制来建立一个社区公认的公共账本，而是通过数据签名来实现数据的可验证。但是Ceramic在功能上和区块链相似，并且能形成一种互补关系。基于区块链公共账本的可信数据，各种去中心化应用可以进行功能组合，比如DeFi因为其可组合性而被称为"金融乐高"。而Ceramic实现的是另外一种可组合性，即数据的可组合性。Ceramic在数据方面几乎具有无限的扩展能力，而这种数据的可组合性正好可以和基于区块链建立的去中心化应用形成互补关系，也许这就是Ceramic存在的最大价值。

5

Web3.0 新金融:
"三无模式"开创全球统一大市场

金融是经济的核心和血液。现实中，几乎所有的商业活动都离不开资金的支持。而在资金成本上，哪怕一个微小的变动，都可能会对这个相当广泛的行业产生非常重要的影响。金融的主要作用是资金融通，所以它对信息的获取、记录和处理非常依赖，从这个角度来说，支撑金融系统运行的技术手段对于金融系统的运行规律、产品形态以及风险特征都有重要影响。

那么，在Web3.0中，去中心化底层技术对于金融体系的运行有哪些基础性影响，又将推动金融体系中哪些新的业态诞生？在这个过程中，传统金融机构、科技公司的机会又在哪里？

区块链：
从底层重构金融基础设施

在数字经济的背景下，经济活动的内容和场景都发生了很大的变化，线上化、碎片化、智能化的交易形式对金融基础设施，特别是支付体系提出了更高的要求。例如：执行支付的场景越来越多，特别是跨境、跨生态的支付行为大量增加；碎片化交易对于支付效率的要求越来越高，"T+0"甚至"T+1"的模式已经远远不能满足支付需求。

此外，交易和场景的结合产生了全新的支付形式，比如"流支付"。如果你想付费观看一部电影，那么传统模式是先支付后收看，但对于是不是完整地观看了影片、你对影片的评价如何等用户比较关注的问题其实都没有做出回应。但是在"流支付"模式中，你不用提前付费，而是根据观看进度付费，也可以根据自己的兴趣随时停止收看，而一旦停止收看，支付流程也随之结束。"流支付"这类创新支付形式对于支付技术提出了新的要求。

区块链作为价值互联网的底层技术，通过创造全新的资产确权、定价和交易标准，推动金融基础设施进行重大升级。基于区块链，金融服务的效率更高，更具开放性和普惠性，抗攻击性和稳健性也显著提升。区块链作为金融基础设施，对金融服务的具体影响主要体现在三个方面（见图5-1）。

自助式开户　　清算即结算　　条件式交易

图5-1　区块链对金融服务的具体影响

一、自助式开户：让服务的门槛变得更低

我们知道，账户是金融服务的基本单元，也是金融监管的重点领域。在传统金融体系中，账户和个人是强绑定的。你如果想开设个人账户，就只能去银行，即使在金融科技如此发达的今天，这一点依然是金融机构坚守的底线。

但是，区块链采用非对称加密技术来设计账户，也就是说，任何人只要掌握私钥，就可以控制账户资产，全过程不需要任何机构参与，当然也可以自助开户。但是，基于区块链开设的账户和人既是绑定的，也是可以拆分的。所以自助式开户是一把双刃剑，它可以降低用户的使用门槛，为他们带来便捷，也能为一些黑色产业和金融犯罪活动提供便利。因此，我们需要谨慎对待它。

二、清算即结算：让交易的效率变得更高

清算和结算是金融体系资产交易流程中的两个基础业务环节。其中，清算就是对账，因为在任何一段时间内，金融机构不可能只有一笔交

易发生,而是大量用户有买有卖。因此金融机构需要计算一个总账,而结算就是按照这个总账进行资产交割。

在传统金融体系中,资产交易需要CSD(Central Securities Depository,中央证券存管)、CCP(Central Counter Party,中央对手方)、SSS(Securities Settlement System,证券结算系统)、PS(Payment System,支付系统)发挥证券登记、做市、清算和结算的功能。

比如,你在证券交易所买卖股票的时候,往往需要遵守"T+1"或者"T+2"的规则,也就是说你买了某只股票后,必须要在1天或者2天后才能将它卖出去,这个1天和2天就是用来清算、结算的时间。相对于每笔交易都逐笔进行交割,清算、结算是高效的处理方式,但是清算、结算的流程设计又为交易效率的进一步提升设置了上限。

区块链账本本身就是CSD和SSS,可以发挥证券登记、清算和结算的功能。区块链每出一次块,就会完成所有交易的清算和结算。如果区块链出块的速度足够快,那么清算、结算几乎就会随着交易的完成而同步完成,并不需要再单独花费时间。这样来看,基于区块链进行资产交易可以大幅提升资产的流动性。

三、条件式交易:让金融插上智能的翅膀

基于分布式计算网络,区块链支持智能合约,一旦智能合约被部署,特定的交易就会按照合约中设定的条件自动执行,而不会被任何一方所终止。这种特性的智能合约比较适合多方参与的复杂交易,因为一旦触发智能合约的付款条件,交易将被无条件执行,所以交易也就不会面临信用风险。比如在保险业务中,平台可以通过智能合约设定赔

偿条件，一旦赔偿条件被触发，赔偿资金就可以自动转至投保账户。

资产证券化是指融资人以自身能够产生稳定现金流的资产或权益为支撑，构建资产池，通过结构设计增强信用，并将其转化为可以在金融市场上出售和流通的证券。资产证券化的本质是非标资产向标准化资产的转变，因此资产证券化业务的核心环节是：基础资产现金流的确认；通过各种中介机构的参与构建复杂的结构化产品，以实现风险隔离、信用增级的目标。

区块链应用于资产证券化业务可以使信息处理的效率大大提升，智能合约可实现资产证券化业务流程中的信用增级、金融资产清算和结算、实物资产确认等功能。利用智能合约可以实现资产证券化关键业务流程的自动执行，比如现金流回收、基础资产分配等，这将减少人工操作失误的可能性，使资产证券化的整个业务流程得到有效管理，从而降低每个环节造假的可能性。

传统金融的进化

区块链作为新型金融基础设施，会对金融体系的运行产生重大影响，从而导致Web3.0中出现大量的创新性金融服务，而这些创新性金融服务既包括以代币为对象的去中心化金融，即DeFi，也包括传统金融领域的创新性服务。

一、法定数字货币：打造新型金融基础设施的制高点

我们知道，在现代金融体系中，各国央行承担着货币体系"守望者"的角色。自300多年前全球第一家央行——英格兰银行成立以来，央行逐渐形成基于法定存款准备金率、贴现率和公开市场操作"三大工具"的货币政策体系，并对本国的通胀率负责。

但各国央行实施"三大工具"的前提是，该国的货币流通速度相对稳定。如果由于货币形态或者支付形式发生重大变化而导致货币流通速度发生改变，并进一步对"三大工具"的传导机制产生影响，那么央行需要主动采取措施以确保政策实施渠道的畅通和稳定。

几年前，第三方支付的崛起对我国货币流通体系产生了较大影响，央行及时采取措施要求第三方支付"去直联"，从而对支付业务的监管形成新的规则，但仅仅通过"去直联"显然无法实现对数字货币监管的覆盖，所以发展由央行直接主导的CBDC（Central Bank Digital Currencies，法定数字货币）就成为新的政策选项。

如果一国央行能够在这一赛道建立全新的支付基础设施的话，那么这对于该国货币体系的持续、稳健运行会产生重要意义。毕竟抢占技术平台，就相当于获得业务场景的控制权，从而对业务规则的制定也就获得了更大范围的选择权。

此外，2019年，Facebook等互联网公司还计划通过Libra等虚拟加密货币项目在全球范围内推广代币支付，虽然Libra这个项目夭折了，但正在推进的类似项目其实还有很多。从支付的角度来看，这些私人属性的货币和CBDC之间实际上有一种竞争关系，所以各国央行也在

加速推出自己的CBDC方案，以应对这一挑战。

各国央行根据本国情况推出各具特色的CBDC方案，我们通过梳理这些方案可将其主要特点概括如下：

- 由一国央行或央行指定的机构发行。
- 具有法律确认的货币属性，可用于各种支付场景。
- 基于DLT（Distributed Ledger Technology，分布式账本技术）发行。

从以上特点可知，在货币属性和法律地位方面，CBDC和传统纸币或者电子货币基本保持一致，而且可以和传统纸币或者电子货币进行打通。但在底层技术架构方面，它们都强调基于DLT发行。

DLT是一种在网络成员之间共享、复制和同步数据的技术，区块链属于DLT的一个分支，DLT还包括Hashgraph和DAG等其他技术分支。

在整体架构、发行协议、数据格式、签名机制、数字钱包等方面，基于DLT构建的数字货币与传统形式的电子货币有显著差异，主要体现为篡改更难、渠道更多等优点。但它也有缺点，那就是需要构建一套全新的技术系统和生态系统，而这对于技术的要求更高，运行维护的难度也会比较大。

CBDC的推出对于各国金融系统产生了深远影响，特别是在金融系统的功能及金融机构的职能分工方面。例如，零售型CBDC是专门提供支付功能的数字货币，该类产品在降低小额支付成本、扩展支付范围、增强支付的可追溯性方面优势明显，而批发型CBDC专门针对资产交易提供新的解决方案，对股票、外汇等有价证券的流动性有显著影响。

此外，零售类CBDC中还存在"一元模式"和"二元模式"之分。在"二元模式"中，央行将数字货币发行至商业银行业务库，商业银行与央行一起进行CBDC的发行、流通；而在"一元模式"中，央行直接面向全社会提供CBDC的发行、流通、维护服务，此模式下商业银行的功能和定位都需要重新进行设计，CBDC对于各国金融体系、货币体系的影响值得我们持续关注。

案例

1. 零售型CBDC案例——人民币法定数字货币

2022年1月4日，中国人民银行法定数字货币DCEP（Digital Currency Electronic Payment）App正式上线（见图5-2）。DCEP采用与现钞货币类似的间接发行机制，并建立"一币""两库""三中心"的运营架构。其中，"一币"指的是中国人民银行发行的DCEP；"两库"指发行库和机构库，分别负责DCEP的发行和渠道管理，属于DCEP的基础业务部门；"三中心"指认证中心、登记中心与大数据分析中心。认证中心对用户身份信息进行集中管理；登记中心完成权属登记，并记录交易情况；大数据中心发挥监管职能，比如反洗钱、支付行为分析、监管调控指标分析等。根据上述分类，DCEP属于"二元零售型"数字货币。

图5-2 DCEP App（图片来源：DCEP App的界面）

2. 批发型CBDC案例——新加坡Ubin项目

2016年11月16日，新加坡金管局启动Ubin项目，其主要目的是尝试在分类账本上建立使资产和资金方进行相互交收的结算系统，即DvP-on-DLT系统。项目共分为6个阶段，即数字化SGD（新加坡元）、国内银行同业转账、基于DLT的付款交割、跨境支付、效果评估和正式实施。

2021年8月，Ubin发布了第三阶段的进展报告。报告指出，在传统结算系统中，所有参与银行都必须与中央运营商（清算所和中央银行）合作以完成交易结算，一旦中央运营商出现故障，整个系统就无法继续运行。如果利用DLT在不同资产的分类账本之间建立连接，则可有效消除这一系统性风险。此外，DLT支持24/7的连续运行，配合LSM（流动性储备机制）持续进行逐笔结算，还可将结算周期压缩至"T+2"或"T+1"，甚至24小时内。在合规性方面，中央运营商在实践中难以强制履行合同义务，通常需要设计额外的流程以确保项目进行，但DLT可以利用智能合约，通过合同绑定参与者并使其遵守规定，从而解决该问题。

二、供应链金融：数字金融解决方案的典型样板

供应链是指围绕核心企业，以零部件配套和产品销售为目标，将供应商、制造商、分销商以及最终用户绑定在一起的产业集群。基于供应链内部的商品流、信息流、资金流开展的金融业务称为供应链金融。供应链金融是金融服务实体经济的一种重要形式，但在传统业务模式中，由于无法打通碎片化信息、缺乏风控手段等，供应链金融的规模受到限制。

区块链在供应链管理和供应链金融方面的具体作用可概括为打破信息孤岛、传递核心企业信用、丰富可信贸易场景以及防范履约风险（见图5-3）。

在打破信息孤岛方面，作为分布式的账本技术，区块链可以通过多个节点共同维护一个账本且可以进行充分的信息共享，同时可以基于隐私计算技术实现数据的隐私保护，为实现数据的现实价值创造条件。

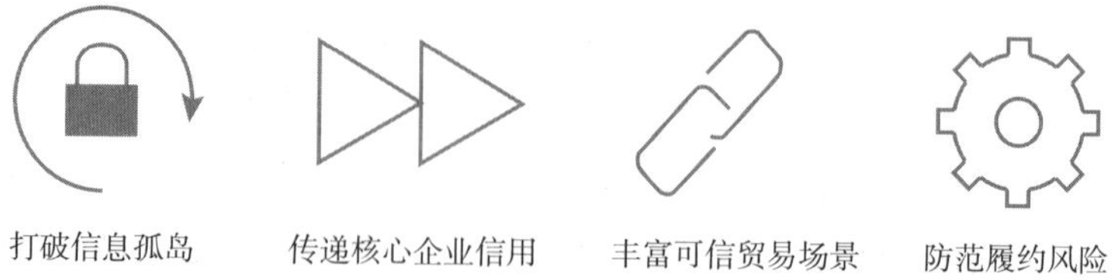

打破信息孤岛　　传递核心企业信用　　丰富可信贸易场景　　防范履约风险

图5-3　区块链在供应链管理和供应链金融方面的具体作用

在传递核心企业信用方面，区块链发挥数据确权的作用，使得核心企业的信用可以通过转让和拆分广泛流通，还使其可以突破直接贸易关系的限制，在整条供应链上传递。

在丰富可信贸易场景方面，区块链技术和物联网技术的结合可将供应链中更多的相关贸易数据上链，并通过链上化的单证、合同、支付凭证等数据证明贸易的真实性。

在防范履约风险方面，智能合约的运用可确保交易双方或者多方按时履行付款义务，以降低信用成本。

基于以上四个作用，区块链可以和供应链金融在多个领域进行结合并创造全新的产品形态。

（一）应收账款质押融资

在应收账款质押融资业务中，由于资产本来就以数字形态存在，所以直接通过资产上链的方式即可对原有业务模式进行创新。采用资产上链的模式可以将核心企业的应付账款转化为数字凭证，而数字凭证可在各级供应商之间流通，既可用于支付，也可用于融资取现。

当核心企业与一级供应商之间有应付账款并将其写入区块链后，一级供应商可以将应收账款任意分成若干个数字凭证，并将数字凭证支付给自己的二级供应商，以此类推至三级供应商、四级供应商等，最终数字凭证成为区块链平台上的"商票银票"。基于区块链生成的数字凭证通过密码学加密具有不可篡改、不可重复支付的特性，这大大降低了票据造假带来的业务风险，使得融资业务的效率大大提升。基于资产上链开展应收账款质押融资的主要模式见图5-4。

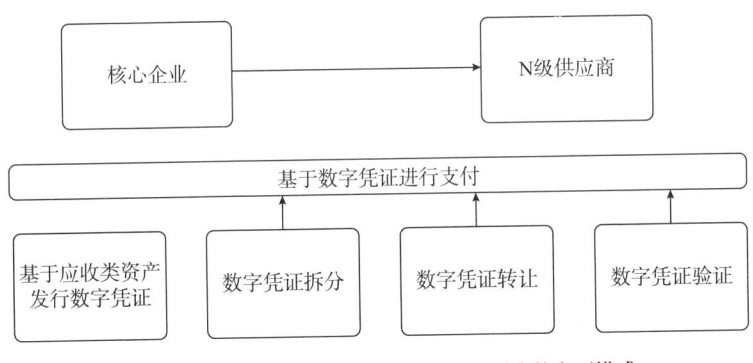

图5-4 基于资产上链开展应收账款质押融资的主要模式

基于区块链开展应收账款质押融资已经有了比较成功的应用案例。中国宝武旗下的欧冶金融推出以应收账款债券为载体的通宝，截至2020年6月，已有近1 000家中小企业基于该通宝开展交易，规模达430亿元。随着通宝这一支付场景的出现，宝武产业链相关企业基于该平台获得的融资规模将进一步扩大。

（二）可信仓库和存货质押融资

存货质押融资是指供应链企业以保存在自己仓库的原材料、半成品或产成品为抵押，从银行获得借款的一种融资方式。但传统仓储管理停留在纸质单据阶段，记账、入库、出库、盘库均依靠人工完成，货物一旦入库，就像进了黑箱。因为关于货物信息的真实情况完全依赖仓储机构的信用，这使得基于抵押物价值开展的抵押借贷业务变成基于仓储机构信用的信用借贷业务。

2013年的上海钢贸案、2014年的青岛钢贸案和2020年的唐山钢贸案均是由于仓库管理不善而造成"一货多抵"，涉案金额高达百亿元。"一货多抵"使得金融机构视存货质押融资为雷场。

存货质押融资模式首先要求"管好货"，通过货物的实时可查、可看、可验证来实现物流、资金流、商流、信息流的"四流合一"。但"管好货"的前提是高效、准确地盘点库存，只有针对库存商品进行实时动态盘点，仓库才能成为可信仓库。相关部门可以利用移动感知视频、电子围栏、卫星定位、无线射频识别等技术对物流及库存商品实施远程监控，从而大大提升盘库的效率。

以大宗商品为例，针对原油等液态物资，平台可以利用容器内液面起伏探测器来追踪液态商品性状；针对铁矿石等难以过磅的干散货，平台通过3D激光扫描堆位体积，实时采集重量信息；针对糖、粮食等易变质商品，平台通过带质检的传感装置，监视仓库的温度、湿度。

可信仓库的建设解决了数据生成这一关键问题，而数据使用价值的挖掘也需要区块链发挥作用。供应链数据具有来源渠道广、涉及维度大、交叉使用频繁等特点，而区块链多方参与、可追溯、不可篡改的特点正好可以发挥重要作用，从而实现从可信仓库到可信数据库的转化。基于可信仓库开展存货质押融资业务的主要流程见图5-5，区块链在其中的具体作用包括：

- 审查交易真实性。基于区块链建立系统可以连续记录存货数据，大大减少人为篡改数据、编造虚假业务量的情况，从而为判断交易真实性提供依据。
- 存货质押登记。存货质押登记是存货质押融资的一个基本业务流程，存货质押登记的作用在于：一是确保资产登记的精准性，即确保登记资产和质押资产严格地一一对应；二是及时公开登记信息，即所有金融机构及金融市场参与方都可以随时查阅登记信息，避免"一物多抵"。商品交易所、担保机构、仓储机构、银行、仓单持有人共建一条联盟链，可基于账本准确获取仓单基本信息，跟踪仓单注册、转让、质押流转，有效规避仓单被多重质押的风险。

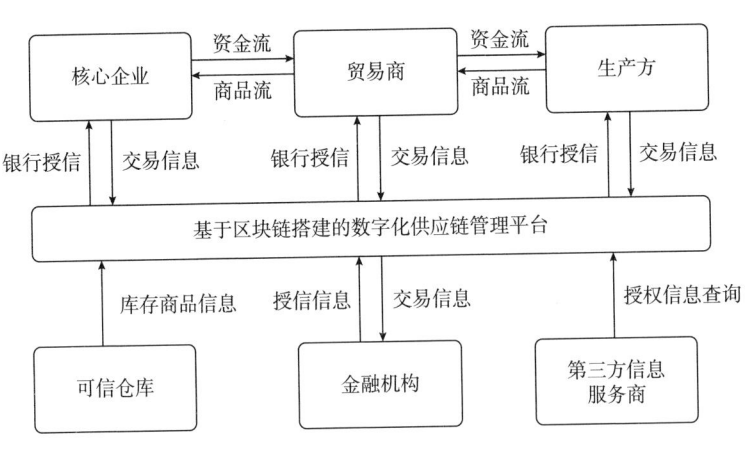

图5-5 基于可信仓库开展存货质押融资业务的流程

综上所述，区块链对金融基础设施的影响主要体现在自主开户、清结算一体化以及交易执行的可编程性方面。对于一般的金融业务，区块链都可通过以上特点发挥作用。当然，区块链不是万能的，区块链的短板尤其表现在数据的记录和获取方面。因为缺乏有效的数据支撑，所以可信账本也会成为无源之水、无根之木。

此外，区块链在金融领域的应用伴随着大量风险，尤其对于普通用户而言，风险大于便捷。其跨国界的特性也不便于各国政府进行金融监管，而这也是目前各国政府对于将区块链应用于金融领域比较慎重的重要原因。

DeFi：
无许可、无门槛和无人驾驶的"三无金融"

一、DeFi的基本特点

从本质上说，DeFi是基于智能合约构建的、为加密资产提供金融服务的一系列协议。所以，DeFi包含两个核心逻辑：一个是金融逻辑，一个是技术逻辑。

我们先说金融逻辑。从功能上看，DeFi属于金融范畴，它几乎可以操作传统金融领域的所有业务，比如交易、借贷、资管等，甚至还可以操作稳定币交易和闪电贷等传统金融领域所没有的新业务。

除此之外，DeFi满足金融的基本规律。比如：基于货币的时间价值规律，DeFi可以对各种资产进行定价；基于流动性溢价规律，DeFi领域内各种权益的代币化，使得这些权益可以通过确权、交易而被定价；套利规律同样适应于DeFi。金融的基本规律是DeFi产品设计需要遵循的基本规则，理解DeFi的金融逻辑对于我们来说非常重要，因为只有了解了DeFi的金融逻辑，我们才能把握其产品收益和相关风险的基本规律。

我们再来看下DeFi的技术逻辑。DeFi是基于去中心化的底层架构开发的，在这个架构下，账户和合约是基本要素。不论是用户操作流程还是服务机制，DeFi都显著区别于传统金融业务，当然二者在风险表现上也非常不一样。

- 用户在使用DeFi产品之前，必须选择正确的主网和账户，还要在账户里预留足够的Gas Fee，理解这种操作模式需要用户有一定的知识储备。
- 由于操作不慎，因转账而导致资金丢失的事情时有发生，因私钥泄露而导致资产被盗的事件也常常出现。

当然，技术创新给我们带来的不全是风险。颠覆性的创新，比如闪电贷，用"神奇"两个字来形容闪电贷毫不为过，因为它可以实现无本套利。这在传统金融领域绝对是无法想象的事情，但是在DeFi世界，它真的实现了。

简单来说，闪电贷就是将借贷行为合并在一个区块中执行的一种智能合约，因为借出资金和归还本金的数量、对象、时间，都通过合约被确定下来，所以一旦合约开始执行，就没有人可以更改资金的去向。当合约执行完后，资金只能被转回原来的借出账户，所以借贷双方都不用考虑信用风险。有了闪电贷，用户甚至可以进行无本套利。

闪电贷也具有两面性。比如，闪电贷加速了各种合约漏洞、业务漏洞的出现，而且每一次风险事件都涉及不小的金额，这对市场造成了较大冲击。

基于DeFi的技术逻辑和金融逻辑，我们可以通过对DeFi和传统金融的比较，更加形象地把DeFi形容为无许可、无门槛和无人驾驶的"三无金融"。

怎么理解"三无金融"呢？我们来逐一体会一下。

第一，DeFi是无许可的金融。

在传统金融世界，你要想体验专业的金融服务，就一定离不开专业金融机构的"帮忙"。比如，你要想赚取利息，就需要先把钱借给银行，虽然这笔钱在本质上是属于你的，但是银行怎么用这笔钱你管不着；你要是想买基金，就需要先把钱交给银行或者基金公司，此时金融机构发挥专业中介的作用。

但在DeFi世界，你无须委托任何机构或个人。你如果想赚取利息，只需要把资产存入不同功能的合约就可以了，而且只有你掌握私钥，你随时可以将资产从合约中撤出，无须任何人的批准或者帮助。你不用担心银行或者其他金融机构倒闭，也不用担心金融机构改变服务条款，因为所有业务只按照事先设定的规则进行，资产永远被掌握在自己手中。当然，你一旦获得了这种自由，就需要承担保管资产的风险。

第二，DeFi是无门槛的金融。

只要你拥有一部智能手机，只要手机安装了Dapp，你就可以自己开户，享受各种金融服务。你不需要考虑金融机构是否还在营业，也不需要考虑自己是否已经和这家金融机构签约，只要这个合约至少能向一位客户提供服务，那么它就可以向你提供服务。

不过从另一个角度来看，低门槛意味着大容量。Facebook之前主导的Libra项目之所以广受关注，主要是因为理论上，这个项目至少可以为全球10亿名用户提供金融服务，这种量级的产品对于传统金融体系的冲击是毋庸置疑的。

目前，各国政府都在加紧研究法定数字货币，一旦法定数字货币推出，虚拟世界和传统金融之间的联系将更加紧密。虽然目前的DeFi和各国的金融监管政策之间存在很多不相容的地方，但是总体而言，法定数字货币的加速推进，一定会进一步打开DeFi的发展空间。

第三，DeFi是无人驾驶的金融。

在DeFi世界，与你交互的都是合约，所有业务规则都体现在合约代码里，你无须了解合约由谁编写，由谁执行。不论在世界的哪个角落，一旦合约开始执行，你就可以按照合约的内容享受服务。

当然，如果有人想反悔，那么这不太可能，因为合约一旦开始执行，就只能按照设定的规则执行。而且，DeFi的业务逻辑完全透明，合约开源之后，代码人人可见。如果想改变原有的代码，那么这需要重新上线合约或者进行分叉，但分叉需要获得全网的支持，不可能仅凭某个人的想法就改变规则。

所以，DeFi是无许可、无门槛和无人驾驶的"三无金融"，但这种三无模式的背后是一个面向全球用户的、全新的、统一的大市场。

在我看来，把这个全新的大市场比喻为"金融新大陆"非常合适，因为这个大市场的容量足够大，机会足够多，而且大家的起点都差不多。对于全球金融机构和创业团队来说，现在不正是一个在"岸上观火"和"下海探险"之间进行选择的时机吗？接下来，为了帮助你进一步了解这个"金融新大陆"，我将继续带你考察这个新大陆上已有的一些新物种！

二、DeFi的典型商业模式

关于DeFi的商业模式，很多人会想，既然都是金融服务，那么是不是可以直接把传统金融模式简单复制到链上呢？在DeFi发展的早期，大多数人都是这么想的，但DeFi的真实发展历程却展现了一个完全不一样的故事。

以去中心化交易所为例，在以太坊主网上线之后，业内出现过EtherDelta（以德）等早期项目。这一时期的项目就是直接在链上复制中心化交易所，直接将报价、订单撮合、资产交割等业务环节全部搬到链上。但是上链之后大家发现，这种模式其实行不通。因为以太坊的Gas Fee太高了，如果是小额交易，那么参与交易的金额甚至都不足以支付交易所需的Gas Fee。

当时有一个笑话是，有人用100枚USDT在EtherDelta上购买ETH，但是在购买成功后却发现账户余额只剩下一半，因为有一半的本金支付了Gas Fee。这名用户发现交易成本如此之高，非常后悔，于是立即决定将ETH卖掉，但是卖掉后却发现账户余额已经变成零，因为剩下的本金都被用来支付第二次交易所需的Gas Fee了。

当然这只是一个故事，但它非常直观地说明，DeFi的业务模式并不能简单照搬传统金融的，而是需要从技术特点、成本机制、使用习惯以及目标市场等角度对它重新设计，并通过多次迭代才能完成。

对于DeFi来说，2020年绝对是一个具有历史意义的年份。因为这一年DeFi领域出现了第一批"明星项目"，而且这些项目还通过相互之间的链接和组合形成了丰富多元的应用生态。因此，DeFi又被人们称为"金融乐高"。可以说，2020年是DeFi的成人礼，2020年之后，加密社区再也不能缺少由DeFi乐高搭建的金融积木了。

MakerDAO开创了DeFi赛道，但在MakerDAO诞生的时候，业内甚至还没有出现DeFi的概念。MakerDAO发明了"抵押借贷"，并通过这一模式创造了完全去中心化的稳定币DAI，因此MakerDAO被称为"DeFi央行"。

UniSwap是一个只有11名成员的团队，在成立两年后，终于凭借AMM以580亿美元的年交易量一举坐上了去中心化交易赛道的头把交椅。而在接下来的2021年，即将上市的Coinbase的当年交易量达到了1 930亿美元。从2020年的UniSwap开始，去中心化交易所再也不用扮演那种只在心理上占据道德高地，而在市场份额上却微不足道的角色了。

Compound开创性地把资金池的模式运用在抵押借贷领域，它虽然放弃了"点对点"的精神诉求，但是以更加务实的方式为加密资产创造了一种无风险收益模式。Compound采用了一种看似倒退的方式，第一次使加密资产具有货币的时间价值，从而可以为其他DeFi产品的定价提供参考。

Yearn（一种基于以太坊的协议）把原本不属于金融业务的"挖、提、卖"变成一类产业，开创了机枪池赛道。回过头来看，这不就是限定资金使用用途的基金吗？

算法型稳定币原本是央行的专利，普通人玩票只能算是"不务正业"，但通过对算法型稳定币各种机制的研究，普通玩家相当于有了类似货币当局的视角。

最有意思的是，DeFi使挖矿成为一门大生意，DeFi矿工一时成为颇具技术范儿和时尚感的职业之一。在接下来的内容里，我们将分别走进每一个DeFi细分领域，深入体会目前占据DeFi主要赛道的核心位置的业务模式和商业思路。

三、去中心化交易所——一次成功的去中心化商业实践

资产交易是区块链应用中非常核心的一个场景。币安、Coinbase等中心化交易所在不同时期都占据了加密行业的主要流量赛道，但长期以来，中心化交易所面临资产不安全和交易规则不透明两大问题，这导致其备受争议。

在资产安全方面，从Mt.Gox交易所（一个比特币交易平台）事件起，每年都有大量的交易所被盗事件发生。来自外部黑客的攻击和来自内部的监守自盗，都对中心化交易所的资产安全造成重大威胁。

在交易规则方面，中心化交易所实际上承担了传统金融系统中证券公司和证券交易所的职能，资产的挂牌和退出都完全由交易所决定，交易所的态度成了巨额利益的风向标。所以，从EtherDelta开始，建立一个不受任何机构控制且规则透明的去中心化交易所，就成为链上应用落地的重要一步。

(一) 业务模式

我们知道，不论是中心化交易所还是去中心化交易所，其核心功能都是定价机制，其核心竞争力都体现在流动性的优劣上。所以，去中心化交易所应用落地的主线是寻找适合链上交易的定价机制，而检验定价机制是否成功的主要标志就是其能否为市场提供足够的流动性。

目前，业内对去中心化交易所的探索主要体现在两个方向上：订单簿式DEX和AMM式DEX。

其中，订单簿式DEX的运作方式与CEX（中心化交易所）非常类似，它可以为用户提供市价和限价交易功能。但订单簿式DEX面临的主要问题是，用户调整报价会带来高昂的Gas Fee。EtherDelta所采用的"链上报价+链上结算"模式已经被证明行不通，于是业内衍生出了0x（链上+链下）的组合模式，即"链下报价和撮合+链上结算"模式。

这种方式可以降低Gas Fee，但是又产生了一个新的问题——如何识别订单的真实性？

如果一个账户挂单出售10枚比特币，那么该账户中是否真实存在10

枚比特币？如果不存在真实、足额的资产，虚假报价就会影响市场价格。于是，0x引入了"中继者"的角色，凡是发起报价的订单，都要通过"中继者"来确保报价的真实性。

但是，即使有了"中继者"，由于链上报价需要支付Gas Fee，同时没有为提供流动性的用户设置奖励机制，项目缺乏做市商的参与，所以其流动性较差。

我们再来看AMM式DEX。

这种模式不再通过订单簿的撮合来进行交易，而是通过流动池进行资产交易。流动池在本质上是存放在智能合约中的交易准备金，根据交易对的不同，每个交易对都对应两个流动池，用户可以随时用流动池中的一种代币交换另一种代币。

在AMM模式下，用户每次交易所获得的目标资产的数量不是由市场价格决定的，而是由算法决定的。比如，在固定乘积AMM模式中，在拥有一定流动性的前提下，两个流动池内资产数量的乘积永远保持恒定（固定乘积AMM模式的价格曲线见图5-6）。由此导致的问题是，每一次交易都对两种代币的价格产生一定影响，这种价格偏移被称为滑点。这时候，我们就需要通过反向套利来使流动池所反映的价格和市场价格逐渐趋同。

这里需要特别说明的一点是，在AMM模式下，用户不仅可以通过DEX进行资产交易，还可以通过添加流动性来赚取手续费，这就是"流动性挖矿"。

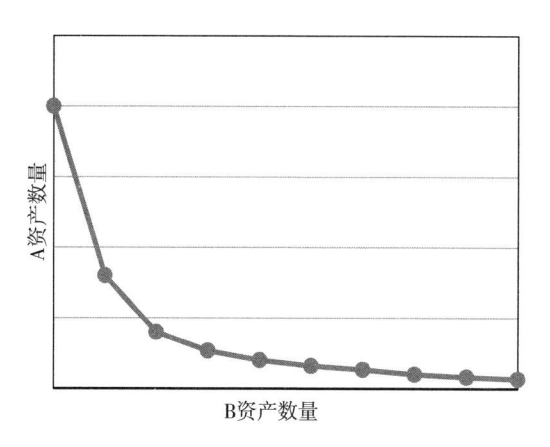

图5-6　固定乘积AMM模式的价格曲线

案例

UniSwap是迄今为止以太坊生态交易量最大的去中心化代币交易协议，在UniSwap上，用户只需要把代币从自己的钱包发送到UniSwap的智能合约地址，然后就会收到自己想要的另一种代币。这里没有订单簿，而且所有代币之间的汇率都是通过流动池和AMM算法确定的（UniSwap Dapp页面见图5-7）。

UniSwap以及大多数AMM式DEX采用的是一种固定乘积的AMM，即流动池中两种资产在数量上的乘积永远保持恒定。以ETH-DAI流动池为例，假设流动池中分别有100枚ETH和20 000枚DAI，为了计算恒定乘积，UniSwap会将两种代币的数量相乘，在任何时候，两种代币的数量乘积始终是2 000 000。如果有人想用DAI购买ETH，那么ETH将会被移除，而DAI将会被添加到流动池中；如果有人想通过这个池子购买ETH，那么他可以向UniSwap智能合约发送202.02枚DAI，用此交换1枚ETH，一旦交换完成，该流动池中就剩下99枚ETH和20 202.02枚DAI。在固定乘积AMM模式下，资产价格的计算结果见表5-1。

图5-7　UniSwap Dapp页面

表5-1　固定乘积AMM模式中资产价格的计算（以ETH和DAI为例）

购买ETH的数量	DAI/ETH的价格	DAI的总成本	溢价	ETH新的流动性	DAI新的流动性	乘积
1	202.02	202.02	1.01%	99	20 202.02	2 000 000
5	210.52	1 052.60	5.26%	95	21 052.60	2 000 000
10	222.22	2 222.20	11.11%	90	22 222.20	2 000 000
50	400	20 000	100%	50	40 000	2 000 000
75	800	60 000	300%	25	80 000	2 000 000

(续表)

购买ETH的数量	DAI/ETH的价格	DAI的总成本	溢价	ETH新的流动性	DAI新的流动性	乘积
99	20 000	1 980 000	9 900%	1	2 000 000	2 000 000

注：最后一栏的乘积结果在四舍五入后取整。

UniSwap作为去中心化交易所，并没有设置团队或审核人来评估或决定上架哪些代币，相反，只要有流动池的支持，交易所可以上架任何ERC-20标准的代币并进行交易（ERC-20是以太坊上通用的代币标准）。所有用户都可以为流动池添加流动性，并获得交易手续费中的相应比例作为激励。所以，对于广大用户来说，UniSwap给每一个流动性提供者提供了一个做股东的机会，这就是去中心化商业模式的魅力。

(二) 市场挑战

订单簿式DEX面临的主要问题是流动性不足，而AMM式DEX面临的主要问题是无常损失（Impermanent Loss，IL）较大和资本效率较低。

无常损失是指在AMM模式下，用户通过自有资产来提供流动性，从而导致资产组合净值减少的现象。产生无常损失的原因在于，用户的资产被添加到流动池，用户会因为自己的资产被交易成另外一种资产而承受价格损失。我们通过建模的方式进一步说明影响无常损失大小的主要因素。

假设用户持有两种资产，一种是ABC，另外一种是XYZ，同时假设此时两种资产的市场价值正好相等，此时用户可能采取两种策略：

- 采取HODL策略（一种加密货币投资策略），即持有1 ABC和等值XYZ，且不做任何交易。
- 通过AMM模式，让1 ABC和等值XYZ参与"流动性挖矿"。

由于AMM模式要求流动池在任意时候都保持ABC和XYZ的数量乘积恒定，假设x为XYZ在t时相对于ABC的价格p和ABC的初始价格p（0）之比，即x=p/p（0），则我们可以发现：

- HODL策略在任意时刻的资产组合价值为：HODL（x）= 1+x。
- AMM策略在任意时刻的资产组合价值为：AMM（x）= $2\sqrt{x}$。

那么，无常损失即为AMM策略相对于HODL策略的资产组合价值之差：

$$IL（x）= HODL（x）– AMM（x）= 1 + x - 2\sqrt{x}$$

由该公式可知，无常损失的大小和价格变动的方向无关，而只受价格变化幅度的影响，且无常损失对于x无界，即无常损失可能是无穷大的（见图5-8）。

Bancor（一种基于以太坊区块链的协议）早在UniSwap上线前两年就推出基于固定乘积的AMM，但由于其只支持BNT（Bancor项目代币的简称）交易，该协议一直没能获得市场的广泛认可。UniSwap简化了AMM模式，用户可以选择自己喜欢的资产来进行交易，这直接满足了稳定币、长尾资产的流动性需求，因此获得了市场的极大认可，但AMM模式固有的无常损失制约了其业务的进一步发展。

资产组合价值
（美元）
HODL策略和AMM策略的资产组合价值及无常损失

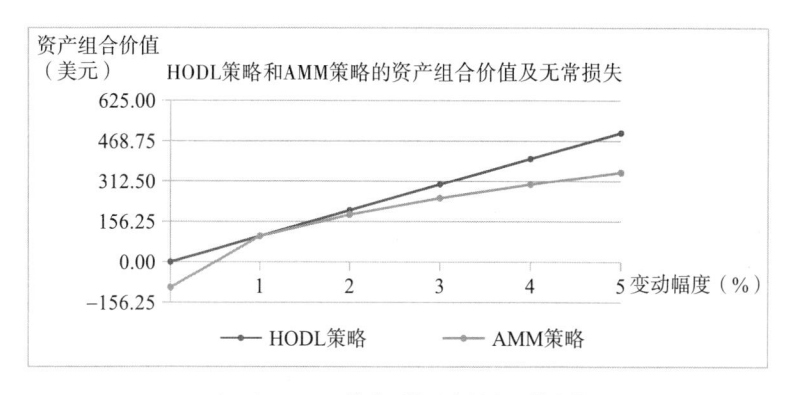

图5-8　AMM模式下的无常损失及其变化

Bancor2.1协议为通过代币来补偿无常损失提供了新的思路：通过增发BNT来补偿流动性提供者所承担的无常损失。但其前提是，增发的BNT首先进入流动池以添加流动性，并获得手续费。直观上看，这一模式通过稀释BNT全体持有者的利益来补偿用户的无常损失，但经过建模分析，在时间足够长的前提下（Bancor2.1协议需要3个月），通过增发BNT而获得的手续费收入足以为用户提供无常损失补偿。

2022年5月，Bancor3.0上线，新版本取消了提供无常损失补偿需要3个月的限制，为所有流动性提供者提供无常损失补偿。虽然这可能会造成BNT市场流通量的增加，但对于流动性提供者来说，这是非常实际的保障功能。

Curve也是基于AMM模式的去中心化交易所，其选择混合型AMM曲线作为定价模型，且只针对相似资产提供交易服务，但它同样解决了部分无常损失问题。关于Curve，我们会在后文做详细介绍。

资产效率指的是参与"流动性挖矿"的资产获得手续费分成及治理

代币奖励的收益率。其中，手续费分成普遍适用于大多数AMM式DEX，而治理代币奖励则往往是阶段性奖励措施，这里我们暂时不考虑治理代币奖励，只关注手续费分成。通常情况下，用户参与"流动性挖矿"，将交易对的两种资产等值存入DEX合约，从而获得LP token（用户在流动池中存入资产的一种凭证），并按照自己所持有的LP token占全部LP token的比重来获得手续费分成。

UniSwap创造性地提出了范围订单功能，加入了允许用户进行颗粒度控制的流动性设置，从而提升资金效率。假设目前ETH的市场价为1 000 USDC（USD Coin，一种稳定币），按照传统模式，所有流动性提供者都可以在ETH价格从0到正无穷大的区间内提供流动性。但事实上，这是不可能的，特定时间范围内某项资产的价格一定只会在一定范围内浮动。所以，UniSwap 3.0允许用户自行设计提供流动性的价格范围，而价格范围一旦设定，用户就只能在该范围内提供流动性，并在目标资产位于所设价格范围之内时获得手续费分成。相对于不设定价格范围来提供流动性，UniSwap 3.0为提升资产效率提供了可行的解决方案。

四、抵押借贷——为加密资产的时间价值定价

资金借贷是金融行业最常见的业务之一，在传统金融领域，支撑资金借贷业务的基础是信用和抵押。而在虚拟世界，因为账户是金融活动的主体，不具备建立信用体系的基础，所以数字资产的借贷都采用抵押借贷的形式。

数字资产的抵押借贷主要发挥类似杠杆交易的作用。对于抵押资产和借出资产来说，用户往往看多抵押资产，同时看空借出资产，所以用

户往往会转让或支付借出资产。一段时间后，如果借出资产的价格下跌，那么用户可以再次买回借出资产，在偿还抵押协议后获得抵押资产。经过这样一系列操作，用户依然持有抵押资产，并始终拥有抵押资产可能升值的机会，还能获得借出资产价格下跌所产生的价差。

MakerDAO开创了链上抵押借贷模式的先河，任何人都有机会利用ETH或者协议支持的其他资产生成DAI。DAI是一种去中心化的、通过智能合约实现的、与1美元锚定的稳定币，它可以像其他数字资产一样被发送给他人，或者作为商品和服务的支付媒介。此外，作为DeFi应用，在任何时间，用于生成DAI的抵押品对外界来说都是可验证的。

（一）业务模式

对于MakerDAO来说，其核心目标是保持DAI与1美元挂钩，所以用户需要抵押一定的资产才能借出DAI。为了实现这一目标，MakerDAO通过抵押债仓（CDP）、自动化反馈机制和适当的外部激励手段来支撑并稳定DAI的价格，同时推出治理代币MKR以发挥价值兜底功能（见图5-9）。

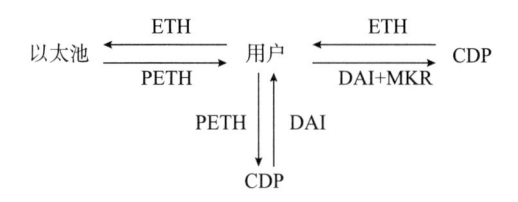

```
以太池  ←—ETH—   用户   ←—ETH—    CDP
        —PETH→        —DAI+MKR→
              ↓↑ PETH  DAI
                 CDP
```

注：PETH是指另一种技术标准的ETH。

图5-9　MakerDAO抵押借贷模式的基本流程

(二）核心机制

1. 抵押债仓

任何人都可以在MakerDAO平台上抵押资产并生成DAI，抵押债仓就是用来保存和管理抵押资产的合约，用户在偿还DAI后才可以拿回抵押资产。对于MakerDAO来说，DAI就是其对外负债，但MakerDAO凭借保存于抵押债仓中的抵押资产，保持了对外偿还债务的能力。所以抵押债仓是超额抵押，这意味着在正常情况下，抵押资产的价值总是高于债务价值的。当抵押资产的市场价格出现剧烈波动，并导致抵押资产的价值逐渐接近债务价值时，MakerDAO需要主动采取措施来减少债务规模，以确保在债务价值高于抵押资产价值之前回收所有债务，从而避免对外形成净负债。这一标准也是决定MakerDAO生存的基准线，因为一旦出现价值倒挂，MakerDAO就会进行整体性清盘。

抵押债仓的工作原理和传统商业银行房产抵押贷款的原理非常相似，只不过前者的抵押物变成了特定的数字资产（比如ETH），对外发放的贷款变成了链上稳定币。由于抵押物和稳定币都是链上资产，整个抵押和清算流程都可以在链上通过智能合约自动执行。

抵押债仓的风险状况由其风险参数决定，这些参数都是由MKR的持有者投票决定的，主要风险参数包括：

- 债务上限：单一类型的抵押债仓能够创造债务的最大值。一旦债务达到上限，抵押债仓将无法创造出新的DAI，除非现有的抵押债仓被赎回。债务上限用于确保抵押资产组合的多样性。

- 清算比率：当抵押债仓遭到清算时，抵押资产与债务的比例。较低的清算比率适用于价格波动较小的抵押资产，而较高的清算比率则适用于价格波动较大的抵押资产。
- 稳定费用：持有抵押债仓所需要支付的费用。以DAI标价，但是只能用MKR偿付。
- 罚金比例：用来决定清算拍卖中用于购买和销毁MKR的DAI的最大数量，抵押债仓中剩余的抵押资产会还给清算前的抵押债仓持有者。

2. 超额抵押机制

用户抵押价值100美元的ETH，却只能拿到价值60美元的DAI，这相当于为清算形成一个缓冲带。

- 系统规定当ETH的价值跌到80美元时，用户需要抵押更多的ETH或者进行清算。
- 用户如果没有及时补充仓位，就需要交一笔罚款。从用户的角度来看，罚款金额比清算成本低。
- ETH的价值跌破60美元会引发全局清算，抵押债仓的操作和创建将被禁止，DAI持有者将得到清算后的资产净值。

3. 价格调节机制

MakerDAO的价格调节机制包括目标价格变化率和目标价格变化敏感参数两项机制，二者同时运行，以实现DAI价格锚定目标价格的总体目标。

目标价格变化率代表一个反向反馈循环，若DAI的市场价格朝目标价格的某个方向偏离，市场就会产生相反方向的力量，使DAI的市场价格趋于目标价格，从而减轻DAI的价格波动并在受到需求冲击的时候提供流动性。

目标价格变化率的运行机制是，当DAI的市场价格低于目标价格时，目标价格变化率会提高，以致目标价格升高，从而使得利用抵押债仓来生成DAI的成本变得更高。同时，升高的目标价格变化率会使持有DAI的资本回报增加，从而导致购买DAI的需求增加。减少的供给和增加的需求会使DAI的市场价格升高并趋近目标价格。当DAI的市场价格高于目标价格时，目标价格变化率降低，从而导致生成DAI的需求增加以及持有DAI的需求减少，此时DAI的市场价格降低并趋近目标价格。

目标价格变化敏感参数决定了目标价格变化率相对于DAI的市场价格和目标价格偏离程度的变动幅度，即反映调节系统反馈规模的大小。目标价格变化敏感参数由MKR持有者设置，但是他们不对目标价格和目标价格变化率进行直接调整，它们是由市场决定的。

4. MKR兜底

如果抵押资产的价格在短时间内暴跌并下跌至清算比例之下，从而导致抵押资产无法支撑DAI的流通价值，系统就会没收抵押资产并对其进行拍卖，以偿还之前借出的DAI。在这种情况下，抵押资产清算往往不足以偿还市场中流通的DAI，即市场中DAI的价格显著低于1美元。这时系统会增发MKR，同时售卖MKR以回购DAI。在这种情况下，MKR持有者就成了系统负债的兜底者。

同时，MKR是参与MakerDAO社区治理的凭证，MKR持有者可以投票参与下列事项的决策：

- 增加新的抵押债仓：新增加的抵押债仓可以是新的抵押资产，也可以是已有抵押资产的新组合。
- 修改已有的抵押债仓的风险参数：修改一个或多个已有的抵押债仓的风险参数。
- 修改目标价格变化敏感参数：改变目标价格变化率机制的敏感度。
- 修改目标价格变化率：MKR持有者只能通过把目标价格变化敏感参数和目标价格变化率设为零，使目标价格变动反馈机制失效，这样DAI的目标价格将锚定其当前价值。
- 选择可信任的预言机。
- 调整喂价敏感度：决定喂价对目标价格的最大影响程度。
- 选择全局清算者：全局清算者是MakerDAO能够抵御预言机攻击的关键角色，MKR持有者选择全局清算者并决定需要多少清算者投票以启动全局清算。

5. 全局清算

全局清算是保证DAI持有者按照目标价格兑付的最后手段，即通过全局清算来使DAI和抵押债仓持有者都收到应得的、可兑换的资产净值。

MKR持有者管理这一系统并确保全局清算只有在紧急状况下才会被启动，比如长时间的市场非理性、系统受到攻击和系统升级等。全局清算的主要步骤包括：

- 全局清算启动，中止抵押债仓的创建和操作，并以固定的价格冻结喂价。
- 看护者基于固定喂价来处理DAI和抵押债仓持有者的对应索赔。
- DAI和抵押债仓持有者可以在MakerDAO发出兑换请求时,将DAI和抵押债仓直接兑换为固定数量的ETH。

6. 生态参与者

看护者。看护者在抵押债仓清算时参与债务拍卖和抵押资产拍卖,也会围绕目标价格交易DAI,即当市场价格高于目标价格时,看护者会出售DAI。同理,当市场价格低于目标价格时,看护者会买入DAI,从而实现市场价格趋近目标价格和获利的双重目标。

预言机。MakerDAO需要根据抵押资产的实时价格信息来决定何时启动清算,也需要参考DAI的市场价格,以在其偏离目标价格时触发目标价格变动反馈机制。MKR持有者选择自己信任的预言机,并基于抵押资产交易对MakerDAO进行喂价。为了保护系统中的预言机不被攻击者控制,喂价敏感指数作为全局变量,将控制系统所接收的最大喂价变化幅度。假设喂价敏感指数是"15分钟5%",那么喂价在15分钟内的变化幅度就不能超过5%,并且发生15%的变化需要45分钟。

全局清算者。全局清算者是DAI稳定货币系统在遭遇攻击时的最后一道防线,MKR持有者选择并授权全局清算者以触发全局清算,除了这一授权,全局清算者对系统没有任何影响。

(三) 市场挑战

MakerDAO自成立以来,经历了几次影响较大的价格波动考验,事实证明，MakerDAO的整体机制经受住了市场的考验。2020年3月12日，ETH的单日价格暴跌50%以上，导致MakerDAO在24小时内所清算的债务是它诞生以来所产生过的债务总和的10倍。许多幸运的清算参与者以低于当时抵押品现货市场的价格向借款人偿还了借款，甚至还有人以0元的价格竞拍到了免费的ETH。同时，网络拥堵使Gas Fee大涨，市场中的DAI资产荒最终给MakerDAO的资产负债表上留下了530万美元的窟窿，抵押债仓中的抵押品总价值低于在市场流通的DAI的总市值。最后，MakerDAO通过MKR拍卖补上了这一窟窿，并进行了相应的系统优化。

(四) 赛道延伸

MakerDAO开创了抵押借贷模式，通过对抵押资产和借出资产种类的丰富，直接衍生出诸如Aave和Compound等借贷类项目，同时进一步衍生出以Synthetix为代表的合成资产类项目。

合成资产类项目通常采用和MakerDAO类似的方法来借出自己的稳定币（比如sUSD），而Synthetix只接受由自己发行的治理代币SNX作为抵押资产，且抵押率为750%。此外，此类项目还提供了一种基于sUSD来买进其他多种资产的功能，但用户并不实际持有资产，只是在Synthetix合约中以某项资产的市场价格存入一笔sUSD。不论该项资产的市场价格如何向上或向下波动，存入sUSD的用户都有权按照实时市场价格取回sUSD（见图5-10）。从金融角度来看，Synthetix实际上为用户提供了一个以Synthetix合约（或称为资金池）为交易对手方，以交易发生时该项资产的实际价格为成本价格的永续期货合约。

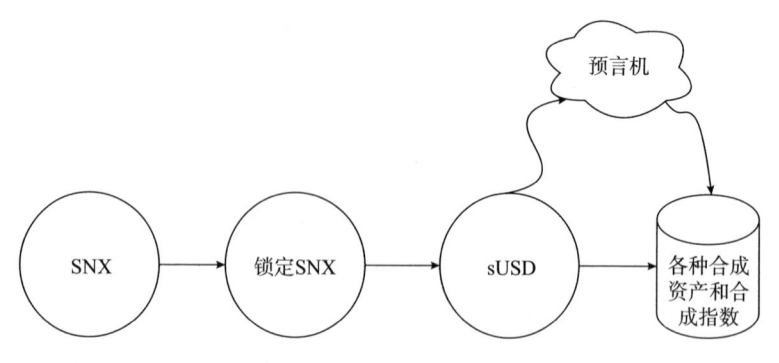

图 5-10　Synthetix 合成资产的基本流程

由于 Synthetix 只需要价格信号就可以合成资产，所以它可以针对多种资产构建产品，比如：

- 数字货币：ETH 和比特币等。
- 商品：黄金和白银。
- 法定货币：美元、澳元、瑞士法郎、日元、欧元和英镑。
- 指数：CEX 指数和 DeFi 指数。

Synthetix 可以通过构建指数来合成资产，并跟踪一组资产的整体价格。例如，通过购买 sCEX（本质上是一个指数），交易者可以持有一篮子中心化交易所通证（比如 BNB 和 OKB），且持币份额大致与 sCEX 的加权市值接近。Synthetix 还可以构造出不同结构的合成资产（比如反向合成资产）。例如，反向比特币（iBTC）通过三个指标（入场价、下限价和上限价）来跟踪比特币的反向价格表现，假设在创建时，比特币的价格为 10 600 美元（入场价），如果比特币下跌至 10 200 美元，那么反向比特币的价格将增加 400 美元，变成 11 000 美元，反之亦然。反向合成资产的交易范围是入场价上下限的 50%，一旦达到这一界线，通证的汇率将被冻结，系统会清算头寸。

五、金融衍生品和保险：聚焦特定风险管理的尝试

金融衍生品是基于基础金融资产（比如货币、汇率、利率、股票指数等）所构建的金融工具，其价值是从基础金融资产的价值中衍生出来的，常见的金融衍生品有期货、期权和互换等。投资者交易金融衍生品的原因包括投机和套期保值。由于金融衍生品具有高频、高风险、高复杂度等特点，金融衍生品和去中心化网络的结合一方面需要基于相对成熟的基础金融市场，另一方面还要依赖底层技术体系，后者在交易速度和交易成本方面需要达到一定要求。

此外，由于缺乏足够的数字化场景支持，保险和去中心化网络的结合主要局限于数字资产价格风险和智能合约安全风险等有限领域，针对数字资产价格风险而提供风险管理的保险产品在功能上类似于金融衍生品。

案例

dYdX是一个支持借贷、杠杆交易和永续合约的去中心化交易协议，通过链下订单簿和链上结算来创建不受任何中心化机构控制的、充满高效、公平与信任的金融市场。其中，借贷为保证金交易提供资金来源，用户可以通过存款赚取利息。杠杆交易可以使用户以较小金额的资金获得成倍规模的风险资产敞口，同时使用户的资产面临更大的价格风险以及清算风险。在dYdX上，每当

头寸低于115%的保证金阈值，有风险的头寸就会被清算，用户账户中的抵押品会被变卖，直到负差额为零，并且系统会向用户收取5%的清算费。

Opyn是一个基于乘方永续合约，针对代币价格风险提供保护的平台。乘方永续合约意味着如果基础资产的价格翻一倍，合约规定的价格就翻四倍，如果基础资产的价格翻两倍，合约规定的价格就翻八倍。Opyn将产品多头的杠杆倍数锁定到一倍，既免除了清算风险，也可以直接将多头头寸通证化，用户可以脱离Opyn平台进行自由交易。因为空头头寸持有者的亏损幅度无下限，所以空头不能像多头那样免除保证金和通证化。在铸造代币oSQTH之前，空头需要先向平台质押一定数量的ETH，以保证平台在极端情况下可以进行清算。

利率协议类产品BarnBridge将用户资产存入各种DeFi协议，再通过资产分级来构建两种收益类型的产品，并允许用户根据自己的风险偏好进行选择。其中，智能收益债券通过债务衍生品来降低利率波动风险，智能Alpha债券用分段波动率衍生品来降低市场价格波动风险。

Perpetual Protocol是一个提供永续合约交易的DeFi项目，首次把AMM引入衍生品交易，并采用了vAMM（虚拟自动化做市商）的新型解决方案，因此交易者彼此之间不需要提供流动性。

Nexus Mutual是基于以太坊的去中心化保险协议，可以为以太坊区块链上因智能合约代码漏洞而导致的财务损失（比如被黑客攻击）提供风险保障，但这仅针对智能合约被"意外使用"而造成的损失提供保障，不包括诸如私钥丢失等风险事件。Nexus Mutual 根据以下因素为保险定价：

- 智能合约的特性，比如智能合约中存储的资金量、已处理的交易等。
- 承保金额。
- 承保期限。

Nexus Mutual 的保险定价主要由风险评估师（比如代码审计师）确定。风险评估师往往具有一定的技术背景，比较了解智能合约的相关风险，或者具备自行评估 Dapp 安全程度的能力。风险评估师可以在智能合约上发起抵押操作（本质上用于证明该智能合约是安全的）以获得代币奖励，同时用户可以通过抵押资产来获得分享保费的机会。如果经过风险评估师评估的智能合约在承保范围之内发生安全事件，那么风险评估师和用户所抵押的资产将变为保险赔偿金。

六、稳定币：传统金融和加密金融之间的桥梁

稳定币是指将资产价格锚定某一法定货币的数字资产。由于比特币等数字资产的价格波动较大，稳定币可以发挥对冲市场价格波动风险的作用，同时可以用于资产标价。稳定币的主要特点是价格相对稳定，所以如何在自由交易的市场中实现资产价格和目标价格的锚定是其面临的核心命题。

稳定币的价格机制包括发行机制和稳定机制两部分。按照发行机制的不同，稳定币可以分为抵押型、算法型和混合型。其中，抵押型稳定

币是指所有进入市场流通的稳定币都要抵押一定金额的其他资产。站在稳定币发行方的角度来看，在市场流通的稳定币相当于发行方对市场的负债，发行方应严格控制负债规模，使其不超过抵押资产的规模。抵押型稳定币又可以根据抵押物的种类分为法币抵押稳定币和数字资产抵押稳定币。在法币抵押稳定币中，每发行1元稳定币，一般需要抵押等值的法币。而在数字资产抵押稳定币中，由于作为抵押物的数字资产的价格波动较大，平台往往要求发行方进行超额抵押，即每发行1元稳定币，需要抵押价值超过1元稳定币的数字资产，其主要机制和抵押借贷类项目基本一致。

算法型稳定币没有抵押机制，主要通过市场供需调节来实现价格锚定。而混合型稳定币则指既需要抵押一定的资产，又需要通过供需机制来进行价格调节的稳定币。

从市场实践上看，法币抵押稳定币由于涉及法币业务，其核心业务环节在于获得传统银行体系的支持以证明抵押资产的透明和足值，而要想获得传统银行的背书，发行方需要按照传统银行体系的监管要求获得合规准入。所以，法币抵押稳定币又可以分为合规的法币抵押稳定币（比如USDC、PAX）和一般的法币抵押稳定币（这类稳定币往往无法通过传统银行体系来证明抵押资产的透明和足值，比如USDT）。对于法币抵押稳定币来说，不论是否获得合规认证，它都按照中心化的业务模式运营，所以项目方的个人信用和运营方式对项目的持续运营有着较大的影响。

对于数字资产抵押稳定币来说，其核心问题在于清算机制能否及时响应抵押资产市场的价格波动，项目能否为超额抵押的资产创造流动性和收益。

对于算法型稳定币来说，虽然都是依靠市场供需来调节资产价格，但事实上，同一套调节机制对市值规模不同的稳定币的调节效果不一样。绝大部分算法型稳定币只针对静态的价格调节提供方案，并没有为如何扩大稳定币的资产规模提供方案。这样来看，如果稳定币的资产规模无法得到持续提升，稳定币的价格就会承受较大压力。所以迄今为止，市场上还没有一个关于算法型稳定币的成功项目。

有人说，所有金融创新都以"放大杠杆"为核心目标，在DeFi以及稳定币领域，这条规律也同样适用。从"放大杠杆"的角度来看，法币抵押稳定币实际上没有"放大效应"，只是对资产的流动性具有提升作用。因为存在超额抵押，所以数字资产抵押稳定币不仅没有"放大效应"，甚至还有"收缩效应"。而算法型稳定币的"放大效应"是显而易见的。所以，尽管在这个赛道获得成功的概率非常低，但市场上仍然会有新的项目出现。混合型稳定币主要是在"抵押"和"算法"之间寻找一种平衡，所以其"放大效应"介于抵押型稳定币和算法型稳定币之间。

(一) 最早的法币抵押稳定币——USDT

USDT是一种基于法币抵押而生成的稳定币。最初，所有USDT都通过底层协议Omni Layer在比特币区块链上发行，每一个USDT都与美元一比一挂钩，作为抵押物的美元被存储在香港Tether公司的账户里。2018年之后，USDT扩展到以太坊生态，目前USDT已支持以太坊、Tron（波场）、BSC（币安智能链）等多链生态。

USDT出现得较早，主要被各中心化交易所用于配置交易对，在相当长的一段时间内，USDT几乎就是稳定币的代名词。2020年之前，USDT的市场流通规模保持在百亿美元以下，但在2020年之后，USDT的市场流通规模快速增长，最高值达832亿美元（截至2022年5月9日）[①]。

USDT面临的最大问题是抵押资产的透明性。虽然Tether公司宣称自己严格遵守1∶1的准备金保证，但由于用户只能在Tether平台进行资金查询，无法通过银行等更具说服力的机构了解其抵押资产的真实规模，因此USDT的透明度一直受到外界的严重质疑。2019年2月26日，Tether公司首次承认，USDT仅部分地使用美元储备，其他储备资金是与美元挂钩的资产（比如现金等价物、Tether公司借给第三方的应收款）。

2019年4月，加拿大数字资产交易平台QuadrigaCX的创始人突然离世，因为只有该创始人拥有交易所资产托管账户的私钥，所以本质上属于用户的、价值1.9亿美元的资产无法提现。当地法院为了保护用户资产，迅速将为QuadrigaCX提供支付服务的Crypto Capital公司的账户冻结。不幸的是，Crypto Capital公司也是交易平台Bitfinex的主要支付服务商，Crypto Capital公司的账户被冻结直接影响到Bitfinex用户资产的提现。于是，和Bitfinex归属同一母公司的Tether公司向Bitfinex转账价值8.5亿美元的USDT，以支持后者的正常运营，而市场对于Tether公司所提供的USDT是否具有足额抵押资产一直持有怀疑态度。

2019年4月25日，纽约州总检察长办公室将USDT的发行方Tether公司及其母公司告上法庭，控告二者涉嫌多项重大违规，并进一步推测

---

① 数据来源：https://coinmarketcap.com/currencies/tether/。

Tether公司涉嫌挪用8.5亿美元的USDT准备金以帮助Bitfinex补足亏空。2021年2月23日，Tether公司最终以缴纳1 850万美元的罚款与纽约州总检察长办公室达成和解。但根据纽约州检察院的和解协议，Bitfinex和Tether公司在随后的两年内必须每个季度都向纽约州检察院和公众发布关于USDT准备金的报告，公布USDT资产的详细构成，同时协议禁止Bitfinex和Tether公司继续向纽约州的居民提供任何服务。

尽管USDT的透明度遭到市场质疑，但由于占据先发优势，截至2022年上半年，USDT仍然是加密市场资产规模最大的稳定币。随着DeFi以及合规稳定币的出现，USDT在中心化和透明度方面的天然缺陷正使其市场地位逐渐走弱。

（二）合规的法币抵押稳定币——USDC

USDC是基于Centre架构发行的美元抵押稳定币，具有合规性和透明性。Centre由Coinbase和Circle合并而成，是一个关于合规稳定币的、受到独立监管且源代码开源的发行架构，加入Centre架构的发行方必须获得当地加密资产行业的牌照。在Centre的两个创始成员中，Circle已经拥有美国、英国和欧盟的支付牌照以及纽约州的BitLicense（数字货币交易业务许可证），同时拥有用美元、英镑、欧元买卖加密资产的合规通路，是加密行业持有全球牌照数量最多的公司。

除了基于Centre架构进行发行，USDC还制定了非常清晰的管理流程，以保证其抵押资产的透明性。比如，所有抵押金都不存储在Circle公司的账户中，而是存储于受美联储监管的托管银行——纽约梅隆银行。尽管Circle是一家以中心化方式运营的公司，但这种第三方托管框架可以确保Circle无法随意挪用抵押资产，并且即使Circle破产，这也不会对用户资金产生任何影响。此外，USDC还聘请了全球六大跨国会计师事务所之一的致同会计师事务所来对Circle的财务报表进行定期审计，并按月披露审计结果。基于以上架构，USDC抵押资产的透明度不仅高于USDT，还高于GUSD和PAX等基于信托框架发行的稳定币。

USDC是数字资产不断扩圈并逐渐被欧美金融机构接纳的最大受益者，虽然USDC的上线时间远远晚于USDT，但其凭借合规框架以及透明性，使得市场流通规模较快增长。2021年1月1日，USDC的市场流通规模仅为39亿美元，而到2022年6月30日，其市场流通规模已达558亿美元，增幅高达1 331%。而在此期间，USDT的市场流通规模仅从209亿美元增加到661亿美元，增幅仅为216%。

（三）算法型稳定币——从AMPL到ESD，再到FEI和OHM

1. Rebase类

AMPL是Rebase类（指对代币供应量进行调整）算法型稳定币的代表，这类稳定币调节价格的方法比较直接、简单——通过协议直接增发或销毁稳定币。具体调节方法是：当稳定币AMPL的价格高于1.05美元时，所有账户中的AMPL余额同比例增加；当AMPL的价格低于0.95美元时，所有账户中的AMPL余额同比例减少。但在以上调节过程中，用户持有的AMPL数量在总供应量中的占比保持不变。

虽然这种调节方式直观明了，也可以在市场上起到"立竿见影"的效果，但是用户持有AMPL的兴趣却无法被刺激起来，因为任何账户上的AMPL余额都会被自动调整。用户不能将持有的AMPL同其他

DeFi协议进行集成，从而获得更多的金融功能，这对用户的持币积极性造成较大影响。

2. 质押增发类

ESD是质押增发类算法型稳定币的代表，质押增发类稳定币的核心思路是通过调节稳定币的市场流通量来调节资产价格，从而实现资产价格自动追踪锚定价格的目标。ESD的主要贡献是，在调节稳定币的市场流通量时不对所有用户的账户余额进行"骚扰"，但仍然可以实现改变稳定币市场流通量的目标。

如何实现这个目标呢？ESD的方法是：基于期权进行销毁，基于质押获得增发。ESD的具体机制是：当ESD的TWAP（Time Weighted Average Price，时间加权平均价格）高于1美元时，基于协议进行增发，但增发并不是针对所有账户进行平均分配，而是只针对将ESD存入抵押协议的账户。这一机制类似Staking机制，但是结合了稳定币的场景特点，这种增发方式相当于是对长期持有ESD账户的正向激励。

当ESD的TWAP低于1美元时，系统是不是也只针对质押账户进行销毁呢？ESD项目团队的成员大多来自国际知名高校麻省理工学院，他们显然没有采用这种笨拙的方式。因为他们知道，对于用户来说，余额增加可以接受，余额减少是万万不行的。于是，他们采用了一种对于金融行业人士来说既熟悉又优雅的方式——发行看涨期权以奖励代币销毁，即当ESD的TWAP低于1美元时，用户可以获得用折扣价格买入ESD的机会。用折扣价格买入的ESD会以Coupon（折扣券）的形式存在，但协议对于卖出Coupon设定了明确的条件，即只有当ESD的TWAP高于1美元时，用户持有的Coupon才可以被卖出，而且用户卖出Coupon的时间必须是买入Coupon后的三个月内。这样Coupon就具备了看涨期权的全部属性，相当于一份以买入价格为成本，以1美元为行权价格，有效行权期为3个月的看涨期权。

ESD开创了一种非常优雅且实用的经济模式，通过激励用户来实现调节稳定币流通量的目标，它也让算法型稳定币的账户余额变得稳定，从而解决了算法型稳定币的"DeFi不兼容"问题。

3. 多代币类

Basis Cash是多代币类算法型稳定币的代表。多代币类算法型稳定币沿着Rebase类算法型稳定币的思路继续前行，而且它的解决方案和ESD非常类似——为增发和销毁代币单独安排一个通道以避免系统对一般账户进行"骚扰"，同时结合代币的奖励机制，鼓励用户长期持有这类稳定币。

Basis Cash中共有三种代币：BAC是其中的稳定币，锚定1美元；BAB类似ESD中的债券，主要用于实现通缩；BAS是治理代币，用户抵押BAS可以在通胀时获得增发，同时BAS可以发挥类似抵押资产的作用，只不过这个抵押资产的价值和稳定币的价值的相关性很强。

4. PCV类

PCV（Protocol Control Value，协议控制价值）类算法型稳定币采用和Rebase类算法型稳定币完全不同的思路来推动稳定币的市场价格向锚定价格趋近。在PCV项目中，协议不再针对稳定币的市场流通规模进行调节，而是基于AMM流动池的定价原理，通过流动性的增减来调节稳定币的市场价格，FEI Protocol是此类项目的代表。

在代币FEI公开发售之后，系统将利用发售所得的ETH来直接增加流动性。当FEI的价格低于1美元时，合约自动撤回部分流动性，并用取回的ETH买入FEI，从而推动FEI的市场价格升至1美元。剩余的ETH和FEI重新组合以增加流动性，最终剩余的FEI将被销毁。当FEI的价格高于1美元时，合约自动进行相反操作。

此外，FEI Protocol还设计了具有明显导向属性的"不对称费率"政策，即当FEI的市场价格低于锚定价格时，系统将对卖出账户收取4%的手续费，同时奖励买方账户2%的手续费。这种设计相当于在入口进行补贴，而在出口进行收费，这应该是很多项目想干而没有干成的事吧。

5. POL类

POL（Protocol Owned Liquidity，协议拥有流动性）类算法型稳定币继续在AMM流动池上做文章，相对于PCV项目只是通过增减协议所控制的部分流动性来进行价格调节，POL项目则采取了"收买"流动性的方式，将所有流动性都控制在自己手里。在PCV项目中，用户和协议分别控制自己所添加的流动性，协议只针对卖出账户通过高额征税来维持流动性。但在POL项目中，所有流动性都被协议买断，用户在流动性方面没有任何发言权，那么协议用什么条件来"收买"用户的流动性呢？

Olympus协议开创了POL类算法型稳定币的先河。用户可以通过代币

OHM–DAI LP来参与平台资产OHM的竞拍和发行，且OHM的发行价格由流动性代币和已发行债券的数量决定。溢价越低，折扣越高，激励人们购买债券的刺激效应就越大；溢价越高，折扣越低，激励人们购买债券的刺激效应就越小。

Olympus不仅激励用户为OHM提供流动性（组成OHM–DAI LP需要用户提供DAI），还为OHM提供了新的需求。此外，在POL项目中，所有交易手续费都归于协议，这实际上为协议创造了通过发行代币来换取价值币的新渠道。不论稳定币的后期价格走势如何，协议都可以收取手续费，并使手续费成为OHM的价值支撑。

Olympus是算法型稳定币中的另类，它虽然声称自己是一种算法型稳定币，但是同时声明"不以追求币值稳定为首要目标"。Olympus不仅不以追求币值稳定为首要目标，反而以追求市值提升为短期目标，但追求市值提升必然会使代币价格出现暴涨和暴跌。从OHM的代币机制上看，它具有典型的"顺周期"特点，即OHM的价格上涨得越快，对各个环节的激励作用就越大，但是价格下跌对于OHM的破坏性也是巨大的。经历了几次价格"过山车"之后，OHM已经无法实现对资产规模的追求了，而是演变成LaaS（Liquidity as a Service，流动性即服务）。

（四）混合型稳定币——FRAX

尽管算法型稳定币在发行机制和价格稳定机制方面做了大量的尝试，但迄今为止，这些"激进"的方案仍然没有得到市场的认可。所以，一种介于算法型稳定币和抵押型稳定币之间的形态——混合型稳定币出现了。FRAX就是混合型稳定币的代表。

FRAX在初始阶段会设置100%的抵押率，也就是生成1枚FRAX必须抵押1枚USDC。但抵押率并不是固定不变的，而是可以根据FRAX的价格来调整，具体调整规则包括：当FRAX的价格高于1美元时，市场需求大于供给，FRAX的抵押率开始下降，生成1枚FRAX所需要抵押的USDC数量减少；反之，当FRAX的价格低于1美元时，市场供给大于需求，FRAX的抵押率逐步上升，生成1枚FRAX所需要抵押的USDC数量增加。这一方案巧妙地将市场对FRAX的溢价转化为抵押资产，并具有充分的灵活性。

除了动态调整抵押率，FRAX还通过套利机制实现了价格锚定。假设当前1FRAX=1.1USDC，那么套利者可以用8 000枚USDC和2 000美元的FXS（一种治理代币）来铸造10 000枚FRAX，然后将10 000枚FRAX在市场上以1.1美元的价格卖出，最后套利者获得了1 000枚USDC。国库在收到USDC后会将它作为抵押物储存起来或再投资，而FXS会被直接销毁。

FRAX的另外一个特点是专有的AMO（自动化市场运营）算法机制。简单来说，就是将FRAX抵押池里的抵押物再投资，以创造收益，然后将其分配给FXS（FRAX的平台治理代币）的质押者。因为FRAX的抵押率是会动态调整的，所以协议可以将闲置的USDC投入市场，以赚取收益。FRAX协议还可以持有CVX（Curve的治理代币），在Curve上通过为与FRAX相关的流动池提供流动性来获得奖励。

（五）风险案例——LUNA和UST

尽管稳定币的核心命题是锚定目标价格以及对冲价格波动，但一旦调节机制失灵，稳定币就会迅速崩盘。2022年5月，LUNA（Terra协议中的治理代币）就给市场上演了一场生动的"演示课"。

Terra是一条兼容EVM且基于Pos共识机制的公链，所以LUNA的主要功能是进行社区治理和支付Gas Fee。Terra团队同时推出了一个锚定美元的稳定币项目UST，并明确规定，用户只有抵押LUNA才可以生成（或借出）UST。这种设计是抵押借贷类业务的典型模式，例如，抵押ETH生成DAI的MakerDAO以及合成资产类项目Synthetix。但不同的是，Synthetix将抵押率设置为750%。这是因为抵押资产的价格波动较大，通过这样的设计，抵押资产的价格风险传递给稳定币的可能性就大大降低了。也可以说，超额抵押借贷是抵押借贷项目安全运营的基本前提，如果没有实行超额抵押借贷，抵押借贷项目就会面临频繁的清算风险，这非常不利于借出资产的足值偿还。

但是LUNA并没有进行这样的设计，而是将抵押率直接设定为100%，这使得抵押资产的价格风险将不打折扣地全部传递给稳定币。不仅如此，LUNA还将UST的存款利率和LUNA的Staking收益进行组合，通过Anchor（Terra创建的一种新型储蓄协议）向UST用户提供固定年化收益率高达20%的存款产品。这造成的结果是，很多用户对于LUNA和UST的实际运行机制其实并不是非常了解，但是对于20%的固定年化收益率却非常上头，并因此承担巨大风险。

此外，Terra设计了套利机制，希望通过市场激励来驱动1枚UST锚定1美元。该套利机制的设定是：1枚UST始终能够兑换价值1美元的LUNA，同时价值1美元的LUNA也能够兑换回1枚UST。当LUNA的价格相对稳定或者持续上升时，这套机制对于1枚UST锚定1美元发挥了一定作用。

假设市场上1枚UST的交易价格为1.1美元，套利者就可以将价值1美元的LUNA发送给Terra协议，协议会"烧掉"这1美元的LUNA，同时生成1枚UST。然后套利者在市场上以1.1美元的价格将这1枚UST售出，从而获得0.1美元的价差。最终结果是UST通胀，而LUNA通缩。

反之，假设市场上1枚UST的交易价格为0.9美元，套利者就可以用0.9美元的价格在市场上购买1枚UST并将其发送给Terra协议，之后将1枚UST换成价值1美元的LUNA，再以1美元的价格卖出手中的LUNA，从而赚取0.1美元的价差。最终结果是UST通缩，而LUNA通胀。

基于以上机制，从2020年11月到2022年5月，UST的市值规模从零扩大到180亿美元。在此期间，Terra团队为了降低UST抵押物的价格风险，分批次将作为抵押物的LUNA部分调仓，换成比特币和ETH，但UST和LUNA在机制设计上的漏洞却始终存在。2022年5月，美联储加息的预期导致比特币以及整体加密资产的价格快速下跌，作为抵押物的LUNA的资产价值低于UST的流通市值，这使得UST在技术层面破产。这时候，尽管市场还没有立即对此做出反应，但市场上做空LUNA和UST的力量已经开始聚集。

在此关键时刻，Terra团队却似乎没有察觉到市场形势的凶险，而且还在同年5月8日不失时机地为空头送上一次绝佳的助攻——项目方于同年5月8日开始主动将Curve币池中的流动性撤回，并计划创造一个新的、由四种稳定币构成的流动池。

大家知道，稳定币以稳定价格为首要目标，但在DeFi已经逐渐流行的今天，稳定币的价格并不主要由中心化交易所主导，而是通过

Curve这样的去中心化交易所反映。在Curve为UST和其他稳定币设置的流动池中，因为UST及其他稳定币都锚定美元，所以流动池中UST的数量应该等于其他稳定币的数量之和。而且，所有稳定币加总的锁仓量越高，UST的币值越稳定。流动池锁仓量对于UST的币值来说，就像一条护城河，河面越宽、河水越深，城池就越安全。如果市场对UST的币值没有信心，则上述流动池中其他稳定币的数量将逐渐减少，而UST的数量将逐渐增加。

Curve中有关UST的流动池锁仓量对于UST的币值稳定非常重要，甚至可以说是决定性的，但这些信息却又都是公开透明的，这在客观上为市场上的空头提供了一个可以利用的机会。

一般情况下，市场对UST币值的稳定性越有信心，参与"流动性挖矿"的锁仓量就越大，这些资金的锁仓量甚至可以被看成是稳定币币价的基本面。但在极端情况下，流动池的锁仓量会成为在市场上引起连锁反应的导火索。假如因为技术原因或者其他偶然因素，这个锁仓量发生剧烈变化，即使是短暂的剧烈变化，如果这被市场空头利用，并使稳定币价格发生快速波动，那么市场上会出现错误的价格信号，以Curve报价作为价格输出的预言机会将波动传给其他DeFi协议（比如抵押借贷协议），从而引起连锁反应。

如果市场上的空头利用稳定币锁仓量的快速下跌，大量抛售稳定币，那么稳定币在Curve上的短时报价就会大大低于锚定价格，这时，DeFi中的抵押借贷协议就会根据这一价格信号发起清算。中心化的抵押借贷平台虽然不是基于智能合约来执行清算的，但它对清算条件的设置和抵押借贷协议大体相似。如果短期内稳定币的价格不能迅速恢复正常，那么中心化的借贷平台就会发起清算，而一旦发起大规模清算，稳定币将被大量抛售，市场可能产生价格踩踏。这时，能够发挥关键作用的应该就是稳定币的基本面了。如果市场认为稳定币的基本面还可以，抄底资金就会介入，以稳定币价；但如果市场认为稳定币缺乏支撑，币价就很难恢复正常。本来是非市场原因造成的价格波动，最后却演变成了一次市场出清。

Terra的经历正好验证了上述推断。此时的UST本就像是一块已经在斜坡上准备下滑的石头，因为加密资产市场正在经历大幅下跌。作为稳定币的UST的市值波动不大，但与稳定币价值锚定的LUNA的市值却随着大盘下跌。所以，作为Terra协议对市场的负债，UST的市值已经超过其抵押物LUNA的市值，这就像是把UST推到一个斜坡上，但是依靠Curve流动池为UST提供的保护，UST已经摇摇欲坠但还没有开始滚动。这个时候，Terra团队想给UST换一条新绳子，但不幸的是，一旦旧绳子被解开，UST就会飞快滑落，而新绳子再也没有机会被拴上去。

就在Terra团队开始进行流动性调仓时，一些机构开始大量卖出UST，UST随之脱锚。在前文介绍的套利机制的作用下，一旦UST脱锚，用户的反应就是卖出UST并将其换成LUNA。如果LUNA的价格可以保持稳定或者回升，用户的操作就到此为止。但是市场并没有为LUNA提供这样的机会，就连比特币都在连续回调，LUNA更不可能独善其身。LUNA的价格持续下跌，因此用户选择卖出LUNA，这时候LUNA已经不能承担保持UST价格稳定的作用了，而是成为UST价格继续下滑的催化剂，这就是所谓的死亡螺旋。从2022年5月8日到5月28日，UST市值从187亿美元跌到2亿美元，LUNA市值从265亿美元跌到6亿美元（见图5-11）。在LUNA身上，我们见识了加密资产市场的涨跌幅度和变化速度。无论如何，UST作为一个稳定币崩盘了。

图5-11 LUNA和UST价格崩盘K线图（图片来源：币安App截图）

七、DeFi2.0：由Curve War引发的LaaS

2020年夏天，DeFi迎来第一次爆发，与此相对应，去中心化交易所、抵押借贷、衍生品以及稳定币等赛道的业务模式基本成型。但在这一轮创新中，对产品运营和用户激励至关重要的"流动性挖矿"却越来越具有两面性。一方面，"流动性挖矿"的预期收益率是按照奖励代币的实时价格计算的，而在产品上线初期，挖矿奖励产出少，"流动性挖矿"又需要两种代币的配对，所以奖励代币的价格高，"流动性挖矿"的预期收益率也高。因此，大量用户同时参与挖矿，就会导致奖励代币的价格和挖矿收益率形成一种相互加强的正循环。另一方面，这种正循环一定是不可持续的，一旦流量增长遇到拐点，用户快速抛售挖矿奖励会导致代币价格加速下跌，而代币价格下跌会导致用户迅速流失。当用户对这种"流量+价格"循环形成预期后，一个挖矿激励的周期甚至会缩短到几个小时，"流动性挖矿"的激励效应也就基本丧失了。在这种情况下，DeFi2.0应运而生。

DeFi2.0强调创新流动性管理方式，主要通过自动化的、增强的或扩展的经济模型来为项目提供流动性服务，即通过LaaS来提高资金的使用效率。Curve虽然属于早期阶段的DeFi项目，但Curve的挖矿激励机制却直接推动了"流动性挖矿"模式的创新。因此，关于DeFi2.0的故事，我们先从Curve说起。

Curve主要对类似资产提供低滑点的交易，同时接入Compound、Synthetix等协议，为流动性提供者提供额外收益。Curve曾长期占据DeFi项目锁仓量第一的宝座。

什么是类似资产？"类似资产"指的是具有相同价格锚定对象的资产，比如与美元挂钩的各种稳定币以及同一资产的不同映射体（比如比特币和其衍生资产wBTC）。我们在前文提到过，AMM模式最大的缺陷在于无常损失，而无常损失的大小又只和价格波动幅度相关联。类似资产是所有资产中价格波动最小的交易对，所以Curve通过一种"舍得"的方式找到了最适合AMM模式发挥作用的场景。

同时，随着新兴公链的崛起，USDT、USDC等稳定币以及比特币和wBTC、ETH和stETH（以太币的衍生资产）等类似资产日渐丰富，不同种类的稳定币及类似资产之间的兑换需求日益高涨，Curve的业务量也随之大幅增长。数据显示，截至2022年5月，Curve的累计交易金额达55亿美元，总锁仓价值达150亿美元，收入达1.22亿美元。

Curve基于CurveDAO运营，同时推出治理代币CRV，CRV主要具有三个用途：社区投票、以质押方式获取社区治理奖励以及提高流动池的收益（最高达2.5倍）。实现以上用途的前提是，将CRV锁定并获得其衍生资产veCRV。CRV的锁仓规则不仅包含数量函数，还包含时间函数[①]，即质押CRV的时间越长，用户收到的veCRV就越多。需要注意的是，将CRV锁仓4年才能按1∶1的比例获得veCRV。

我们在前文提到过，对于各种稳定币来说，在Curve设立流动池是实现币值稳定的必要条件。因此，在整合由USDC、USDT和DAI所创建的三币池的基础上，"X+Crv3"的四币池成为众多稳定币创建流动池的标配。但是创建流动池需要添加流动性，仅仅依靠项目方显然是不够的，于是吸引用户添加流动性就成为各个稳定币的基本动作。如何吸引用户添加流动性？激励方法只有"流动性挖矿"。一种稳定币能否获得更多的流动性，就看这个稳定币能不能提供更具竞争力的奖励。Curve推出按照时间加权分配CRV的方案，为各个稳定币的激励竞争提供了一个良好的舞台。由此，Curve War（对CRV投票权的争夺）拉开序幕！

Curve War从机枪池开始。机枪池是指把"流动性挖矿"的"挖、提、卖"几个动作整合成协议并自动执行的产品，其作用类似于传统金融中的基金。对于机枪池来说，它可以给用户提供的收益一方面来自流动池的奖励，另一方面来自平台治理代币的奖励。机枪池对于CRV的需求主要来自第一类收益。在Curve War中，最主要的两个选手是Yearn和Convex（两个机枪池协议）。Yearn和Convex都通过为CRV持有者提供增值服务来吸引持有者将CRV在平台上质押为veCRV，

[①] veCRV=CRV*T/4，T为锁仓年限。

并最终为进行"流动性挖矿"的用户提供最具竞争力的挖矿奖励。

Yearn的方法是为用户提供自动复投功能,吸引用户将流动池代币通过Yearn平台置换到Curve中以添加流动性,并将挖矿奖励(CRV)的90%换成稳定币自动复投挖矿。[①] 对散户来说,在Yearn上进行稳定币挖矿的收益高于在Curve上的收益。

Convex的方法是将CRV的流动性激励和治理投票功能拆分到CRV的衍生资产cvxCRV和vlCVX上,这样CRV持有者既可以获得流动性挖矿奖励,又可以参与社区治理。基于以上模型,Convex积累了大量的CRV,从而把CRV的投票权转移到CVX上。这一过程有些类似资产证券化的过程,Convex将本身流动性低的资产(veCRV)转换为流动性高的证券(cvxCRV),从而使得CRV持有者同时获得收益和流动性。基于这个功能,Convex取得了Curve War的胜利,甚至Yearn也将其收集的流动池代币转投到Convex。

在Convex已掌握半数以上CRV的情况下,稳定币项目方不再尝试购买CRV,而是转向购买CVX。但购买CVX并将其锁定为vlCVX再参与治理投票的过程,不仅麻烦,还使持有者面临新的价格风险,于是一种走捷径的"贿赂网站"应运而生。既然稳定币最需要的是CVX的投票权,而非CVX本身,那么我们就创造一个平台,在这个平台上,稳定币项目方可以为CVX持有者提供一些奖励以换取CVX的投票权。

Yearn创始人安德烈·克劳基(Andre Cronje)最早提出"贿赂网站"

[①] 剩下的CRV会被质押成veCRV,Yearn会专门设立一个新的资金池,接受新的CRV质押。

的概念，并亲自创建了一个网站（https://bribe.crv.finance）。此外，DeFi协议Redacted Cartel通过分叉Olympus的Bonding机制（债券拍卖机制），建立了一个基于治理代币BTRFLY来收集投票权的机制，之后再通过拍卖投票权来获得收益，并将收益在BTRFLY持有者之间进行分配。

从Redacted Cartel的方案来看，所谓的流动性管理创新似乎就是没有止境的叠加，不断用新代币去收集原来具有投票权的资产，从而将投票权转移到新资产上。到此为止，市场上还没有出现叠加在BTRFLY上的项目。

除"贿赂网站"之外，还有一种利用投票权来控制流动性的项目。Tokemak是一种新的流动性管理协议，旨在通过投票的方式来控制流动性的流向，从而为DeFi项目提供具有深度的和可持续的流动性。Tokemak对流动性供应商和做市商的职能进行了分离，因此被认为是一个去中心化的做市商平台和一个流动性路由器。

Tokemak允许流动性提供者将单边资产存入单个代币反应器或创世池，并以TOKE（Tokemak的治理代币）的形式赚取收益。Tokemak还设立了流动性董事，以便将TOKE投入各个代币反应器，并投票决定流动性如何在创世池中配对以及被引导到哪个交易所。Tokemak为每个交易对设置了总量上限，并通过国库为流动性提供者提供无常损失保护。

八、闪电贷：支持无本金套利也可以引发"闪电攻击"

除上述金融业务之外，区块链还可以创造出在传统金融领域完全不可能实现的新业务模式，典型案例是闪电贷。大家都知道，传统金融领域的借贷业务不仅需要抵押物，还要重点考察借款人的个人信用。因为资金一旦借出，能不能按时还款理论上只有借款人说了算，所以借贷行为在传统金融领域是一项针对特定人群的、需要履行很多尽调手续的业务。但是基于区块链开展的闪电贷不需要这些手续，也不用担心还款风险，这就是闪电贷的优势。

简单来说，闪电贷就是将借贷行为合并在一个区块中执行的一种智能合约。因为借出资金的数量和归还本金的数量、对象和时间，都通过合约被固定下来，所以一旦合约开始执行，没有人可以更改资金的去向。合约执行完后，资金只能被转回原来的借出账户，借贷双方都可以完全不用考虑信用风险。

有了闪电贷，你甚至可以进行无本金套利。例如，USDC和DAI这一个交易对在UniSwap和Curve上的价格分别是1.01美元和0.99美元，你可以通过闪电贷进行套利，执行流程大体包括以下步骤：

- 通过Aave的闪电贷借到100 000枚DAI。
- 在UniSwap上将100 000枚DAI换成101 000枚USDC。
- 在Curve上将101 000枚USDC换成102 020枚DAI。
- 向Aave偿还借款100 000枚DAI以及0.09%的手续费——90枚DAI，共100 090枚DAI。
- 本次获利：102 020–100 090=1 930，这1 930枚DAI就是本次套利的收益。

区块链可以实现闪电贷的主要原因在于，区块的产生和确认需要一个时间段，不管时间长短，在这个时间段内，智能合约的执行是无法中断的。而在传统金融领域，业务的执行没有这种"隔离性"，所以相对于传统金融服务连续运行的特点，基于区块链运行的金融服务又称离散金融。当然，闪电贷也具有两面性，比如，闪电贷加速了各种合约漏洞、业务漏洞的爆发，每次的风险事件都涉及不小的金额，这对市场造成较大冲击。

DeFi的积极意义和未来方向

DeFi是一场能够让用户在无须依靠中心化实体的情况下享受诸如借贷和交易等金融服务的运动。之所以采用运动这个词，是为了说明DeFi发展势头之猛烈，但DeFi不会像一场运动一样来而又去，因为DeFi已经变成加密世界不可或缺的基本业务形态。DeFi利用区块链技术创建了一个全新的金融环境，其积极意义主要体现在以下三个方面。

在普惠金融方面，据世界银行估计，全球约有17亿人没有银行账户，但这类人群中有2/3的人拥有移动电话。因此，DeFi借助手机可以为这些人提供金融服务，从而提升金融的普惠性。

在交易效率方面，在目前的市场中，跨境汇款的平均费率达7%，小额汇款的成本更高，而DeFi具有天然跨境的特点，可以使跨境支付成本大大降低。

在金融透明度方面，在传统金融体系中，投资者无法及时了解金融机构的关键信息，即使存在信用评级机构等专业组织，大型金融机构的不透明性仍给金融系统带来巨大隐患。建立在公共区块链（比如以太坊）基础上的DeFi协议大多是开源的，便于审计和提升透明度，而且这些协议通常还会通过去中心化的治理组织进行治理，从而进一步提升项目的透明性。

除此之外，DeFi的重大意义还在于其正在创造一个面向全球用户、无须准入、规则透明、规模极具想象力的金融统一大市场。虽然这个市场目前还处于无监管、市场容量相对有限的状态，但其未来发展空间巨大。在当前状态下，如果把这一点也归纳为DeFi积极的一面，那么可能会有很多人不太同意，但对于金融机构而言，这一点无疑具有很大的吸引力。

DeFi和传统金融也存在很大的融合可能。从理论上看，目前针对代币所提供的服务也可以针对法定数字货币和链上资产凭证开展。从最保守的角度来看，DeFi的发展是传统金融升级的一次预演，但DeFi的发展空间一定远不止于此。

2017年，Centrifuge在柏林成立，相对于同一时期通过发行代币而获得数千万美元融资的团队，Centrifuge显得异常低调。它凭借多年的坚持，在RWA（Real World Asset，现实世界资产）上链的方向上走出了一条属于自己的路。

2021年4月，美国房地产公司New Silver在MakerDAO上获得近500万美元的信贷额度。这是现实世界资产通过链上抵押而获得贷款的第一笔交易，而这笔贷款正是通过Centrifuge实现的。

区块链在本质上是一个分布式数据库，数据库的特点是只能针对已有数据进行一系列操作，而对数据的输入无能为力，所以区块链仅靠自身能力无法实现突破。如何让"又聋又瞎"的区块链睁开眼睛、长出耳朵？一种方式是让区块链和多种数据技术结合（特别是物联网），从而开启获取数据的第一步。另一种方式是以中心化机构为媒介，实现资产上链，并通过一套合理的机制实现资产定价。Centrifuge就是第二种方法的开创者。

Centrifuge主要通过三个系统来实现资产上链。首先，Centrifuge Chain是一条基于Substrate（一种区块链开发框架）打造的区块链，它拥有和Polkadot生态天然打通的能力，这方便以后扩大辐射场景；其次，P2P网络协议的主要功能是基于链下资产生成NFT，并提供针对相关数据的检索和查询服务；最后，去中心化借贷协议Tinlake主要针对基于RWA形成的NFT提供抵押借贷服务。

以音乐版权资产为例，音乐创作人可以基于预计现金流为资产定价，然后将信息上链以供用户检索。一旦有用户对这笔资产产生投资意向，该笔资产就被发送至Tinlake并形成NFT资产，NFT资产通过质押生成分级资产DROP和TIN。其中，DROP对应优先级资产——优先兑付且优先付息，但利息率相对较低，而TIN则对应劣后级资产——预期收益率高，但还本付息的顺序排在优先级资产之后。两种资产都是付息资产，投资人可以通过DAI购买这两类资产，但发行人需要在约定期限内对售出的DROP和TIN进行回购。正是通过这种方式，音乐创作人提前获得了一部分收入，从而可以继续创作，而投资人也得到了一部分版权收入，并支持了音乐创作。

Centrifuge这一模式的优点在于，它虽然是通过中心化的机构实现资产上链的，但是巧妙地利用了区块链已有的技术（比如NFT），并结合金融业务的方式（比如资产分级）实现了资产确权和市场化定价。这一模式的缺点是，基于不同的场景，资产确权、风控以及外部价格信号的采集均需要基于不同的系统来实现。

6

Web3.0 新治理：
不仅要特立独行，还要寻求认同

DAO是一种支持在虚拟场景工作和协作的创新组织形态，它的运行离不开智能合约的支持。只有基于智能合约，DAO才能在执行决策时将人为干扰因素降到最低，从而体现出组织效率优势。同时，DAO作为一种原生于虚拟世界的协作形式，其对成员的约束是"软性的"。

只有和现实世界的运行规则衔接上，DAO才能发挥更大的组织功能。

DAO 的诞生及其理论渊源

一、DAO：不仅要民主，还要效率

DAO 的全称是 Decentralized Autonomous Organization，一般翻译为去中心化自治组织，但是这种直译方式其实并没有准确地把 DAO 的核心诉求表达出来，而且还会让人产生误解。基于"去中心化自治"这个表述，人们直接联想到的是"自由地表达自己的意愿"，也就是"投票表决"。但"自由表达"不是 DAO 的核心诉求，"投票表决"更不是 DAO 的核心内容，为什么不是呢？

在"去中心化自治"一词中，"去中心化"是既定事实，在一个天然缺乏中心化权威角色的组织内，组织的基本状态就是"各行其是、互不干扰"。在这种情况下，"自由表达"完全没有问题，通过设定规则而形成"集体决策"也没有问题。但这种组织的核心问题是没有协调机制，没有协调，它就无法作为一个组织而存在。

根据经济学产权理论的观点，企业是效率的边际。我们套用这个概念，组织也应该是效率的边际，只不过组织的核心目标不一定只包括经济效率，还包括行政效率和服务效率等，但组织依然是效率的边际。我们继续讨论 DAO，没有协调，何来效率？因此，去中心化组织的核心命题不是自由表达，而是如何协调！

我们发现协调机制的探索贯穿人类文明的整个进程，但大部分成果都体现在"中心化模式"上。很多以民主决策为初衷的经济或社会层面的尝试往往不得不在"中心化模式"的方向上找到最终的出口，比如互联网。出现这一现象的主要原因在于，需要协作的环节太多，组织缺乏低成本的、可信的、关于工作量的计量和检验方式，最终这些尝试不得不回到中心化的老路上，依靠中心化的权威来保证集体决策的执行效果和执行质量。

直到以区块链为代表的DLT出现，这从技术上为解决协调问题提供了新的方案，那就是用智能合约代替人来执行和实施集体决策的方案。在执行环节上最大限度地减少对人的依赖，也就是减少人为因素的干扰，从而使集体决策被"不打折扣"地执行。当然，执行的标准和效果是可以被检验的，也需要得到社区的信任，而基于分布式账本的智能合约恰恰具有这种功能。智能合约通过计算冗余和共识机制，实现了从个人计算到可信计算的转变，为DAO的协调问题提供了完美的解决方案，当然这需要对线上化的场景和场景化的智能合约进行组合。从这个角度来说，用"去中心化自动执行组织"或者"去中心化智能执行组织"来形容DAO可能更为贴切，这也是为什么DAO这一概念早就出现，但却在区块链技术出现之后才突破概念的范畴，走向实践。

早在2013年，世界上最早的去中心化交易所BitShare的创始人就将BitShare归类为DAC（Decentralized Autonomous Corporation，去中心化自治公司），并指出DAC的核心机制是用区块链交换股份，不依赖任何个体、公司或组织来拥有价值，不能拥有私钥，不能依赖任何法律合约。他还强调，具有自动执行功能的产品才是去中心化自治公司应关注的重点。

2014年，以太坊创始人维塔利克·布特林进一步将DAC的概念扩展成DAO，并指出："判断DAO的主要标准在于是否拥有内部资本，是自治为主还是人治为主？"其中，是否拥有内部资本是DAO和Dapp的主要区别。例如，早期的BitTorrent协议只有去中心化的功能而没有内部资本，所以它只是Dapp而不是DAO。"自治或人治"是判断产品是否属于DAO的另一个重要标准，维塔利克认为，DAO一定是自治为主、人治为辅，否则依赖人治运行的组织只能算是DO（去中心化组织），而非DAO。对于DAO来说，其最高境界就是完全不依赖人的参与的人工智能。

由此可见，不论是BitShare的创始人还是维塔利克，他们都将"自治"，也就是"自动运行"看成DAO的核心特征。只有减少人为因素，才能为准确实施集体决策提供可行方案。只有准确把握去中心化自治组织的概念，才能对目前DAO的发展状态有一个比较清晰的认识。在各种场合中，很多人都愿意把DAO当作打破目前组织效率瓶颈的工具，甚至提出"万物皆可DAO"。但是，提出这个口号的人一定没有想过，DAO不是只破不立，而是需要通过智能合约建立一套新的执行系统。如果场景线上化还没有实现，智能合约还不能对主要业务逻辑进行模拟，那么如何实现"万物皆可DAO"？从这个角度来说，DAO工具，包括通用型工具和适用于各种场景的专用型工具，都非常重要。

此外，维塔利克也提到，DAO需要具备一定的内部资本，并通过内部资本解决激励问题。在这方面，区块链具备发行代币的优势，但发行代币只解决了"组织成员开放性"的问题。通过转让代币，组织成员可以自由选择"加入"或"退出"组织，但代币的发行并不一定可以解决内部资本的问题。只有当DAO具备对外价值输出的能力时，治理代币才可能转变成内部资本，从而解决激励问题。

仅仅从概念上去理解DAO比较抽象，接下来我们通过案例，直观地帮你理解DAO的运行机制。

二、比特币："自治为主、人治为辅"的典范

站在2022年7月9日这样一个时间节点上，比特币已上线13年6个月，累计用户达1.2亿人，市值达4 002亿美元。当然这个市值不是它的最高值，大约相当于最高值的1/3。

在全球范围，如果把比特币看成一个企业，那么目前全球市值最高的企业是苹果公司。截至2022年7月1日，苹果公司的市值大约为2.25万亿美元，全球员工共15.4万人。虽然比特币的市值只有苹果公司的17%，但是比特币自上线以来还没有建立一个所谓"官方"的组织，没有雇用一名专职工作人员，这就是比特币和苹果公司在运行机制上最直观、最显著的差异。

比特币靠什么做到这一点？答案就是比特币是一个DAO，它依靠一套独特的"自治为主、人治为辅"的治理机制建立了"点对点现金支付系统"。接下来我们就来看看比特币"自治为主、人治为辅"的治理机制都有哪些具体内容？

我们知道，PoW共识机制是比特币的核心机制，可以在矿工层面建立

一套"竞争挖矿、算力获奖"的机制，以确保交易记录可验证、可追溯和不可篡改。这看上去是一套非常复杂的机制，但实际上它已经完全应用于已经开源的挖矿软件。对于矿工来说，只要给矿机提供电力和网络，矿机就会自动运行挖矿软件，并按照Pow共识机制设定的规则获得挖矿奖励。这种机制显然属于"自治为主"的部分，那么，比特币的社区治理不需要人的参与吗？

当然不是，在挖矿的整个流程中，矿工除了购买矿机和维护矿机正常运行，还要解决一个非常核心的问题——选择挖矿软件的版本。为什么这个问题这么重要呢？因为比特币的所有特性都是通过挖矿软件定义的，我们耳熟能详的"总量固定、四年减半"就体现在挖矿软件上。历史上，比特币的扩容和分叉也都是通过不同版本的挖矿软件实现的。矿机通过算力竞争来获得挖矿奖励一事可以自动进行，但是挖矿软件升级没法自动实现，只能靠矿工实现，这就是比特币社区治理中"人治为辅"的内容。虽然从工作量或者复杂程度上看，"人治"部分的内容没有"自治"部分的多，但这样一个小小的环节是决定比特币是否可以持续运行的关键因素。

那么，比特币的"人治"又是如何实施的呢？我们需要从矿工以及矿工之间的协作模式说起。

目前，全球大概有1.5万个节点负责比特币的交易验证和出块记账，也就是我们通常所说的"挖矿"，但是这1.5万个节点谁也不认识谁，也没有谁知道对方分散在什么地方。从反映比特币挖矿节点情况的数据来看（https://bitnodes.io/dashboard/），我们甚至无法判断一半以上的节点处于哪个国家。此外，这些节点实际上处于一种"散养"状态，什么时候想干活了，它们就开始在挖矿软件上运行，什么时候不想干活了，随时关机退出。数据显示，曾参与比特币挖矿的节点累计达9.5万多个，而目前"碰巧"正在挖矿的节点有1.5万个。从某种意义上说，在某一时间参与挖矿的节点数量是一个随机数字。

以上事实说明，比特币矿工处于一种完全"独立"的状态，他们之间谁也不会直接影响对方。但他们有一个共性是，所有节点都运行着一套统一的软件，每隔10分钟就能生成一份大家都认可的交易记录。只要这个动作不断持续，比特币就可以持续存在下去。

那么，比特币的挖矿软件是"一选定终身"吗？当然不是，比特币已经上线13年了，发布过多个版本的挖矿软件。2022年4月22日，比特币核心客户端23.0版（Bitcoin Core 23.0）正式发布。比特币软件升级需要在什么情况下进行？如何才能成功地进行一次软件升级？软件升级的结果对于比特币和矿工来说分别有哪些影响呢？

如果有人认为比特币的性能存在某些明显的短板，比如Tps（Transaction per second，每秒处理交易数量）太低，那么他可以将他的方案按照一定的格式发送至专门负责处理提案的工作邮箱（bitcoindev@lists.linuxfoundation.org），以供专人审核。如果他的提案合理可行，而且对于比特币的运行影响足够显著，该提案就会获得以BIP（Bitcoin Improvement Proposal）开头的命名，以供社区成员讨论。BIP提案按照影响程度大概可以分为三大类以及若干小类。根据BIP提案的性质，其表决和实施流程也有较大的区别：软分叉BIP提案一般需要95%的矿工的赞同票才可实施；硬分叉BIP提案基本上需要比特币社区全部成员的认可才有可能实施。

但是，投票表决的结果对于矿工来说并没有绝对的约束力，在约定的时间节点，每个矿工自主决定更新或不更新挖矿软件。如果大部分人在约定的时间内更新了软件，比特币就成功完成了一次升级；如果大部分人更新了软件，但还有一小部分人不愿意或还没有进行更新，未更新的矿机的验证结果就不会被已更新的矿机接受，这些人事实上就退出了比特币网络。如果支持或反对软件升级的人都不在少数，则选择不同版本的节点就分别运行不同的网络，这就是所谓的"分叉"。这里的分叉又分为"硬分叉"和"软分叉"，其中"软分叉"既向前兼容又向后兼容，而"硬分叉"只向后兼容而不向前兼容，相当于"另起炉灶、重新开张"。事实上，比特币经历过数次分叉，诞生了BCH和BSV这样的新网络。

这就是比特币网络"人治为辅"的主要内容，虽然相对于"自治"部分比较简单，也不需要经常发挥作用，但是它对比特币的运行发挥着关键作用，因为"人治"实际上发挥了连接现实世界和虚拟世界的作用。总之，"人治"不可或缺，而DAO的功能特征则主要由"自治"部分体现。

虽然比特币社区从来没有使用过DAO这个称呼，但大家都公认比特币是迄今为止最成功的一个DAO。比特币社区的治理过程充分体现了"自治为主、人治为辅"的理念。从这个角度来看，一个相对成熟的DAO实际上需要两套共识机制的配合，才能形成完整的治理结构。一套是基于智能合约的"自治"部分，另外一套是以人的协调为主要内容的"人治"部分。如果两套共识机制的叠加能够形成一个治理闭环，那么DAO可以表现出更好的效率优势；如果两套机制不能形成闭环，特别是"自治"部分不能使主要业务流程实现自动执行，那么DAO将无法体现组织效率优势，而最终流于形式。

我们不能指望仅仅凭借新潮的概念，就可以让DAO获得成功，"万物皆可DAO"并不意味着简单的概念套用就可以实现DAO的长期运行。如果项目还没有找到合适的业务模式就强调依靠DAO运行，那么通常情况下项目都会失败。实施链条比较短的业务（比如投资），可以更加简单、方便地通过专用合约来实现"自治"，这样DAO的效率优势就更容易体现；而实施链条较长的业务，实现"自治"的难度较大，DAO的效率优势也较难体现。所以，目前DAO在市场上的热度很高，但真正可以获得资本青睐的都是针对特定领域的工具类项目。

DAO的实践：已经开始"代码自治"的探索

一、PartyDAO：简单商业模式成就的高估值投资型DAO

2022年6月，PartyDAO宣布获得a16z的1 640万美元融资，按照这笔融资计算，PartyDAO是第一个估值超过2亿美元的社区协作类DAO。以社区协作为目的组建DAO是一种比较常见的形式，但PartyDAO不论是成立时间还是社区规模，都不算非常突出，为什么它能获得资本的青睐呢？

一条Twitter信息、一群互不相识的人、25枚ETH、10个月的时间，这些加在一起成就了一个估值2亿美元的组织，PartyDAO的故事就是这样开始的。2021年4月16日的晚上，戴夫·怀特（Dave White）在Twitter上发布了一条信息，大意是如果让你用"如果……，那不是很酷吗"的句式玩一个造句游戏，那么你的回答是什么？

这个看上去不太有趣的问题并没有吸引多少人回答，但是Mirror的创始人丹尼斯·纳扎罗夫（Denis Nazarov）在下面回复了一句："如果建立一个DAO并自动参与NFT竞价拍卖，那不是很酷吗？如果是，我们可以把它称为PartyBid。"

丹尼斯的回复看似平淡，但这对此时的加密社区用户来说却具有特殊的意义。在2021年夏天的加密市场上，不仅比特币和ETH等主流资产触及历史最高价位，CryptoPunk和无聊猿等蓝筹NFT的价格也一路走高。NFT已经完全演变成"富人的游戏"，它所具有的不可拆分的天然属性将普通用户挡在了门外。因此，创造一个能够为大量用户提供参与各类NFT交易的渠道是一件非常有意义的事情，丹尼斯的回复正是针对这个需求。

也许是具备同样的思考和眼光，也许是遇到了同样的问题，丹尼斯的回复有了响应：一位合约工程师利用周末时间先简单地按照丹尼斯的思路搞了一个合约，然后另一名工程师对代码进行了安全审计，最后一位路过的哥们儿自告奋勇担任产品经理。这样，一个具备设计、开发、产品功能的小组就基本成立了。但他们没有止步于此，也不仅仅是自娱自乐，而是决定基于这个合约做一个可以让更多人参与的社区项目。于是他们在Mirror上发表了一篇文章，简要地介绍了一下这个项目的基本功能以及大家可以参与进来的标准。很快，52个参与者筹集了25枚ETH，而这个团队也正式从兴趣小组变成了社区项目，这个项目的名称就是PartyBid。

基于PartyBid，用户可以实现两项功能。一是可以针对OpenSea或者其他四个平台[1]的任意NFT项目，发起竞拍。用户需要做的就是将NFT对应的URL地址粘贴到网页选项框，这样就可以发起一次"Collection"（众筹）。如果标的资产以固定价格售卖，那么一旦所筹集的资金达到固定价格要求，参与筹集资金的人都可以发起合约并购买NFT；如果标的资产以拍卖的形式出售，那么用户需要多次发起合约，通过竞价的方式参与拍卖。

另一项功能是，用户可以参与其他人发起的"Collection"。如果竞拍成功，用户就可以通过Fractional（对NFT资产进行碎片化的协议）获得对应份额的ERC-20代币。[2]关于Fractional的功能，我们在随后的内容里详细讲解。如果竞拍失败，那么用户可以在竞拍结束后随时发起"Claim"（索赔），以赎回自己的资产。如果竞拍成功但竞拍价格低于所筹集的ETH的价格，那么协议可自动按比例分配NFT产权，退回剩余资产。

简单来说，PartyDAO基于智能合约基本实现了NFT商品众筹，解决了NFT价格增长过快从而导致参与门槛过高的问题，为广大用户提供了一个接触NFT的渠道。平台对每个成功竞拍的"Collection"收取2.5%的手续费，即对每个通过Fractional进行碎片化的NFT加收2.5%的手续费，其盈利模式简单清晰，这也是PartyDAO顺利获得融资的重要原因。

既然前文提到了Fractional，那么在这里我们简单介绍一下它的基本功能。Fractional的基本功能是使NFT碎片化，用户可以通过抵押

---

[1] 这四个平台分别是Foundation、Koans、Nouns和Zora。
[2] 资料来源：https://fractional.art/。

NFT或发行ERC-20代币的形式来为资产定价,这也可以为NFT获得更好的流动性。既然是抵押发行,抵押价格(在Fractional上被称为Reserve Price)的设定就比较关键,而Fractional采用加权平均的方法来设定价格。如果某个人单独拥有NFT,则这个人可以自由设定卖出价格;如果是多人拥有NFT,则每个人都可以提出自己的价格,但最终价格由所有人的报价及其占有NFT的份额加权计算得出。由此可见,Fractional和PartyDAO分别从买和卖两个角度为NFT市场注入了新的流量。

二、BitDAO:财库规模最大的投资型DAO

虽然PartyDAO的成立事出偶然,但大体逻辑是先建立DAO,然后把人组织起来,之后再去干一件单凭个人无法完成的事情。但BitDAO的故事不是这样的,BitDAO先在交易平台Bybit上获得了相当高的市场地位,之后发起成立DAO。所以说,DAO并不一定只适用于散户,它同样适用于专业选手。那么,DAO对于专业选手的价值和意义又表现在哪里呢?

2021年8月16日,BitDAO首次进行治理代币BIT的发行拍卖,不到一个小时,大约6 100名参与者贡献了7.4万枚ETH和85万枚SUSHI,按照当时的市价计算,约合2.5亿美元。为什么市场对BIT如此认可?主要原因在于BitDAO的核心发起方是Bybit,Bybit是全球最大的专业衍生品交易平台,用户规模在200万人左右。Bybit和Pantera Capital以及Dragonfly Capital等风险投资机构成立了BitDAO,并承诺将Bybit的一半收入注入BitDAO财库。按照2021年的交易规模计算,Bybit每年向BitDAO捐赠的金额将达到10亿美元。

市场普遍认为Bybit将其一半收入注入BitDAO的主要目的在于主动降低合规风险。数字资产交易一直存在着巨大的合规风险，特别是在现有模式下，数字资产衍生品交易的合规风险更大。Bybit能够快速取得市场优势，和曾经的数字资产衍生品交易巨头BitMEX所遭遇的巨大合规压力不无关系。所以Bybit希望借助BitDAO，在一定程度上降低合规风险，并加快从"中心化"商业模式向"去中心化"商业模式转变。因此，一方面，Bybit在治理结构上强调对BitDAO的控制权，另一方面，Bybit在投资方向上强调对DeFi的探索。

BitDAO基于BIT代币进行社区治理，Bybit通过持有BIT代币来实现对BitDAO的经营决策影响。在BIT的分配方案中，Bybit直接获得60%的代币，用此进行研发中心的建设；另外还有30%的代币由财库控制，以促进生态系统建设。由于Bybit持有绝大多数的BIT，所以财库获得的BIT实际上也由Bybit控制。

在资金运用方面，BitDAO强调三个方向：一是和部分早期项目进行代币互换，以实现发展，这实际上就是针对早期有潜力的项目进行投资；二是自己开发DeFi产品，特别是去中心化的衍生品交易所；三是自建或者投资一个门户网站。

截至2022年上半年，BitDAO已经支持了四个项目：一是聚焦GameFi领域的项目GAME 7；二是Layer-2赛道的项目zkSync，Layer-2被认为是支持去中心化衍生品高频交易的重要基础设施；三是专门进行人才培养的去中心化自治组织EduDAO，目前EduDAO已经和包括牛津、哈佛、清华等大学在内的多家机构建立合作机制，共同开展人才孵化工作；四是聚焦NFT投资的PleasrDAO。从投资方向上看，BitDAO服务于Bybit的战略定位非常清晰。

三、MCD：具备法律相容制度框架的投资型DAO

投资型DAO是非常重要的一类DAO，从历史的角度来说，DAO起源于投资型DAO。2016年4月30日，The DAO作为有史以来第一个在主网上线的DAO项目，其目的是基于智能合约打造一个"除股东之外，不需要员工"的自动运行的风险投资机构，同时基于智能合约开展风险投资所需的项目筛选、信息披露、投票表决以及投后管理等一系列活动。The DAO在上线后开展的第一项业务就是为自己发起众筹，但不幸的是，由于合约安全问题，众筹失败，并因此造成以太坊历史上最严重的一次分裂。以太坊通过"硬分叉"一分为二，变成了现在的以太坊和以太坊经典（Ethereum Classic），这件事也在社会层面引起了"Code is law"（代码即法律）是否成立的大讨论。

之后，MCD延续了关于投资型DAO的探索，并于2020年年初上线。2020年的加密行业已经出现了DeFi热潮，各种Dapp和协议可以在功能上相互组合，进而衍生出更加复杂的产品，MCD就是在这种背景下诞生的。MCD推出了Moloch协议，这使得DAO的提案类型更加丰富。它还推出了Moloch LAO协议，这为整个DAO生态提供了与法律相容的制度框架。MCD就是在Moloch LAO的基础上构建的投资型DAO，比如，希望加入MCD的人需要提出申请，在得到批准，也就是满足合格投资者的标准之后才可加入。

MCD没有全职员工，而且其大部分成员都来自比较知名的项目，比如Compound、Nexus Mutual和MakerDAO等。所以，其投资决策采用简单的投票方式，只有获得51%投票数量的项目才可被投资。

MCD是专门针对去中心化应用的投资型DAO，之后成立的

FlamingoDAO则是专门针对NFT的投资型DAO。FlamingoDAO在业务模式上与聚焦NFT投资的PartyDAO较为相似，但不同的是，FlamingoDAO对于申请加入社区的人员，会按照合规要求进行合格投资者审核。这样，FlamingoDAO就相当于是一个需要许可的投资型DAO。

和FlamingoDAO比较相似的是PleasrDAO，后者是具有准入许可特点且聚焦NFT的投资型DAO，且其成立更能反映DAO基于共同兴趣而形成组织的特点。

2021年3月，加密艺术家pppleasr为了庆祝UniSwap 3.0上线，特意创作了一个反映其"区间设置"流动性原理[①]的宣传片，并将宣传片制作成NFT进行拍卖。在拍卖过程中，安德鲁·康（Andrew Kang）和莱顿·库萨克（Leighton Cusack）不断加价，难分胜负。这时候，莱顿灵机一动，临时发起PleasrDAO筹集资金以继续参与竞拍。有趣的是，作为竞拍对手的安德鲁在发现这一点后，对这个主意非常感兴趣，他不仅放弃报价，还将自己的资金投入PleasrDAO，与莱顿一起将这件NFT竞拍品收藏。PleasrDAO正是加密社区基于共同爱好而形成组织的最好例证。

四、CultDAO：充分发挥代币激励作用的投资型DAO

BitDAO虽然发行了治理代币BIT，但治理代币的作用仅限于投票凭证，激励作用比较有限。在同样以投资为主要功能的CultDAO中，通过通证经济模型的设计，治理代币CULT发挥了更多元的作用。

[①] "区间设置"流动性原理的具体内容参见第五章。

CultDAO以"推动去中心化应用的发展"为宗旨，2022年1月在Unicrypt（一个基于区块链的众筹平台）上发起预售，从而走入公众视野。确切地说，CultDAO始于一份白皮书，在通过预售获得启动资金后才开始进行产品开发。CultDAO在一开始就设计了完整的代币方案：一半的CULT用于预售，而预售所得的ETH和剩余的一半CULT组成LP代币，用于增强流动性。CultDAO筹集了178枚ETH，随后项目得以顺利启动，预售所得的60%ETH被锁定264年，剩余的ETH主要用来增强流动性。

CultDAO作为以投资为主业的项目，主要业务内容无外乎筹资、决策、投资和变现。CultDAO预售所得的大部分资金已经被用于增强流动性或长期锁定，那么CultDAO投资所需的资金从哪里来呢？CultDAO的方案是，代币交易所得的一半手续费自动进入财库，每当财库的资金总量达到15.5枚ETH，CultDAO就会通过投票来资助一个项目，但被资助的项目只能获得与13枚ETH等值的CULT，而剩余的价值2.5枚ETH的CULT则被销毁。这样设计出于两方面考虑：一方面，治理代币CULT具有直接销毁机制，较容易产生通缩效应；另一方面，被资助的项目只能获得价值13枚ETH的CULT，这一金额对于一个初创项目来说并不会在经济上产生太大的帮助，但在扩大项目影响、获得种子用户方面能起到直接促进作用。

解决了筹资问题后，CultDAO针对决策机制也进行了专门的设计。首先，CultDAO设计了治理代币质押功能——CULT在被质押之后可换为dCULT（CULT的权益证明代币）。治理代币质押功能的主要目的是减少CULT代币"抛压"以及强化代币价值共识。其次，CultDAO通过多种形式为dCULT赋能：第一，只有dCULT持有数量排名前50的用户才有提案权，而其他用户只有投票权；第二，持有dCULT的用户可以获得代币交易所得手续费的一半[①]；第三，为了确保民主化决策，拥有提案权的用户没有投票权，这样就避免了投资决策权被少数用户垄断；第四，这样的设计还产生了另外一个效果，那就是项目方如果希望获得资助，就会大量买进CULT并通过质押进入前50名，以便提名自己的项目。这种行为事实上扩大了CULT的需求，从而使所有CULT用户获益。最后，在投资收益分配方面，CultDAO同样进行了特别的设计，投资收益的一半归属dCULT持有者，而另外一半则通过销毁使全体社区成员受益。

从CultDAO的运营机制来看，它在多个环节大量运用了代币激励机制，这虽然对初创项目的资助力度不大，但是可以在用户数量和影响力方面为项目提供帮助。

五、AladdinDAO：把聪明的人聚在一起的DAO

如果说CultDAO通过对代币功能的设计强化了治理代币的价值共识，那么AladdinDAO则通过对代币功能的设计实现了对社区成员的激励。

AladdinDAO的口号是"加入智慧的DAO，和聪明的人一起挖矿"，从这里可以看出，AladdinDAO希望解决的核心问题是"让专业的人为社区提供具有竞争力的投资策略"。基于这个核心目标，AladdinDAO设立了投资决策机构"Boule委员会"，同时设立了"人才猎手"（Talent Hunter），后者专门负责推荐Boule委员会的成员。对于这些角色，AladdinDAO通过代币激励机制来激励他们发挥专业特长，从

[①] 另外一半手续费自动进入财库。

而为社区输送优质项目。

AladdinDAO的人才猎手大都由创始成员担任，其中不少成员来自行业知名投资机构或头部项目。人才猎手最多可以推荐5名Boule委员会成员，当然也可以推荐自己，并能根据推荐成功的Boule委员会成员的决策表现获得代币奖励。

在AladdinDAO的项目筛选流程中，所有人都可以推荐项目以供Boule委员会筛选，但项目至少要获得一名Boule委员会成员的推荐，才有资格供Boule委员会投票表决。在Boule委员会中，80%的成员由人才猎手推荐，20%的成员由社区推荐，每名成员每月有5次投票机会。每项决议需要获得50%以上的赞成票或者赞成票超过反对票的20%，才可被通过。Boule委员会成员不管是投赞成票（投票项目获得预期收益）还是投反对票（投票项目没有获得预期收益），都可以获得代币奖励。

AladdinDAO针对社区全体成员推出了代币奖励计划，包括针对人才猎手的"人才证明"（Proof of Talent），针对Boule委员会成员的"脑力证明"（Proof of Brain Power），以及针对普通会员的"流动性证明"（Proof of Liquidity）。Boule委员会成员不仅可以获得代币奖励，还可以获得投票产品挖矿收益的一部分分成，而且社区会定期对Boule委员会成员的投资业绩进行排名，并按照排名决定代币奖励的多少。通过以上方案，AladdinDAO希望通过社区自治的方式将行业最聪明的大脑集中起来，并通过利益捆绑的形式为社区提供服务。

六、BanklessDAO：去中心化社区协作型DAO的样板

前面几个案例都是关于投资型DAO的，接下来我们再来了解几个协作型DAO。

BanklessDAO源于一家媒体，目前已经扩展成一个社区协作型组织。除了写作，它还发起各种项目，可以通过行研、翻译、开发或咨询等形式对外提供服务。BanklessDAO源于成立于2019年的Bankless，这是一家以"推动无银行运动"为目的的自媒体公司。Bankless最初只提供Newsletter（一种社区内部简讯）服务，后来增加了播客节目。Bankless虽然是一家自媒体公司，但是却以深度内容和前瞻观点被业内认可。于是2021年，Bankless成立了一家实体机构（名为Bankless LLC），同时成立了BanklessDAO。

BanklessDAO有自己的网站（https://www.bankless.community/），但社区成员的主要活动场所是Discord和Notion（文档协作工具），BankelessDAO的Discord上有上百个频道，以供社区成员针对不同话题进行讨论。其他DAO将用户加入Discord看成一种权益，因此设置了持有治理代币才能加入Discord的条件。但是BanklessDAO没有为用户加入Discord设置任何门槛，所有人都可以通过简单的认证加入各种频道。同时，各个小组在Notion上进行协作和流程管理，各个小组的会议记录等内容也全部在Notion上公开，感兴趣的人可以翻阅各种资料，以了解各个项目的设立和进展情况。所以，从以上情况可以看出，BanklessDAO的核心目标是为更多人提供一个交流和协作平台，而Discord和Notion的组合正好发挥了这个作用。

BanklessDAO提供了这样一个协作平台，目的只是希望建立一个人们

能够畅聊无银行概念的新金融世界吗？显然不是，BanklessDAO的用户不仅保持着非常活跃的沟通，还聚在一起做了各种项目，当然大部分项目都是围绕加密行业展开的。例如，为某个项目写一篇文章，和某个项目合作办一场AMA，发行某个主题的NFT或特定主题的指数产品，当然还有各种和无银行概念相关的活动。BanklessDAO的官网首页就有一个有关指数产品的入口，这个指数产品按照1∶1∶1的比例配置比特币、ETH和一组DeFi资产，所以这个指数就叫BED Index。BanklessDAO鼓励各个小组"搞事情"，某项活动如果被认为符合社区的基本诉求，就可以获得资金支持。那么，这个日活跃量上百，用户总数超过8 000人的社区如何实现协作呢？

一方面，社区成员的个人热情和主观能动性是社区协作的基础。由于BanklessDAO完全属于线上社区，同一小组的成员不仅无缘见面，甚至因为分属不同时区，工作时间也不统一。但他们之所以能够投入自己的时间和精力来"搞项目"，是因为看好加密行业的前景，而且通过BanklessDAO这样的平台，他们可以与各种人才合作。而要想找到志同道合、能力匹配的队友，社区成员需要积极表现才能发现目标。此外，BanklessDAO看似以低门槛为各类人才进入社区提供便利，但实际上大量人才在进入社区之后，如果不积极表现自己，就会被"淹没"。所以，这种来自同伴之间的压力也推动社区成员积极协作、主动产出。

另一方面，除了社区成员的激励，BanklessDAO还有一整套以社区治理和激励为目标的组织架构和制度体系。在BanklessDAO中，社区成员可以按照不同的目的或者兴趣组成上百个公会，这些公会中有两个公会比较特殊，因为它们的主要职能是"对内服务"，而不是"对外搞事情"。这两个公会就是国库公会和运营公会。

国库公会是管钱的机构，它主要负责BanklessDAO国库资金的管理和使用。国库公会中还设立了一些组织：

- 财政公会，主要负责国库资金的使用以及一些会计工作。
- 拨款委员会，主要负责筛选投资项目，但不能直接批准针对某个具体项目的投资，而是针对申请资金的项目进行资料审核，并将其提交社区投票表决。
- 多重签名组，主要根据社区投票结果进行拨款。

这些机构看起来与中心化组织非常类似，当然从职能上看，确实也是比较类似的。但是从整体来看，这些机构和中心化组织中的职能部门还是有显著区别的，比如各个公会的成员都是通过选举产生，而且会定期轮换。此外，从各个公会的主要职能来看，公会主要负责"按章办事"，并没有太多的决策权。

我们再来看看运营公会的情况，BanklessDAO的运营公会主要负责后台支持。有关公会职能的文件明确说明，运营公会负责监督日常活动、促进预算目标的达成和项目交付，以及支持协同。运营公会中分别设立了社区经理、运营经理、项目经理、DAO地图绘制员以及幸福经理等职位。其中，社区经理主要负责咨询事项和社区管理，运营经理主要负责Notion账户和文档管理，项目经理发挥类似产品经理的作用，DAO地图绘制员则主要记录与标注公会和公会之间以及公会和项目之间的隶属关系，同时负责培训培训师，而幸福经理的职能比较综合，包括社区工作流程的优化、论坛质量的提升等。

从国库公会和运营公会的主要职能来看，不论是中心化组织还是去中心化社区，它们在组织运行方面所需要的职能是类似的。但是

BanklessDAO这种社区自治型组织和传统中心化组织相比，在组织成员的筛选机制方面有很大的区别。例如，BanklessDAO中只有这两个公会发挥运营职能，但在这两个公会之上并没有一个类似总负责人的职位。

除了在机构设置方面对社区运营发挥支撑作用，激励机制也在BanklessDAO的运营中发挥重要作用。BanklessDAO发行了自己的治理代币BANK，主要用于加强社区成员和社区之间的长期绑定关系。用户在BanklessDAO中参加各种公会虽然没有任何门槛，但是参与社区投票需要持有一定数量的BANK，这一点充分体现了"社区利益导向治理"的精神。

BanklessDAO虽然发行了自己的治理代币，但并没有进行任何形式的募资。在BANK的分配方案中，30%的BANK被分配给早期为社区做出贡献的成员，70%的BANK被分配给国库（其中的30%一次性分配给国库，40%则是在3年内线性释放给国库）。所以，BANK持有者既不包括专业的投资机构，也不包括所谓的团队成员，BANK也没有和哪个交易所合作，这将持币人群扩大到二级市场。BANK只在少数去中心化交易所进行交易，交易量不高而且价格比较稳定。也许相对于价格的暴涨暴跌，这些特征才能让BANK更好地发挥社区激励的作用。

BanklessDAO是迄今为止社区规模最大的一个DAO，其核心理念通过机制设计得到充分体现，并对DAO的正常运行发挥了重要作用。虽然BanklessDAO发行了治理代币BANK，但主要持币人群为社区成员，其主要功能也在于社区治理和社区激励。BANK的金融属性并没有得到很好的体现，但正是这一点使BANK的社区治理和社区激励作用得到了更好的发挥。

七、FWB DAO：创意工作者DAO

FWB是"Friends With Benefits"的缩写，意为"有利益关系的朋友"。FWB DAO基于去中心化的组织形式，将一群看似没有太多交集的人聚在一起，形成一个实现千万融资规模的新型组织。之所以将FWB DAO称为新型组织，是因为它没有明确的商业目标，社区成员的主要活动好像就是漫无目的的线上聊天和频繁的线下聚会，但这个社区对于Web3.0的促进作用却得到了社会的认可。2021年9月，在成立仅一年的时候，FWB DAO获得了风投界巨头a16z的1 000万美元投资。FWB DAO对于Web3.0的意义到底在哪里？我们走近它，通过它的组织形式和产出情况来了解一下吧。

FWB DAO源于一个关于Token-Gated（持有特定代币才能加入）的Discord服务频道，该频道讨论的主题就是Web3.0。随着加入讨论的人数不断增长，其逐渐演变为一个DAO。但即使成了一个DAO，FWB DAO仍然坚持审核加入制，即申请加入的用户必须持有一定数量的代币，还需要将自己的个人简介和入会目的以书面文件的形式发送给专门设立的会员资格批准委员会，通过后才能成为会员。从FWB DAO社区的发展情况来看，这个聚焦Web3.0的社区并不是要求会员具有直接的"Web3.0背景"，而是吸纳了具有各种背景的"创作型选手"，比如设计师、策划师、律师、开发人员等。尽管FWB DAO对于会员的专业背景没有过多限制，但其申请通过率仅为60%。

和申请加入FWB DAO需要经过严格审核形成鲜明对比的是，用户在加入FWB DAO后可以参加的活动的形式不受限制，可以根据自己的兴趣加入各个主题的频道并进行讨论。在NFT逐渐得到市场认可的背景下，有各种专业背景的社区成员可以找到能力匹配且配合默契的队友，从而便于启动各种项目。这大概就是FWB DAO坚持严格审核入会申请的主要原因。

"FWB DAO是技术和文化的交汇，它把一群追求光明未来的独特个体聚集在一起，共同讨论和塑造未来。通过聚集那些希望发起变革的人，FWB DAO将以多种方式帮助Web3.0发展。"FWB DAO在其社区宣言中清晰地表达了它的理念和主要方法，事实上其社区行动也很好地实践了社区宣言。

FWB DAO作为一次以组织形态创新来推动Web3.0发展的社会实践，它的市场价值不仅体现在社区理念和严格的入会筛选标准上，还体现在产出上。FWB DAO有各种形态的产出，其中有内容方面的"每周文摘"和"半成品"，"每周文摘"类似Newsletter，主要是定期向会员提供一些关于社会热点和社区动态的资讯，而"半成品"更倾向于提供具有深度和前沿性的内容，"半成品"这个名字也许就代表了"自由思考，没有终局"。FWB DAO还通过定期举办展览来进行NFT展示和交流，并且准备开办一所Web3.0大学，以便开展各种培训活动。当然最有吸引力的还是各种线下活动，FWB DAO在纽约、巴黎等国际都市以及各种区域性城市开展了线下交流会，因为它认为，会员之间的深度互动是创作灵感的重要来源，即使是在互联网高度发达的当下，线下活动仍然不可替代。为了推动线下活动的开展，FWB DAO甚至专门开发了GateKeeper（一款用于在线下验证链上身份的应用程序）。

FWB DAO如此大规模产出的背后，是其独特的组织架构。FWB

DAO只有1名全职员工，其他各类职务都由社区成员兼职担任。但FWB DAO仍然有7个专业团队，包括会员资格批准委员会、社论团队、产品团队、城市团队、活动团队、合作团队、DAO团队。2021年9月，FWB DAO在获得a16z融资时拥有2 000多名会员，社区贡献者有200人，其中30多名重要贡献者任职于上述7个专业团队，负责推动社区运营。

此外，社区提案和投票在FWB DAO的运营中占据核心地位，即使是前文提到的"a16z投资1 000万美元"的事情，也需要通过社区投票决定是否接受该笔投资。当然，投票表决的结果是社区接受了投资，成员们在表决讨论时写道："如果FWB DAO是一个数字城市，这个提案就是我们发展城市郊区的方式。"看来经过严格的入会审核而建立起来的社区，对于自己的初心和目标的认知始终是清晰的。

八、YGG：链游公会的开创者

游戏公会是随着链游的兴起而逐渐发展起来的一种社区自治组织。链游区别于传统游戏的关键在于"边玩边赚"模式，所以游戏公会的核心模式也是围绕"边玩边赚"展开的，包括游戏资产的租赁以及传统游戏公会的攻略、培训、拉新和账户管理等职能，还包括与DAO相关的社区治理功能。YGG（Yield Game Guide）是链游公会领域的开创者。

Axie是第一款具有"边玩边赚"属性的游戏，在Axie中，用户可以购买3条小鱼组成战队，通过"人机对战"或"人人对战"的模式参与战斗并获得SLP("小爱水")奖励。[1]玩家可以持有SLP，因为小鱼在繁殖小鱼的时候需要消耗一定数量的SLP，玩家也可以随时将SLP抛售并换成稳定币。由于游戏玩法相对简单且玩家每天都可以通过参加战斗获得代币奖励，很多玩家将这种模式称为"发低保"，也就是说玩家每天玩这款游戏就可以获得基本生活费。这种模式使得Axie的单月收入（2021年8月）超过3亿美元，它也成为一款现象级游戏。[2]

Axie的玩法并不复杂，但玩家参与游戏首先需要拥有3条小鱼，然后才能有参与战斗并获得代币奖励的机会。从用户的现金流角度来看，这有些像"整存零取"，但对于个体用户来说，由于"整存"发生在一个集体的资金池里，因此早期用户有机会获得超过本金的回报。YGG正是在降低用户参与门槛环节发挥作用，通过推出"奖学金计划"使没有小鱼的玩家获得参与游戏的机会。具体方法就是开展"小鱼"NFT资产租赁业务："学徒"付出一定的时间和精力，通过使用属于YGG的"小鱼"来获得代币奖励，然后和YGG以及社区经理[3]按照7∶2∶1的比例分配奖励，这就是YGG的核心商业模式。这一模式在Axie进行市场推广的过程中发挥了重要作用，在菲律宾通过YGG的"奖学金计划"来参与游戏的用户达到了上百万人。

YGG通过DAO的形式实现了上述商业模式，并启动了"公会进阶计划"，通过该计划对社区用户进行激励。"公会进阶计划"的主要内容是提出各种有利于社区扩展的任务，完成任务的社区成员可以获得代币奖励。比如，"公会进阶计划"第一季的任务清单包括：

---

[1] 关于Axie的详细玩法和经济模型请参见第四章的相关内容。
[2] 数据来源：https://tokenterminal.com/terminal。
[3] 社区经理的主要作用是培训学徒，帮助学徒解决玩游戏时遇到的各种问题。

- 在21周内成为Axie的最高阶玩家。
- 参加8次以上的直播或者对话活动。
- 推荐10名SLP入金用户。

从以上内容可以看出，YGG的社区激励实际上变成了生态发展计划。虽然YGG在社区去中心化治理方面有所欠缺，但对于扩展生态来说，以上动作都是有益的而且是必要的。这也算是去中心化色彩较为浅淡的DAO的共性。YGG在生态扩张方面确实下了不少功夫，不仅从最初仅支持Axie一个游戏拓展到支持The Sandbox和League of Kingdoms，还针对不同项目（比如在巴西、日本等国家建立的分支组织SubDAO）提供资源支持。但每个SubDAO又分别建立了相对独立的经济激励系统，并通过一些本地化的服务实现自动运转。通过这种方式，YGG的生态规模得到了进一步的扩展。

YGG开启了游戏公会，但目前这一赛道还有Merit Circle和GuildFi等游戏公会，但这些游戏公会的业务模式都比较相似。其中，Merit Circle主打Flow[①]生态项目，虽然Flow中的NFT项目热度较高，但流量较大的链游尚未诞生，所以Merit Circle也兼顾其他公链项目。GuildFi在开展NFT租赁业务的同时，主推跨游戏通用的个人身份，如果该方案被市场接受，那么这有望降低游戏门槛，同时为游戏玩家带来使用上的便捷。

由于游戏公会的业务模式高度依赖链游的经济模型，因此链游市场的发展节奏也对游戏公会的发展产生了直接影响。例如，自2021年Axie开创链游赛道之后，在接下来的一年里，链游市场并没有诞生

---

① Flow是一条游戏公链。

第二款流量规模超越Axie的项目。所以，不管有多少家游戏公会，它们都只能针对Axie开展资产租赁业务。此外，虽然游戏公会的发展严重依赖链游，但链游对游戏公会的态度却是"又爱又恨"，甚至有的链游明确表示不支持游戏公会开展NFT资产租赁业务。这方面最典型的代表项目就是StepN，一款以"边走边赚"为主要特点的健身游戏。该项目认为，任何链游"X to Earn"的经济模型都有一个衰退周期，对于链游项目本身来说，如何延长项目的生命周期是关乎项目存亡的大事，而资产租赁业务的存在会严重缩短项目生命周期。所以，如何开创新的业务模式也是摆在众多游戏公会面前的一件大事。

九、MakerDAO：DeFi领域社区自治的开创者

我们在前文已经针对MakerDAO进行了详细的介绍：始于2015年3月，不仅开创了抵押借贷的先河，还推出了加密市场中第一个由加密资产抵押生成的稳定币DAI。这里我们要说的是，MakerDAO还是DeFi领域第一个提出并付诸实践的DAO。

MakerDAO最早的运营主体是MakerDAO Foundation，其发行了治理代币MKR。MKR不仅是社区治理凭证，还在MakerDAO的第二套币值稳定机制中发挥重要作用。在项目运行5年之后，MakerDAO实现了项目初期的"多资产抵押"目标，并于2020年3月将MakerDAO协议控制权从MakerDAO Foundation移交给MKR持有者。2021年5月，MakerDAO Foundation将自己持有的MKR全部移交给合约，由合约控制；2021年7月，MakerDAO创始人Rune正式宣布，MakerDAO已经实现了完全的去中心化。

MakerDAO的发展路径代表着大多数DeFi项目向去中心化治理迈进

的典型路径，即先以基金会为主体进行产品开发和社区建设，在产品功能和社区逐渐走向成熟的过程中分步实施社区的去中心化治理，项目本身也从某种功能性产品演变为由去中心化治理驱动的社区型组织。只不过，MakerDAO在社区自治领域再次走在行业的前沿，而DeFi领域的大部分项目还处在演化过程中。

DAO和DeFi的结合往往从产品功能入手，进而扩展到社区运营等领域。在DeFi领域，几乎每个项目名义上都有自己的DAO，但各个DAO在项目运营中所发挥的作用却各不相同。例如，UniSwap的社区治理内容包括社区金库的控制、协议费用切换、Token列表排名等，而Compound的社区治理内容则主要包括与资产的抵押品参数、利率模型、借贷资产的添加或删除等相关的决策。

总体而言，在DeFi项目中，DAO发挥的作用主要限定在产品范畴，而没有涉及更多管理层的决策。造成这种情况的主要原因在于，目前DeFi领域的发展更强调产品功能的驱动以及用户的经济激励，而社区治理的重要性则让位于金融产品的专业性。

十、Gitcoin：开发者DAO

Gitcoin是一个开源技术平台，任何人都可以使用Python、Rust、Ruby、JavaScript、Solidity、HTML、CSS、Design等语言开发开源软件并获得报酬。Gitcoin成立于2017年，最开始仅是美国科罗拉多州几个人开发的具有招聘和协作功能的简单系统。2018年，Gitcoin获得以太坊生态机构ConsenSys的资助，之后又获得Paradigm领投的1 130万美元投资。Gitcoin已逐渐成为一家独立运营的主体，截至2022年上半年，它已经有1.8万名注册会员。

Gitcoin常年坚持对以太坊中初创项目的资助，我们经常用到的Metamask和Zapper.fi、DeFi领域的知名项目MakerDAO和Aave以及Chainlink、Bankless等项目都获得过Gitcoin的资助。Gitcoin也因此被业内称为隐藏在以太坊背后的"军火库"，对以太坊生态的繁荣做出了有目共睹的贡献。以太坊创始人维塔利克·布特林对Gitcoin非常支持，曾多次对Gitcoin进行捐赠。2021年，Gitcoin在继续支持以太坊生态的基础上，开始与Polkadot、Tezos和Cosmos等公链开展合作，Gitcoin逐渐成为针对区块链全生态技术创作和开源提供服务的平台。

Gitcoin以推动互联网领域的基础公共设施建设为核心目标，并积极倡导以开源的方式构建下一代互联网，但开源的方式和持续性投入在某种程度上其实存在矛盾。Gitcoin希望自己能在这个领域发挥关键作用，为下一代互联网的开源建设持续提供动力。围绕上述目标，Gitcoin强调帮助技术开发人员实现"赚钱、学习、连接和获得资助"的目标。Gitcoin提供的主要产品包括：

- Town Square，一个类似社区论坛的场所，用于社区成员进行技术交流或者"悬赏寻人"。
- Bounties，参加各种开源项目的赏金计划。
- Hackathon，已经连续举办14次，UniSwap就通过其中一次活动被市场所认识。
- Grants，是社区捐助开源项目的一个平台，采用"二次方捐赠"（Quadratic Payments，QP）方式为获得捐赠的项目进行资金分配，具体分配机制我们将在下文详细介绍。
- Quests，一个通过游戏化方式帮助用户了解Web3.0的模块。
- Kudos，一个参与某项活动或者具有某项技能的标志，可在Kudos

Marketplace 上进行转让或者交易。
- Kenel，一个聚焦社区内部的 Web3.0 加速器。

从以上产品的功能来看，Gitcoin 显然在从技术的角度构建互联网开发者生态。为了实现这一目标，Gitcoin 不仅搭建了一个功能相对齐全的产品体系，还在运营逻辑上下了很大功夫，比如在 Grants 中采用"二次方捐赠"。

"二次方捐赠"的概念是由以太坊创始人维塔利克·布特林提出的，其在数学上的表达是"获得捐赠的总量等于每份捐赠的平方根相加再平方"，其主要原理是将出资人的出资数量和资助规模进行匹配，让受到更多资助人认可的项目获得更多的资助，从而使公共物品属性更强的项目获得更多资源。比如，在一次捐赠中，A 项目获得来自一个人的一笔 1 000 元捐赠，而 B 项目获得来自 10 个人的 10 笔捐赠，总计也是 1 000 元，那么通过"二次方捐赠"的方式，B 项目将获得更多的捐赠资金，而 A 项目则获得更少的捐赠资金。

虽然通过"二次方捐赠"的方式可以将资源向获得更多用户支持的项目倾斜，但另外一个问题也随之产生，那就是申请资助的项目有可能会通过伪造多个账户的方式来获取更多资助，也就是所谓的"女巫攻击"。针对这种情况，Gitcoin 在开始捐赠之前要求用户通过 BrightID 进行实名认证，同时专门进行了系统开发，并提出身份证明以推动互联网身份认证和隐私保护的结合。

为了实现社区的自主运营和治理，Gitcoin 于 2021 年 5 月推出了 GTC 治理代币。2022 年 3 月，Gitcoin Foundation 作为 Gitcoin DAO 的法人实体成立，同时对 GTC 持有者和 Gitcoin DAO 承担有限责任。

十一、ConstitutionDAO 和 AssangeDAO：因事而设的 DAO

在以上案例中，不管是投资型 DAO、协作型 DAO，还是适用于各个场景的游戏公会、DeFi DAO，都以 DAO 的长期运营为目标，但 DAO 同样适用于短期运营。为某件事而设立的临时性组织 ConstitutionDAO 和 AssangeDAO 就属于这样的案例。

2021 年 11 月 11 日，有人在网上看到一则关于拍卖的消息，这次拍卖由国际知名拍卖行苏富比组织，拍卖标的是仅存 12 份的美国《宪法》（第一版）的副本之一。于是来自加密社区的几个人决定临时成立 ConstitutionDAO（见图 6-1），并通过该组织发起捐款，筹集资金去参与拍卖。

图 6-1 为参与美国《宪法》（副本）拍卖而设立的 ConstitutionDAO
（图片来源：Twitter@ConstitutionDAO）

有人说，由于美国《宪法》第一次明确地将美国人民的基本权利记录下来，因此它的拍卖引起了美国人民的强烈共鸣；也有人说，当下的美国两党政治对抗剧烈，激起了美国民众对国家团结的象征——《宪法》的依赖。总之，在各种情绪的影响下，ConstitutionDAO 出人意料地在 4 天内就通过约 18 000 人募集到 4 500 万美元，筹款金额已经是起拍价的两倍，而且获得了以太坊创始人维塔利克的支持和参与。

Constitution DAO 在募集资金的同时发行了 PEOPLE 代币，该代币是所有用户进行捐赠的凭证。ConstitutionDAO 申明，持有 PEOPLE 代币并不代表拥有《宪法》（副本）的某一部分，而是代表拥有在拍得《宪法》（副本）之后对其展出形式进行表决的投票权，也就是拥有和大家一起决定《宪法》（副本）的展览和使用形式的权利。由于时间仓促，当时甚至没有明确说明拥有 PEOPLE 代币的用户是按照"一币一票"还是按照"二次方投票"[①]进行表决。但明确的一点是，如果竞拍失败，那么所有参与人员可以凭借 PEOPLE 代币获得退款。

事后来看，当时确实不必纠结于这些细节，因为 ConstitutionDAO 在竞拍时失败了。虽然竞拍失败，但是 ConstitutionDAO 在"通过 DAO 参与竞拍"方面开展的工作却不容忽视。ConstitutionDAO 在短短 4 天内就借助 JuiceBox 完成了资金筹集，同时开发了"如果竞拍失败即可退款"的智能合约，还在参与竞拍的前一天获得苏富比对参与竞拍资金的验证。这些经历都为 ConstitutionDAO 参加现实世界的活动提供了经验。

ConstitutionDAO 的故事并没有因为竞拍失败而画上句号，而是以

---

① "二次方投票"是指不按照持票数量平均分配投票权，而是综合"票数"和"人数"进行投票权分配，是一种强调选民公平，避免大户操控决策的投票方式。

一种让所有人都意想不到的方式继续发展。竞拍失败后，社区内出现了"用这笔资金干点别的事情"的声音，但一段时间之后，ConstitutionDAO还是按照事先约定启动了退款流程。但一个新的问题随之浮出水面，那就是以太坊高昂的Gas Fee使得很多账户的余额并不足以支付申请退款所需的费用。据统计，ConstitutionDAO在筹集4 500万美元时大约消耗了89万美元的Gas Fee，如果要将所筹款项全部退回，那么它需要的Gas Fee会更多。因此，启动退款流程之后还有约一半的款项被保留在筹款地址，这就意味着将近一半的PEOPLE代币仍处于流通状态。

此外，DAO作为一种新型组织形态仅在少数地区获得了法律认可，比如美国的怀俄明州，而在其他地区，DAO的法律地位近似于"非法组织"。因此，在DAO运营中发挥重要作用的核心参与者在对社区做出贡献的时候，其需要承担的责任和义务也处于模糊地带。为了明确核心参与者的责任和义务，ConstitutionDAO曾要求对筹款合约具有多签访问权限的成员公开自己的真实身份，以免出现社区决策背离其设立初衷的情况。但公布个人身份信息显然属于对个人隐私的侵犯，甚至有人担心由此引起人身安全方面的风险。最后，ConstitutionDAO宣布放弃对多签地址的所有权。这意味着除了退款，没有任何人可以使用留存在该地址中的资金。

虽然ConstitutionDAO走到了终点，但持有PEOPLE代币的人仍然存在，而且在二级市场保持较为活跃的交易状态。可无论如何，接下来的故事都不再和ConstitutionDAO有任何关系。PEOPLE代币也许会成为一种文化符号流传下去，也许会逐渐消失。ConstitutionDAO向我们展示了DAO作为一种组织形式的灵活性和不确定性。

ConstitutionDAO开创了"因事而设DAO"的先例,之后业内又出现了呼吁为暗网发明人罗斯减轻判刑的FreeRoseDAO、帮助维基百科创始人阿桑奇重获自由的AssangeDAO等。我们并不想对这些组织的价值取向进行任何评论,但这并不妨碍我们对这些组织的运营活动保持关注,以便观察它们是否可以为探索DAO的应用提供有价值的借鉴。特别是在AssangeDAO筹资成功之后发生的一系列事件,为人们参与此类活动敲响了警钟。

AssangeDAO以"通过法律手段来帮助维基百科创始人阿桑奇重获自由"为目标,并邀请阿桑奇的家人和女友参与,同时设立了一个由5名成员组成的委员会,该委员会主要负责社区运营。2021年12月,AssangeDAO通过Juicebox发起第一次募资,并募得12 119.6枚ETH,募资金额甚至超过了ConstitutionDAO,这使其成为史上募资金额最高的DAO。需要说明的是,募集所得资金主要用于支付法律诉讼的相关费用,以帮助阿桑奇重获自由。对于募资金额,AssangeDAO并没有进行明确设计,募集到的12 000多枚ETH在短期内应该可以发挥一定作用。但令人意想不到的是,AssangeDAO居然在没有和社区进行任何沟通的情况下,第二天就通过Juicebox发起了第二次募资,而且筹集到了3 950枚ETH。更令人惊奇的是,AssangeDAO居然关闭了第一份募集合约的退款通道。

这种行为当然引起社区的强烈不满,但管理团队不仅没有做出明确解释,反而强势地将异议者踢出社区,最后只是申明"不再进行下一轮募资"。但事实上,下一轮募资还是发生了,只不过是通过一种更隐蔽的方式。参与项目管理的帕克在AssangeDAO进行两次募资后发起了一场相关主题的NFT铸造活动,虽然活动标明了免费铸造,但用户在发起铸造合约时要默认支付0.1枚ETH的手续费。更超出用户想象的是，其实默认的手续费可以修改为0，但大多数用户往往习惯按照默认值进行操作。链上数据显示，这番操作又为项目筹到670枚ETH。

当然，事情还没有结束。几天后，帕克又发起了一次NFT拍卖活动，本来竞拍价格达到5 000枚ETH后就没有人再提出新报价了，但AssangeDAO一次性将筹集到的15 950枚ETH全部进行报价，最终竞拍成功。这种一意孤行的操作方式在社区引起强烈反响，于是一份要求帕克退还拍卖所得的ETH的提案被发起并获得社区88%成员的同意票。但该提案并没有被运营团队执行，这对于DAO的运营来说是非常危险的。仅靠社区成员的热情和主动性所达成的"软共识"可以成为社区建立的根基，但即使将"软共识"和社区投票所形成的"硬共识"结合起来，也无法为DAO的运营提供必要保证。看来DAO的运行并不能完全依赖投票和智能合约，还需要现实世界的法律制度来提供支撑。

十二、CityDAO：为DAO造城

2021年7月，一个叫CityDAO的项目在以太坊区块链上发起，这个项目计划通过DAO的形式在现实世界建立并运营一个可以让社区成员生活在其中的城市（见图6-2）。人类毕竟不能只生活在虚拟世界，追求虚拟和现实融合得更加彻底的生活方式是CityDAO设立的初衷。那么如何将"代码自治"扩展到现实世界？"代码自治"又如何和现实世界的法律法规进行结合？CityDAO可以给我们提供一个窗口。

首先，建立一个城市需要土地。即使不考虑资金问题，在传统法律体系中，既不是一个自然人又不是一个法人的DAO如何持有土地？如

果以项目发起人个人名义持有土地,那么这不仅在社区层面很难获得认可,而且在法律层面蕴含着巨大风险。但CityDAO碰巧赶上了一个好时候。2021年7月1日,美国怀俄明州的DAO法案正式生效,该法案将DAO定义为一种有限责任公司,从而使DAO获得一个明确的法律身份。有了这个身份之后,CityDAO和其他注册为美国有限责任公司的DAO就可以在怀俄明州按照有限责任公司的模式开展活动了,比如买地、签订各种协议以及开展各种营业活动。但任何一部法律都是针对特定时间、特定地点和特定行为主体的,怀俄明州的DAO法案只适用于美国公民在怀俄明州以DAO的形式开展活动,世界上其他地方的人要想复制CityDAO的方式,目前还需要另寻出路。

图6-2 为DAO建城的CityDAO(图片来源:CityDAO)

其次,造城需要资金。你如果对金融市场有基本了解,就会发现,参与人数在资金募集过程中是一个非常重要的指标,直接决定了资金募集属于公开募集还是私人募集。每个国家对公募和私募的监管要求有很大的区别,这对募集方在信息披露方面花费的成本产生了很大影响。单从参与人数来看,CityDAO一定达到了公开募集的标准,但如果套用公募标准，那么CityDAO的设立几乎遥遥无期。但是，因为CityDAO没有开展经营性活动，所以公开募集所需披露的营业收入、税收、营业利润等信息对于它来说完全不适用。CityDAO设计了一个"售卖社区身份NFT"的环节，并明确宣布"持有NFT的用户只有参与社区治理的权利，没有获得股息或者利息的权利"，这相当于排除了NFT成为证券的可能。[1]但是，这种方式显然不适用于其他以盈利为主要目的的DAO。而且，如果项目在后期针对CityDAO社区成员进行空投或者其他激励，CityDAO可能就会重新面临上文提到的证券属性风险。

为了尽快推进项目落地，CityDAO设计了一个包括社区DAO和投资者DAO两个SubDAO（子DAO）的双层治理结构。其中，社区DAO由全体社区成员组成，类似于社区的最高决策机构，但只负责决策土地的购买和使用等重大事项，而不负责项目的具体运营和管理。投资者DAO则由社区DAO选出的99名代表组成，负责具体的项目运营，如果项目在怀俄明州购买了一块土地，那么相应的99人会组成DAO和一个有限责任公司，负责使用社区资金以推进项目。

落实了组织架构方面的设计后，CityDAO才真正开始"DAO City"的建设。从图6-3可以看出，CityDAO的旗帜已经飘扬在完成购买流程的属于社区的土地上，并在电子地图上获得标注。我们相信人类关于"DAO City"的探索才刚刚开始，CityDAO每前进一步，都意味着人类在社区治理、城市建设以及数字化生活方面有了前所未有的尝试。

---

[1] 美国法律一般按照豪威测试（Howey test）来判断某项资产是否具有证券属性。豪威测试中比较重要的一条标准是"是否只通过持有某项资产而不必付出相关劳动就可获益"，按照这条标准，没有分红（包括股息和利息）属性即可不被视为证券。

图6-3 CityDAO的旗帜已经飘扬在怀俄明州（图片来源：CityDAO）

DAO工具：
让"代码自治"变得更加强大

从以上案例可以看出，DAO可以适用于多个场景，并具有普适性的特点。DAO既可适用于以盈利为目标的商业场景，也可适用于没有明显商业属性甚至没有特定目标，只是聚焦社区协调的场景；既可适用于长期经营场景，也可适用于因事而设、短期存在的场景。DAO还可以通过发挥组织的协调和治理作用来推动投资、收藏、DeFi、NFT、游戏、社交、媒体以及技术开发等领域探索建立适用于线上场景的治理模式。

尽管DAO的应用场景极其丰富，但从组织和治理的视角来看，DAO在投票、仲裁、金库管理、核心组件和主要流程的应用方面存在相通和一致的内容。以Aragon为代表的通用工具为DAO的高效实施提供了便利，对于扩大DAO的应用场景也发挥了重要作用。虽然万物皆可DAO，但DAO只存在于代码可以实现的范围之内。

Aragon成立于2016年，2018年在主网上线。可以说，Aragon是存活时间超过其绝大部分服务对象的工具组件，由此可见其项目团队对DAO的深刻理解和远见。截至2022年上半年，已有超过1 800个DAO基于Aragon实现了社区自治。[①]Aragon提供的核心功能包括投票、仲裁和金库管理。使用Aragon的投票模块，DAO可以构建适用于去中心化社区投票表决的完整后台，用户只需支付0.2枚ETH即可通过设定"最低投票比例""最低实施比例""投票周期"等指标来建立一个满足社区投票所需的DAO。Aragon甚至还支持匿名投票和对个人匿名投票结果的验证。这些功能的设计充分体现了Aragon在DAO工具开发方面的专业性。Aragon也提供仲裁服务，社区用户通过质押一定数量的治理代币ANT就可获得参与仲裁的机会，当各种DAO因为执行和决策流程而出现一些争议性问题时，用户可以申请通过仲裁解决。

Moloch上线于2019年，是一个用于在以太坊上创建DAO的开源协议，Moloch的主要功能在于会员资格管理和治理权的行使。相对于无准入要求的其他组织，Moloch要求会员在加入时必须进行一定数量的"捐赠"，还需要有其他会员的推荐并获得部分成员的同意之后才可加入DAO。从这一点来说，Moloch开创了许可准入DAO的先河。Moloch另一项比较有特色的设计是投票系统。Moloch将治理权划分为投票权和分配权。分配权代表账户在"项目财库"中拥有的份额，对于在某次表决中弃权的用户，由于系统仍然保留了分配权，因

---

① 数据来源：https://aragon.org/。

此从财产份额的角度来说,用户相当于投了赞成票。如果用户在某次表决中准备投反对票,那么这意味着用户在"项目财库"中拥有的财产份额将被清算。Moloch1.0版本只支持捐赠场景,2.0版本可以支持投资、孵化等场景,其因协议代码比较简洁而被众多DAO采用。Moloch打造了一个更加适合商业场景的DAO通用工具。

LAO(基于盈利目的的有限责任自治组织)由OpenLaw于2019年启动,主要特点是通过一组智能合约的绑定执行,使智能合约具有法律效力。LAO为一家特拉华州的有限责任公司,它将Moloch2.0用于其链上智能合约。为了遵守美国法律,LAO的会员权益会受到一定的限制,LAO也会对会员的准入设定一定的条件,会员需满足特拉华州法律所规定的合格投资者标准。LAO相当于在Moloch的基础上为DAO的法律定位提供了解决方案。

Syndicate在前面三种工具的基础上又前进了一步,它为投资型DAO的组建提供了通用工具。Syndicate的口号是"Invest together, win together!"(一起投资,一起赢!),它强调用户可以基于Syndicate在1分钟之内完成一个投资型DAO的搭建,而且搭建好的DAO会在美国相关法律框架之内运行。为此,Syndicate规定每个DAO最多可以吸纳99名会员,超过限定的会员人数后,DAO就需要满足额外的监管要求。此外,基于Syndicate设立的投资型DAO不得寻求公开发行,投资份额不可转让,如果涉及股权投资,那么该DAO还要获得额外的认可,这些要求的设定都是为了达到合规要求。一旦基于Syndicate完成设定,投资型DAO的资金就将直接进入多签管理账户。用户可以进行投资决策表决,可以通过页面随时查看资产组合的具体净值和其他情况,还可以选择以有限责任公司的形式让DAO和现实世界进行连接,从而使DAO成员具有法律框架内的责任和权利。

Syndicate以打造通用工具的形式推动"Web3.0投资家俱乐部"的建设。Syndicate既代表了软件应用的新发展方向,也代表了一种全新的商业模式。这种模式不需要信任,自带执行功能且在合规框架之内。Syndicate已经获得了a16z领投的2 000万美元投资。

Gnosis Safe是一个支持多签功能的钱包,可以通过模块集成来为其他产品提供服务。以太坊的账户分为两种,一种是外部账户,这种账户完全由单个私钥控制,且只能支持事务和信息签名而无法支持更复杂的逻辑。另一种是合约账户,这类账户支持智能合约,可以进行更加复杂的功能设定,比如多签。Gnosis Safe就是一个智能合约钱包,支持离线签名、硬件账本,并允许用户配置所有者和所需签名的数量。此外,它还支持批量处理交易和"无ETH账户交易"。Gnosis Safe为DAO的资金管理提供了基础构件。

Snapshot是一个具备链下投票功能的工具。大家都知道,以太坊作为公链生态建设的引领者,具有最丰富的应用生态,但高昂的Gas Fee对用户在以太坊中的活动产生了极大的限制。如果因为Gas Fee而影响到用户参与社区治理,那么对于DAO来说,这是一个很大的硬伤。Snapshot针对这一问题,利用以太坊"信息签名"无须上链也无须支付任何Gas Fee的特点,为社区用户提供"零Gas Fee"即可参与的投票和表决活动,而且用户的投票结果会被保存在IPFS上,供所有人查询。由于Snapshot并没有在链上确认交易,因此它属于中心化的解决方案,这种方案的优点是可以快速支持多条公链,但在安全性上存在一定风险。Gnosis Safe通过集成Snapshot推出SafeSnap,以便用户进行链下投票和链上治理,从而使成本降低、安全性提升。Aragon和Snapshot也开展了类似的合作,通过Aragon Court和Snapshot的组合来提供链下投票和链上治理的功能。

除了以上项目，还有大量DAO工具组件和解决方案出现在市场上，比如同样聚焦DAO基础设施的DAO Stack和Elastic DAO，聚焦财库管理和资金支付的Parcel、Llama和Sablier，聚焦授权决策和仲裁解决方案的Kleros和Boardroom，以及聚焦数据统计和显示的Tally和DeepDAO等。DAO工具是一个新兴的领域，最值得期待的看点在于工具和商业模式的结合，这种结合可能会对许多行业的产业链分工产生巨大冲击，但也意味着并不多见的商业机会。

DAO和法律的结合：寻找链下共识的支撑

尽管DAO肩负着在公司之外创造一种全新组织形态的使命，且凭借"Code is law"在社区协调和治理方面具有比较明显的优势，从而使得我们对DAO的应用前景充满期待，但一个不可回避的事实是，DAO的发展壮大不得不在代码之外寻找另一个维度的支撑，从而使其和现实世界的诸多规则进行融合。这是因为"代码自治"的效力只能体现在虚拟世界中，如果虚拟世界和现实世界处于一种分裂的状态，那么我们探索Web3.0和数字经济的意义也将大打折扣。只有虚拟世界和现实世界能够通过某种机制实现连接，虚拟世界在信息处理方面的优势才可以和现实世界进行结合，并对人类的生产和生活产生实质性的影响。我们对于人类数字化生存的终局都缺乏明确的判断，但现阶段DAO的发展一定要找到一种将DAO的治理效果传递到现实世界的有效机制，显然，法律就是一种可以满足这种需求的现实存在。

DAO和法律的结合是一个非常前沿的话题，也是一个关系到DAO能否快速找到一条高效应用路径的现实问题。我们在这里也不太可能为这个问题的解决提供准确的方案，但我们既可以通过提出这个问题来引起社会的关注，也可以通过梳理DAO与法律结合所遇到的问题，将这个宏大的问题拆解，以便化繁为简，抓住主要逻辑。

DAO和法律的结合，首先需要为DAO在现实法律中找到一个合适的身份，DAO一旦具备了现实法律框架下的身份定位，就可以具备一套明确的行为方式。美国怀俄明州DAO法案的推出，无疑提供了一种现实的方案。和这个法案类似的还有前文提到的LAO模式、特拉华模式[1]、科罗拉多模式[2]以及离岸实体模式[3]。但毫无疑问的是，简单地把DAO装进这些模式还是会产生类似"把轮船推到铁轨上"的问题，因此，针对DAO的运营特点和风险属性进行制度创新是非常有必要的。

其次，如何界定智能合约的法律属性也是一个重要问题。因为智能合约可以"自运行"，所以如果智能合约的执行结果损害了某些人的合法权益，那么应该由谁来承担相关责任？是全体社区成员还是项目发起人，或是智能合约的开发人员？在一个法律文书和智能合约同时存在的治理系统中，如果法律文书所表述的内容和智能合约运行的结果存在差异，那么人们应该以哪个为准？怀俄明州的DAO法案明确规定，DAO普通成员免于承担相关责任，且智能合约的效力优于公司章程，但对于智能合约产生的侵权事件由谁负责，该法案并没有给出清晰的答案。

---

[1] 特拉华模式是指根据特拉华州的合同自由法规将DAO定位为一个有限责任公司，以使其对合同、税收和违法行为负责。
[2] 科罗拉多模式是指根据科罗拉多州合作法规中有限合作协会（LCA）的结构设立法律主体，有限合作协会是有限责任公司（LLC）和公司的混合体。
[3] 离岸实体模式是将DAO注册到具有优惠税收制度的外国司法管辖区，例如开曼群岛、巴拿马、新加坡、爱尔兰、英属维尔京群岛、百慕大和瑞士等，并将DAO包装在一个基金会式的实体中。

7

Web3.0 新趋势:
持续生长的其他枝干

以去中心化为主要特点的区块链技术在Web3.0的技术架构中发挥核心作用，但Web3.0的发展并不仅仅局限于一种技术的应用。站在数据逻辑的角度来看，物联网将数据的来源从人扩大到了物，人工智能将大大提升数据的使用价值，VR和AR等虚拟现实技术提供了一种全新的人机交互方式，使得人和数据的交互变得更加精细。

元宇宙为整个互联网产业提供了一个长期的发展目标，从软件到硬件，从基础设施到各种应用都能在元宇宙的坐标体系中找到属于自己的位置。本章将探讨Web3.0和多种数据技术的组合应用。

元宇宙：
Web3.0+新型人机交互

一、虚拟与现实深度融合的新世界

2022年，许多我们曾经熟悉的名词再次走到舞台中央，元宇宙似乎为这些熟悉的名词提供了新的空间，让人们有能力完成在过去非常困难的任务，这些任务或者缺乏场景，或者成本过高，或者难以融入普通大众的生活。元宇宙空间拥有区块链去中心化技术的加持，这使得创作者能够轻松地建立数字稀缺性，将游戏里的土地以及装备等都设计成NFT，实现数字世界的民有、民治、民享（见图7-1）。

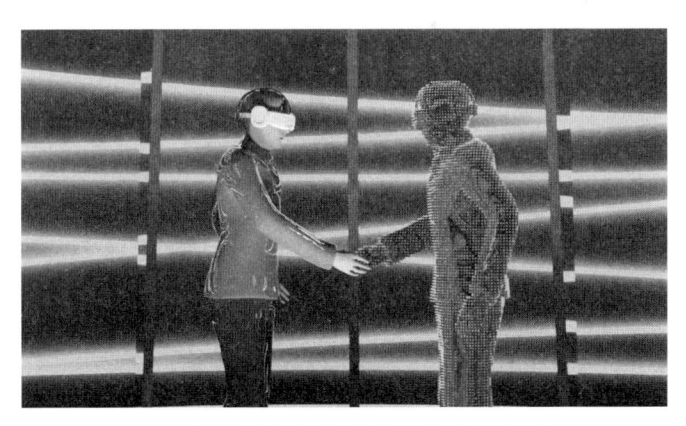

图7-1　元宇宙时代（图片来源：ISPO网站）

元宇宙是尼尔·斯蒂芬森在1992年发表的小说《雪崩》中提出的概念，指的是一个永恒的虚拟世界。元宇宙是互联网的继承者，人们将在元宇宙中度过人生的大部分时间。元宇宙可以通过特殊的目镜进入，允许人们见面、互动、玩游戏、交易等。它创造了一个虚拟真实的融合空间，使信息完全围绕着人们，从而演变成一种具有无限空间和时间的新社会形式。元宇宙是信息技术蓬勃发展的集成应用。元宇宙要想看起来与真实世界无异，并获得自身的持续发展，就必须拥有关键的基础设施、吸引人的应用场景、完备的经济制度和治理机制，只有这样大家才能在元宇宙空间里生活。这种需求也预示着它的构成至少应涵盖以下几项核心技术：5G、AR、VR、MR（混合现实）、人工智能、数字身份、区块链、加密货币、NFT、DAO、隐私计算等。这些技术构成了元宇宙世界的基础，缺一不可。元宇宙核心技术架构见图7-2。

- 数字身份
- 数字代币
- DAO

▶▶ 区块链

↗ AR、VR、MR

- 虚拟物体
- 连接性
- 沉浸式图谱

- 图片现实物体
- 生动体验
- 数字孪生

👁 3D技术

👤 人工智能

- 自主生成内容
- 自然语言处理
- 算法

📶 物联网

- 数据治理
- 融合性
- 实时仿生

图7-2　元宇宙核心技术架构

元宇宙通常由XR空间组成，其中人类将和人工智能进行深度交互：有些是人们在计算机和手机上与AR应用程序的日常互动，有些是人们在游戏或幻想世界中进行的互动，有些互动发生在复制现实生活环境的镜面世界中。人机交互是元宇宙系统的基本能力，从某种意义上说，人机交互性能直接决定了人类在元宇宙中的能力边界，即元宇宙对人类的价值。HCI（Human Computer Interaction，人机交互）预计将突破当前的两种技术CUI（Command User Interface，命令用户界面）和GUI（Graphical User Interface，图形用户界面），从而发展为NUI（Natural User Interface，自然用户界面）。CUI和GUI都要求用户学会软件开发人员预设的操作，而NUI允许用户以最自然的方式（例如语音、面部表情、运动手势、移动身体或头部）与计算机通信。人工智能驱动的元宇宙使用户能够承担更有趣、更有吸引力和更有影响力的任务。作为所有用户随时随地都可以访问的虚拟空间，元宇宙中的用户交互行为将无处不在且长久持续，这也极大地挑战了人工智能推断用户交互意图的准确性。XR以及更先进的3D技术的快速发展将惠及社会的各个方面——教育、医疗保健、游戏和娱乐、艺术、社会和公民生活以及其他活动。当然，与担心所有数字技术一样，人们担心这些新空间对健康、安全、安保、隐私和经济产生无法预测的影响。这就引发了大量猜测，即XR和元宇宙成熟后会是什么样子，它们对社会意味着什么？

虽然元宇宙最初可能起源于科幻小说，但如今它不再是虚构作品。今天，一个元宇宙风格的虚拟世界被广泛认可是不可避免的，许多实力强大的公司正在争先占领元宇宙市场。鲁奇尔·夏尔马（Ruchir Sharma）在《纽约时报》的一篇评论文章中写道："意识到游戏公司构成的威胁，苹果、亚马逊和谷歌等互联网巨头正在竞相控制元宇宙的相关场景。"元宇宙是一个大的应用场景，要实现这么大的应用场景，肯定需要软件、硬件、基础设施等的支撑，以及各式各样的新商业模型，所以元宇宙不是一个短暂的风口，而是一个比较长期的趋势。现在在很多互联网平台上看到的场景，未来在元宇宙里都可以实现。

二、元宇宙的四大支柱

元宇宙对今天生活形态的转变或者转化是直接的，但在这个领域里，元宇宙还没有一个确切的定义，因为它是由用户共建形成的一种新的生活形态。正因为由所有用户共建，所以我们今天没有必要定义它。通过对元宇宙的剖析，我们可以将其拆解成四个核心赛道，分别是技术基础设施、应用和内容、协议层、全新业态（见图7-3）。当这四个大方向足够完善时，我们或许可以看到达到90%完善度的元宇宙。

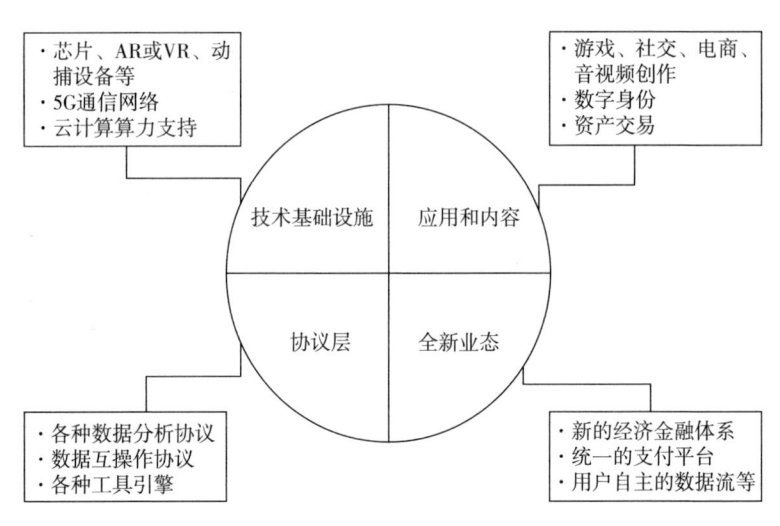

图7-3 元宇宙四大核心赛道

一是技术基础设施。从广义上说，技术基础设施可以是芯片、AR或VR、动作捕捉、脑机接口等沉浸式的辅助设备。技术基础设施对元宇宙的发展是至关重要的。如果不更深入地了解如何操作，人们就很难思考"我们能做什么"。回顾互联网的黄金时代，人们可以认识到，只有引入基于云端的服务器，互联网和移动互联网服务才能扩展。但这些工具和基础设施已经难以满足元宇宙这个虚拟世界的需求了。例如，没有标准的3D文件格式，3D内容就是碎片化的，并且需要多个文件来代表单个资产。3D内容也是交互式和位置感知的，甚至可以移动或更改，这就需要更强大的基础设施。因此，如果缺少关键的工具和基础设施，开发人员就不能够在不同平台上或出于不同目的构建更好、更具可扩展性的3D、AR或VR应用程序。它们对元宇宙的成功至关重要，并将释放3D技术的潜力，在虚拟培训、3D辅助医疗保健、增强导航、游戏等领域造福社会。

从2G到5G的演进，我们看到了各种应用的蓬勃发展，所以更加先进的移动通信服务一旦出现，就可以支持更多的应用体验，激发出今天想象不到的应用场景，比如镜像世界类应用。

从算力支持的角度来说，算力的需求越来越大，不管是云端还是边缘端。在可以想象的元宇宙概念场景里，实时运算、渲染、数据整合预测、人工智能算法等都会推进芯片软件的创新。比如，美剧《西部世界》（*West World*）中沿着不同故事线的实时交流都需要极大的算力支持。今天我们说的大算力需求，是就今天的尺度而言，一旦量子计算实现商业化，算力的飞跃就可以支持更多元宇宙的应用场景。从这个角度来讲，算力需求是无限的，算力需求与应用的广度与深度是相对应的，而这方面的投资也在很大程度上取决于应用市场的成熟度。但不可否认的是，硬科技是支撑元宇宙产业的基础，关注这方面的硬科技进展是判断元宇宙市场成熟与否的一个关键指标。

在技术基础设施完备的前提下,元宇宙的生态、商业模式才能更加丰满,所以技术基础设施自然是投资的热点之一。

二是应用和内容。谈到应用和内容,不外乎游戏、社交、电商消费、资产交易、音视频创作、数字或虚拟身份、隐私保护、金融服务、泛娱乐场景应用。Facebook的虚拟人物社交、腾讯的沉浸式游戏产业、各个直播平台的虚拟偶像互动都是元宇宙的直接体现。虽然现在很多项目初期都是从游戏场景切入的,以让人们有浅层的元宇宙体验,但那只是元宇宙里的游戏,并不是元宇宙。元宇宙还包含社交直播平台、电商场景,或者在未来三年可以看到的一些线下结合线上的更有体验感的游乐园。应用和内容的体验既基于基础设施的发展,也需要高端芯片,这种芯片不只支持边缘计算的传感器,还包含生物识别、人机交互等功能。

在应用和内容方面,一个更加需要基础设施的技术支持以及真正由用户体验推动内容创作的例子,是2020年年底Genvid Technologies(交互式流媒体技术公司)推出的MLIE(Massively Live Interactive Event,大型互动式实时事件),这种技术的产生将导入更多结合了AI的UGC(User Generation Content,用户创作内容)元素。

真正能够全面体验内容的应该是一种全虚拟体验互联网平台。我们可以用Second life[1]的概念来想象一下,人们在这类平台上可以体验日常生活中的衣食住行,包含游戏、学习、社交、电商以及数字经济金融服务场景。这样的平台需要分布式的、自发性的内容创作,以及无数的第三方应用服务,从而借由用户的自主创造来经营平台的未来。

---

[1] Second life,译为第二人生,是一款沙盒类游戏。

每个用户都能够在这个虚拟平台上产生价值，基于虚拟数字经济模型的运转，用户可以将自身的贡献转化成收入，并且在虚拟世界里消费和生产。当然，全虚拟体验互联网平台的发展还需要时间。

三是协议层。比如提供各种数据分析、互操作的协议，各种工具引擎，改善元宇宙体验的中小企业，提供分布式存储和算力的供应商，安全保护等。

我们可以从互联网的发展历程来理解这类产业的重要性。比如，TCP/IP、5G协议都是通过全球性的企业联盟商议标准，敲定协议完成互操作的。互操作的实现让流量的聚合成为可能，未来元宇宙必须能够跨平台、互操作，只有这样体验才能更丰满。如同现在互联网行业里的各种第三方服务商，无非都是为了给B端以及C端提供更加优质的体验与服务。各式工具引擎可以让用户一键进入元宇宙。

元宇宙不会重蹈互联网封闭式的发展历程——形成垄断式的行业巨头，反而一开始就会有开源开放的各式工具来满足跨平台的数据整合。如果所有游戏公司开发的引擎都能够支持跨平台，所有的电影电视渲染工具都能够与游戏里的引擎相兼容，所有的用户账号、原始数据、交易记录、经济体系都能相通，那么一个充满想象空间的应用场景就会出现。当然，这些工具的商业价值体现有赖于创新的数字经济模式，机构投资甚至开发者或用户投资都会有相应的经济回报。

现在互联网巨头也都已经有技术整合的计划，例如英伟达的Omniverse平台可以兼容迪士尼Pixart的开源数据平台Universal Scene Description（USD），Epic游戏公司的Epic Online Services（EOS）可以兼容微软的PlayFab以及亚马逊的Gameloft。

四是全新业态。我们可以将时间的唯一性、稀缺性无限延伸，让一个人拥有很多同时并存的数字身份，这意味着24/7的体验交流，也意味着生命时间的延展，而生命时间的延展是能够创造额外价值的。更广义的金融管理方式包含所有个人数据资产化的商业业态，以及个人数字ID的资产管理，这样的新商业业态拥有创新的经济金融体系、统一的支付平台、用户自主的数据流系统等。

这恰恰说明元宇宙概念的商务模式应该是基于分布式互联网架构的，简单来说就是区块链技术，将人、事、时、地、物，以及现实与虚拟数据的归属、本质、价值重新定义，衍生出一种新的商业价值逻辑，完全颠覆人类历史上演变了几百年的经济学。

通过区块链的去中心化共识、开放式架构、自信任程序以及加密资产经济机制，我们可以创造出更多具备元宇宙特质的新商业范式。

三、从脑机接口到数字人

技术可以扩展我们周围的世界，增强我们的体验和能力，并将现实扩展到数字和虚拟世界。随着疫情对网络普及化的推动，我们正在尝试新平台，即将沉浸式技术推向极限，并以新的方式进行协作，从眼动跟踪和面部跟踪到生物识别和大脑控制界面。但是，我们离元宇宙还有多远，我们能通过感官技术了解自己什么？

2017年，《麻省理工学院技术评论》写道，仅仅一年后，脑机接口技术或许就可以成为主流，并被VR街机公司采用。这是一个乐观的估计，因为消费者和硬件都需要一个过渡和采用阶段。在精神控制系统中广为人知的是脑机接口，这是迄今为止最强大的嵌入式技术，涉及以微米精度将96根线插入大脑。这是一项高风险的尝试，但也正在逐步成为可能。

触觉为我们提供了关于物理世界的大量信息。然而，它只在非常少的情况下被用来与计算机互动。触摸是指用皮肤的触觉细胞对机械力进行感知，而更广泛意义上的触觉还包括其他形式的感知，比如温度或疼痛，以及身体其他部位的感觉。Teslasuit（全身触觉反馈装置）是一个非侵入性HCI系统，使用压电EAP（电活性聚合物）记录玩家肌肉产生的电信号，为VR中的头像制作动画。随着新的触觉和生物识别感官技术的发展，更复杂的界面将开始出现。

虽然VR可以追溯到20世纪中叶，但直到2010年，帕尔默·洛基（Palmer Luckey）才推出了Oculus Rift（头戴式显示器）。十年后，我们拥有了一个健康的沉浸式生态系统，AR正在迅速成为一个无处不在的应用。Nreal与Clay AIR合作，于2020年3月宣布将手部跟踪和手势识别相结合，这代表了另一项备受期待的运动交互技术，融合了Oculus生态系统以外的真实和虚拟世界。正如我们在触觉产品的小型化进程中看到的那样，AR耳机以及AR隐形眼镜也开始进入消费市场，比如InWith的闪烁镜片和Mojo Vision的隐形眼镜等。

眼睛跟踪有可能暴露个人的内在特征，比如种族、年龄、性别和性取向，并揭示敏感的健康特征，例如他们是否患有自闭症或焦虑和抑郁等疾病。我们几乎不能对眼睛进行有意识的控制，因此提供可以揭示所有这些信息的数据（可以不受约束地访问）以及独特的用户指纹的想法与我们对隐私保护的价值观是对立的。网页浏览器可以充当用户代理——应用程序与设备传感器以及数据资源之间的中介，而不是提供对原始数据的访问。这类数据将如何影响就业、医疗保健、人际关系和更广泛的生活问题？私营公司和个人对上述情况的直接反应是什么？数据隐私的解决方案是什么？

当我们自信地漫步在像素化的草地上，感知、看到、听到和环境互动，就像它们是真实的一样时，我们开始遇到更先进的NPC和机器人，它们既可以是人类，也可以是机器。2020年1月，Soul Machines（虚拟人物开发商）宣布，它已经筹集了4 000万美元用于面向人工智能的数字头像技术，该技术在其网站上被描述为"为数字人类提供感知、学习和适应能力的数字大脑"。我们已经在全球范围内遇到了这些数字人类，并在最近目睹了这一垂直领域的大规模资金流动。我们把数字人类列入多感官技术列表，因为就像我们彼此互动的方式一样，我们与数字人类互动的方式（无论它们是否已知如此）是有关我们另一个性格的生动故事。

感官学院将知觉描述为我们的感官通过神经可塑性改变的能力，也就是大脑因新情况而改变和适应的能力。这意味着我们可以通过声音感受，通过触摸听到。我们的感官是一个迷人的体验游乐场，为我们的现实感提供信息。即使我们不同时使用上述所有技术，如何改变和增强我们的感知也存在无穷无尽的可能性。

数字人类生活在元宇宙中，在那里，它们不是作为真人的复制品，而是作为人工智能支持的角色，与电子游戏角色不同，它们可以对你的输入做出智能反应。例如，它们观察你的声音、面部表情和肢体语言传达的情绪，并用自己的表情回应这些线索，从而获得更细致入微的情感和认知理解。数字人类拥有模仿人们说话方式的能力，而不仅仅是解释人类说或写的内容，比单音符聊天机器人具有明显的优势。数字人类公司UneeQ指出，非语言因素包括语气和肢体语言，占人类沟通的93%。数字人类具有独特的功能，可以阅读、倾听和观看，进而分析出用户的需求、感受和心态等。也就是说，它们在事实上与人类建立了"情感联系"。虚拟数字人的一般框架见图7-4。

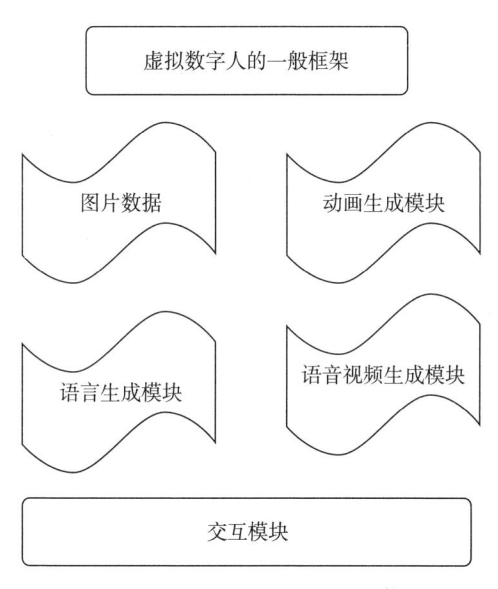

```
          ┌──────────────────┐
          │ 虚拟数字人的一般框架 │
          └──────────────────┘

   ╱▔▔▔▔▔╲          ╱▔▔▔▔▔▔╲
   图片数据            动画生成模块
   ╲▁▁▁▁▁╱          ╲▁▁▁▁▁▁╱

   ╱▔▔▔▔▔╲          ╱▔▔▔▔▔▔▔╲
   语言生成模块         语音视频生成模块
   ╲▁▁▁▁▁╱          ╲▁▁▁▁▁▁▁╱

          ┌──────────────────┐
          │      交互模块      │
          └──────────────────┘
```

图7-4 虚拟数字人的一般框架

随着我们迈向更具个性化的在线体验时代，使用多感官沉浸式技术，我们很快就能够获得令人难以置信的体验。

物联网：
从人的数据化到环境的数据化

一、消除物理世界和虚拟世界之间的障碍

Web3.0的一个重要特征是，它是不需要许可的，任何人都可以在未经中央服务器许可的情况下参与Web3.0。最重要的是，Web3.0无处不在，这意味着互联网将随时可用，用户不必只依赖计算机和智能手机等设备来访问互联网。Web3.0的无处不在，让人们可以通过许多基于物联网技术的智能小工具实现互联网接入。简而言之，物联网就是将互联网连接的力量带给非计算设备，以执行各种任务，例如发送、接收甚至处理数据。物联网的主要目标是让企业从它们利用的设备和环境中获得更好的见解。物联网将计算和连接的范围扩大到计算机无法访问或没有必要访问的地区（见图7-5）。

图7-5　物联网

物联网主要涉及连接、智能、数据、对象、操作和生态系统。物联网设备和硬件之间的连接是物联网技术与物联网生态系统的基础。连接的设备相互通信并产生可用于分析的数据，而数据是行动和情报的输入。最重要的是，物联网涉及的智能侧重于物联网设备的感应能力和从分析中收集的数据，这些设备从微小的传感器到健身跟踪器，再到执行复杂物理任务的巨型自主设备。由于这些设备已经连接到互联网，因此它们具有唯一的IP地址。它们将收集的数据传输到专门的服务器（例如云服务器），并对其进行处理和分析，以便企业可以根据处理结果采取行动。

Web3.0旨在通过允许用户重新控制其个人数据来实现互联网的民主化。与此同时，物联网旨在将我们周围的所有东西连接到互联网，从而消除物理世界和虚拟世界之间的障碍。

二、从人联网到智能设备互联

随着越来越多的人沉迷于他们的设备及其功能，物联网设备的使用规模将继续大幅增加。人们可能会选择与他人进行连接，将有关自己和家人的所有信息保存在物联网设备中。2015—2025年全球设备联网规模见图7-6。

物联网设备收集的数据越多，它们就会越智能。城市将通过使用物联网连接设备转变为智能城市，因为通过访客亭、仪表盘、摄像机监控系统、自行车租赁站和出租车等工具可以实现自动远程管理和收集数据，用智能交通灯来收集交通数据，并使用这些数据将交通信号同步到高峰交通时间。智能家居集线器、恒温器、照明系统甚至咖啡机都会收集有关用户的习惯和使用模式的数据，用户在用语音控制设备时，可以允许它们录制自己说的话并将这些录音存储在云端,以促进机器学习。

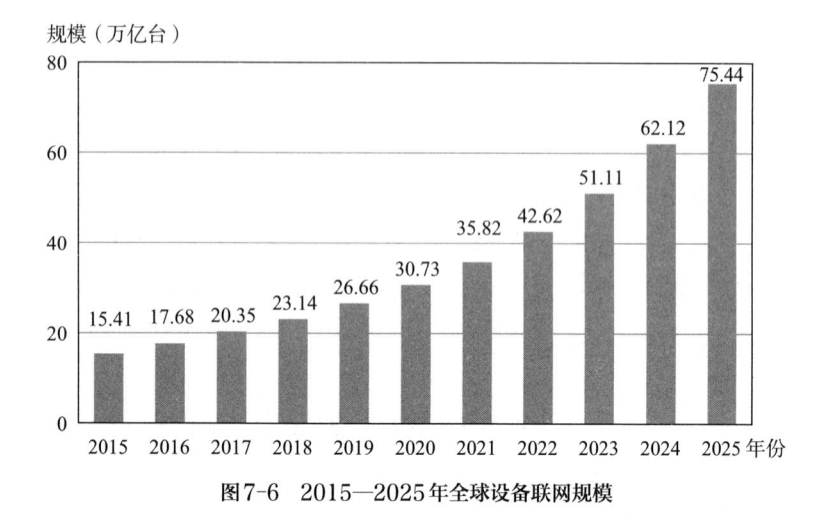

规模(万亿台)

图7-6　2015—2025年全球设备联网规模

5G技术的普及带来了更快的网络,以及连接更多智能设备的能力。更快的网络意味着智能设备积累的数据将得到更高程度的收集、分析和管理,这将推动制造物联网设备的公司的创新,并刺激消费者对新产品的需求,比如5G正在将汽车行业推向全新的模式。无人驾驶汽车以及已经在路上的互联车辆的发展将受益于更快的数据传输速度,因为新车将分析用户的数据并与其他物联网设备连接,包括其他四轮驱动的高科技车辆。

三、车联网:智能汽车的未来

物联网正在推动传统的车辆专用网络向车联网(Internet of Vehicle,IoV)演变。随着越来越多的车辆连接到物联网,传统的VANET(Vehicular Ad-Hoc Network,车载移动网络)正在转变为车联网。与VANET相比,车联网有两个主要技术方向:车辆的网络工作和车辆的智能化。车辆的网络工作是由 VANET、车辆远程信息处理和移动互联网组成的。车辆的智能化是指通过使用网络技术，将驾驶员和车辆作为一个整体，使其更加智能化，这就需要深度学习、认知计算、蜂群计算、不确定性人工智能等技术提供支撑。

车联网是指车辆与车辆、车辆与行人、车辆与道路基建以及车辆与网络之间的延时通信系统。车联网系统的实时信息传递功能，能实现人、车与道路的协调配合，即时对道路使用者进行路况汇报与警示，从而加强道路安全和辅助驾驶。同时，车联网技术可应用在实时交通监控、事故管理和行车路线规划等方面以提高交通效率。长远而言，车联网技术更能配合自动驾驶技术的发展，协助判断隐藏危险，提升道路安全。例如，特斯拉团队旨在通过使自动驾驶电动汽车安全、负担得起和可扩展来做到这一点。他们的方法是将几种技术结合在一个平台 ADAS（Advanced Driver Assistance System，高级辅助驾驶系统）上，使车辆在没有人工输入的情况下自行驾驶。车联网的价值来源见图 7-7。

硬件销售
高级音响主机及联网硬件

服务费
初始和运行服务费

第三方接入
第三方为接入车辆后端等系统而支付的费用

数据货币化
从数据中提取洞见，由此免除（内部和外部）市场调研开支

车联网的价值来源

无线升级
车辆后端等系统的无线升级收费

交叉销售
利用洞见销售汽车附加产品与服务

追加销售
追加销售基于联网功能的汽车功能，如自动驾驶

图 7-7　车联网的价值来源（图片来源：埃森哲，《车联网的未来》）

从架构来讲，有多种方法可以用来实现和设计车联网系统，但车联网架构应该有以下四层，以获得适当的物联网功能。

(一) 感知

在开发车联网系统时，重要的是要考虑到环境因素。例如，车联网汽车需要感知障碍物、其他车辆和人类运动，以避开可能构成威胁的人或物体。如果物体接近太快，无人驾驶汽车就应该减速以避免碰撞。车辆本身也应该受到监控，看看是否有任何故障或性能不佳的迹象；如果车辆本身不可靠，那么严重依赖车联网是没有意义的。

车辆的所有传感器都包含在这一层中。此外，感知层收集环境信息，用于监测事件、驾驶习惯和突发情况。它还具有射频识别和感知周围环境、车辆位置和其他物体的能力。

(二) 网络

这是提供所有所需连接的通信层，包括移动网络通信技术、无线局域网、蓝牙和Wi-Fi，用于汽车、其他设备和基础设施之间的通信。5G对车联网的发展至关重要，可以支持高速率、高带宽、低延迟和可靠的连接。此外，5G物联网蜂窝标准允许车辆在多个设备之间更高效地传输大量实时数据。

(三) 人工智能

车联网一旦收集了所有数据，就必须用其来做出决策，并允许汽车做出相应的反应。这就是人工智能成为车联网的关键组成部分的原因，因为它支持预测、决策和执行。人工智能层包括大数据分析软件、专用系统（无人驾驶汽车中的计算机视觉应用程序，用于识别道路上的物体，或AI仪表盘等安全设备）和云计算组件。人工智能层具有内置的云存储等基础设施，可以支持处理服务和系统低级组件实现平稳连接。

（四）应用程序

最后，应用程序层应用人工智能层的计算结果。它是物联网的用户端，可用于多种目的，比如娱乐、GPS导航和车载服务。

应用程序层包括车联网系统中的所有网络感知应用程序，以及远程信息处理、信息娱乐和一般汽车功能（例如监控发动机性能）。

车联网还包括所有连接车辆的GID（Globe ID，全球终端身份）。GID解决了射频识别的所有问题，包括速度慢和覆盖范围有限。此外，GID为车辆提供对车辆网络安全至关重要的数字ID。

人工智能：
数字经济时代的生产力逻辑

一、从数字城市到智能城市

城市化的持续加速带来了新的挑战。联合国经济和社会事务部的数据显示，55%的世界人口居住在城市地区，预计到2050年，这一比例将上升到68%。这种快速增长也是全球主要城市人口增长以及区域城市扩张的必然结果。这反过来将给以下方面带来压力：可持续环境保护；在可用空间减少的情况下，建设更多更好的基础设施；以更实惠的成本提高城市居民的生活质量。

智能城市是解决由城市化带来的挑战的一种工具。智能城市依赖信息和通信技术来促进经济增长、提高生活质量和完善治理结构。例如，市政当局可以将运输和能源电网系统互联，建造配备传感器的节能建筑，并开发通信系统，以便更好地监测和获得医疗保健、应急和其他公共服务。智能城市可以将某些关键生活质量指标提高10%~30%，包括减少犯罪、减轻健康负担、缩短通勤时间和降低碳排放。麦肯锡的研究表明，有三层架构交织在一起，使智能城市发挥作用。首先，技术基础包括智能手机和配备传感器的设备，它们生成数据并上传到高速通信网络。其次，计算机处理数据，为特定问题提供可行的解决方案。最后，公众与这些技术互动——智能城市的所有应用都依赖个人使用它们并提供数据来生成预测。未来智能城市见图7-8。

智能经济	智慧居民	智能治理	智能交通	智慧环境	智慧生活
·创新精神 ·创业行动 ·灵活的劳动力市场	·质量水平 ·终身学习 ·灵活性 ·创造力	·参与决策 ·完善的公共服务和社会服务 ·治理透明	·随叫随到 ·可用的人机交互 ·绿色交通系统	·有吸引力的自然环境 ·无污染 ·环境保护	·文化设施 ·旅游业发达 ·个人安全

图7-8 未来智能城市

为了发挥作用，智能城市需要处理大量数据，即"大数据"。大数据被描述为"大容量、高速或多品类的信息资产",这意味着它需要大量的数据、高效的处理速度以及智能化的数据模型。人工智能指的是"使用非人类系统从经验中学习和模仿人类智能行为"的各种方法。人工智能可以有效地筛选大量的数据,进行数据预测并提出具有成本优势的解决方案,为智能城市提供动力。在智能城市中,人工智能分为监督学习和无监督学习。其中,监督学习主要通过创建数据集和目标值,以训练人工智能在收集的原始数据中找到特定的解决方案,并通过执行来不断优化方案。在无监督学习中,非标记和非机密数据集用于训练和询问人工智能,并在数据中找到潜在特征和隐藏模式。

二、机器人:解放人的双手与削弱劳动力需求

自工业革命以来,机器在工作场所取代人类一直是工业化发展的主要目标之一,在过去的几十年里,自动化成为工业化的核心。但到目前为止,人们对机器人的炒作超过了自动化——特别是对不需要人类操作的机器人表现出极大的兴趣。如果机器人技术得到充分发展,那么这无疑将对人类社会的劳动模式产生极大影响。

波士顿大学教授帕斯夸尔·雷斯特雷波(Pascual Restrepo)博士的一项研究发现,在美国,各种行业都在不同程度地采用机器人,机器人对不同地区和不同群体的影响也各不相同——汽车行业比其他行业更多地采用机器人,中低收入、从事体力劳动以及居住在得克萨斯州的工人是最有可能受到机器人影响的群体之一。工业机器人是自动控制、可多次编程、多用途的机器,可以做焊接、油漆和包装等各种事情。它们是完全自主的,不需要人类操作。阿西莫格鲁(Acemoglu)和雷斯特雷波写道,1993—2007年,美国工业机器人的使用率增长

了四倍，每一千名工人中就有一个机器人。

机器人无处不在。研究人员和公司都在致力于取得突破性的发展，要么将机器人技术提高到最先进水平，要么追求创新应用。虽然机器人产业已有超过60年发展史，但包括传统工业机器人及服务机器人的产业链仅有300亿~400亿美元规模。我们认为，在智能化加持下，机器人的外延及边界已被数倍扩大，新物种的诞生及传统设备的智能化将共同驱动机器人产业十倍及百倍增长。概括来讲，机器人普及的意义是对人类劳动的替代、完成人类所无法完成任务的能力延伸以及情感陪伴等。但机器人的普及并不仅仅意味着对人类劳动的替代，在机器人承担一些相对简单的工作任务之后，人类可以从一些简单重复的劳动中解脱出来，并将更多的时间和精力用于技术创新，从而对生产力的整体状况产生积极影响。

三、当人工智能遇到元宇宙

元宇宙概念虽然仍处于起步阶段，但引起了公众的极大关注。彭博社分析师表示，到2024年，元宇宙作为世界"下一个大型技术平台"的总市值可能会达到8 000亿美元。[①]正如前文所提到的，在元宇宙中，参与者可以在各种自组织的团体和环境中参与各种社会、经济、娱乐和艺术活动。

元宇宙将以更深入的方式对人工智能进行集成，以便为用户提供更多的服务和价值。扎克伯格说，我们在元宇宙中获得的体验超出了今天

[①] 数据来源：https://www.bloomberg.com/professional/blog/metaverse-may-be-800-billion-market-next-tech-platform/。

所能想象的任何情况,他将元宇宙描述为"互联网的沉浸式版本"。元宇宙需要在各个领域取得进展,从新的硬件设备到构建和探索世界的软件——人工智能是解锁这些进步的关键。人工智能是计算机或计算机控制的机器人执行通常由人类完成的任务的能力。元宇宙的人工智能研究和使用包括内容分析、监督语音处理、计算机视觉等。

人工智能提供商能够使用变压器神经网络(人工智能背后的处理能力)、神经符号AI(具有高级学习能力的AI技术)和其他相关技术为每个用户生成定制场景。人工智能可以通过让用户描述有关场景的一些详细信息,然后生成对所述场景的完整描述。一旦有足够大的用户社区利用这些功能来进行内容创作,人工智能就可以通过数据挖掘来建立模型,并通过模型的不断优化来更加突出创作者的个人风格。比如,数字人类能看到和倾听用户,以理解他们在说什么,还可以使用言语和肢体语言来创建类似人类的对话和互动。在元宇宙中,数字人类是3D聊天机器人,可以对用户在VR世界中的行为做出反应和响应。它们是非游戏角色,即虚拟现实中的角色,与用户控制的角色相比,其响应和动作由自动脚本或规则集决定。

元宇宙现有的诸多用例表明,它迫切需要与VR和区块链技术实现协同工作的人工智能。随着元宇宙越来越受欢迎,我们将看到资金涌入——帮助创造所需的技术。人工智能技术的适当部署将释放元宇宙的真正潜力,我们将看到与我们的模拟世界并存的令人兴奋的数字景观的发展。

数字孪生：
从消费互联网向工业互联网的延伸

一、与工业4.0携手

数字孪生技术从20世纪60年代以来就被应用于实践。美国国家航空航天局在太空计划中就使用了简单的数字孪生技术，以测试和模拟阿波罗13号上的条件。2002年，随着迈克尔·格里菲斯（Michael Griffiths）在密歇根大学进行了一次技术讲座，数字孪生技术得到了广泛的认可，数字孪生的理念也得到了关注。数字孪生是一种虚拟模型，主要是通过数字镜像技术在物理世界和数字世界之间搭建了近乎实时的桥梁，使用户能够远程监控与控制设备和系统。最终，它可以测试和预测不同假设场景下的设备和流程变化。

创建数字孪生需要以下三种元素，包括：

- 传感器捕获设备的状态特征（振动、温度、压力等）及其环境数据（气温、湿度等）。
- 通信网络提供从物理设备到数字世界的安全可靠的数据传输。
- 一个数字平台，作为现代数据存储库存储车间传感器数据与高级业务数据池数据（例如MES、ERP），并通过这些数据源和先进的人工智能或机器学习算法的结合对决策提供支持。

企业可以构建一个涵盖所有内容的数字孪生模型，无论其大小——从单个组件和资产（涡轮机、管道等）到复杂的流程和环境（生产线、制造工厂、风电场等）。数字孪生模型的复杂性和细节水平取决于企业所采用的IT基础设施的可用性和成熟度。

数字孪生技术为工业生产提供了前所未有的支撑，可以发现瓶颈、简化运营并创新产品开发。数字孪生技术在工业4.0中主要有三大应用。

预测性维护：通过全面了解设备的状态和性能，公司可以立即检测其运营中的异常和偏差，从而积极主动地计划备件的维护和补充，以尽量减少维修时间，并降低故障损失。对于原始设备制造商来说，使用数字孪生的预测性维护可以提高基于服务的收入流，同时提高产品可靠性。

流程规划和优化：生产线的数据记录传感器和ERP数据可以用于全面分析生产率和废品率等重要KPI（关键绩效指标）。这有助于诊断任何低效率和产量损失的根本原因，从而增加产量并减少浪费。此外，关于设备、流程和环境的数据的收集可以实现停机预测，以改善生产调度。

产品设计和虚拟原型：数字孪生建立的数字模型可以针对设备的使用模式、退化点、工作负载容量、使用缺陷等提供实时数据，并基于这些数据更好地了解产品的特点和故障模式，设计师和开发人员可以正确评估产品可用性并改进未来的组件设计。同样，原始设备制造商可以根据特定的使用模式为不同客户群体提供定制产品。数字孪生技术还有助于开发虚拟原型，并基于经验数据进行特征测试。

二、可信数字孪生

数字孪生和互联基础设施是同义词，它们的目标都是加强人员、部门之间甚至组织之间的连通性。如果我们想要拥有每个人都在追求的更清洁、更绿色、更快、成本更低的世界，那么很多东西需要更好的连接、更好的洞察和更深度的共享。然而，要做到这一点，我们需要建立基本的信任，对数字孪生来说也可以理解为确保数字模型的安全性。

数字孪生的安全性体现了一个组织的风控能力。但安全性不是一蹴而就的，也不是单凭一项设计就能够实现的，而是需要流程、法律、技术和工具，以使其在复杂的条件下持续发挥作用。尽管数字孪生的部署可能很安全，但其仍然需要信任。数字孪生在功能上是否等同于物理对象？一个特定的数字孪生可以与另一个数字孪生结合吗？除了在物理空间和虚拟空间之间流动的数据，如何信任数据生成源？数字孪生技术是否可以标准化到获得认证的程度？如何有效地管理数据存储？高并发和低吞吐量之间的冲突会引发什么后果？对此，我们应该至少从以下两个方面进行探讨。

(一) 可靠的性能

首先，数字孪生在性能上必须是敏捷的，同时保持系统性。其次，随着数字孪生的成熟和进化，它应该是可扩展的。最后，数字孪生认证流程必须被广泛接受，以便供应商和买方能够同时达到基本相似的技术标准，从而实现高效的协同开发和采购。

当前的数字孪生技术已经可以提高自主系统的可靠性。这是因为数字孪生允许对不同场景进行批量的训练，并通过反复迭代改进系统内嵌的人工智能组件（通常用于情况识别、态势感知和数据分析）。事实上，数字孪生允许基于真实数据进行机器学习算法的训练，因此它们不受具体某次现场验证结果的限制。

数字孪生需要大量数据输入和输出，这需要强大的网络安全保障。网络安全需要不断发展，以与日益复杂的网络攻击相对抗。同态加密允许在没有解密数据的情况下对数据进行计算，但到目前为止，这项技术仍然无法跟上所需的数据规模。多方安全计算密码学方法允许多方联合计算，同时保持输入数据的私密性，这可以极大地增加信任度。这项技术大大降低了执行高质量密码学计算的成本，并为计算引擎提供了更广泛的选择，从而为数字孪生技术提供了更强大的安全保障。

(二) 数据和算法质量对数字孪生的影响

先进的工业运营依赖于信息系统进行控制和分析。数据越来越被视为与实物资产具有同等价值的资产，收集、存储并处理数据会产生相当大的成本。当然，数字孪生也不例外。

在一个工业生产过程中，不同来源的数据（如物理和虚拟资产）可能由不同的组织拥有，但需要被全面汇总才能得出有用的分析结果。这种从不同来源收集和整理的数据需要通过严格的管理制度来解决数据安全的问题。由于数字孪生系统的数据会在物理空间和虚拟空间之间频繁流动，因此数据管理需要确定收集的数据类型、数据来源、组织形式，以及数据收集率和分辨率。此外，数据的流通需要在整个工业生产过程中支持"跟踪系统"，以增强透明性和公平性。由于行业竞争、商业压力使公司不愿与它们的竞争对手分享敏感信息，因此管理透明度和隐私之间的权衡是另一个重要挑战。

在与数据安全有关的挑战中，最重要的挑战是如何确保数据的可信度。在数据到达存储区之前，数据的可信度可能会因为篡改或数据来源问题而受到损害。

三、在虚拟现实中实现真正的价值

智能制造是工业4.0和工业互联网等所有主要制造业的共同战略优先事项之一。传感器和数据传输技术越来越多地用于在产品生命周期的不同阶段收集数据，包括产品设计、制造、分销、维护和回收。大数据分析可以充分利用数据来发现故障原因，简化供应链，优化产品性能并提高生产效率。智能制造的关键挑战之一是连接物理空间和虚拟空间。模拟、数据采集、数据通信和其他先进技术的快速发展使物理空间和虚拟空间比以往任何时候都能更频繁地互动。以网络物理集成为特征的数字孪生越来越受到学术界和行业的重视。在智能制造领域，数字孪生和大数据分析是相辅相成的技术。数字孪生可以在整个产品生命周期集成物理和虚拟数据，从而让大量数据通过高级分析进行处理，而分析结果可用于提高产品或流程在物理空间的性能。

数字孪生正被不同行业越来越多地应用。过去几年，关于数字孪生的出版物和专利越来越多，就证明了这一点。数字孪生能够使制造商做出更准确的预测、明智的决策和合理的计划。数字孪生可以为网络提供有关现实世界情况和运行状态的信息，这些信息可以增强制造系统在分析评估、预测诊断和性能优化方面的智能。因此，数字孪生可以被视为智能制造范式的重要驱动力。

随着3D模型的激增，数字孪生技术正在迅速和元宇宙结合，这有望创造一个人们可以工作、社交和购物的虚拟世界。任何数字世界都需要数字人类，就像工厂或发电厂可以有一个数字孪生一样，人类也是如此——我们谈论的不仅仅是一个头像。例如，医疗保健患者的数字孪生可以帮助患者跟踪各种医疗保健指标。

隐私计算：
从"可用需可见"向"可用不可见"的转变

一、隐私计算的商业价值

隐私跟秘密不同，隐私保护可以解释成一个人（或组织）不想要自己的某些信息（数据）被散布给所有人（或任何人）。而即使通过法律，这样的隐私保护在今天的互联网世界也是难以做到的。隐私（也就是信息数据的所有权益）是有价值的，因此隐私可以是一个人（或组织）如何选择在互联网世界揭露自己的"权利"，而这种"权利"是可以有对价的。对个人或企业来说，隐私是一个敏感的话题，作为一个自主的主体，当然应该拥有自主数据的管理权甚至控制权，但今天的互联网世界到处都有隐私侵犯的陷阱，让数据的价值无法得到合理的配置。因此，我们需要使用隐私计算来达到隐私保护的目的，从而真正地释放隐私，也就是"隐私即自由"。

强大的数据分析、人工智能和全球信息平台的融合，以及社会对个人数据的态度的变化正在改变政策和技术格局。据估计，到2030年，平均每人将拥有大约20台连接的设备。这些物联网设备包括笔记本电脑、智能手机、智能家居传感器、监控无人机和可穿戴心脏监视器等。健康设备可以采集有关心率、饮食、遗传学或病史的数据。智能能源设备可以收集有关家庭活动的数据。辅助驾驶系统需要收集用户所在位置、驾驶方式以及是否超过法定速度的数据。随着物联网设备数量的增加，网络攻击和隐私泄露变得更容易。随着数据和人工智能技术渗透到组织中，更广泛地共享数据变得有利。企业服务器可以访问的数据越多，访问数据的人的类型就越丰富，数据可能带来的价值就越大。数据的价值是无限的，但唯有在数据的隐私与安全获得相应的保障下，其价值才能体现并发挥出来。

二、当隐私计算遇到区块链

区块链领域使用的隐私安全技术大致有下列七种。

随机混合数据交流的地址，即借由多个交易地址的随机混合，让数据的流动得到隐私保护。也就是当单笔数据的流动发生时，随机挑选其他的数据流动需求，然后进行混合并打包处理。

匿名签名技术是实现网络环境下隐私保护的基本技术方案，包含群签名（1991年提出的技术）以及环签名。群签名，顾名思义就是一堆人签的名才是钥匙，这样单一个人的签名就可以被隐藏起来。但群签名需要一个群管理员，所以相对适用于联盟链的应用场景。环签名也是群签名的一种，但环签名不需要群管理员，所以更适用于公链架构。

同态加密技术是一种非常有潜力的加密技术，其起源可以追溯至1978年。同态指的是先运算再同态与先同态再运算所得到的结果是一样的；也可以说是在密文上直接做特定的计算，而完成计算后的解密结果跟在未加密（也就是明文）的情况下做的计算是一致的。使用同态加密技术对区块链上的数据进行加解密，并不影响原本的链上数据的特性。

属性加密（Attribute Based Encryption，ABE），最早在2005年提出，刚提出的时候只有单一授权的概念，从2011年开始有团队把属性加密用在区块链上。简单来说，其技术原理就是把密钥（或密文）的属性加上一定的策略嵌入密钥（或密文）。所谓属性是指信息文件的特征，策略是指这些特征之间的"与""或"关系。举例来说，策略嵌入密文，就意味着数据拥有者可以通过设定策略去决定拥有哪些属性的人能够访问这份密文，也就相当于对这份数据做了一种粒度细化到属性级别的访问控制。

多方安全计算（Secure Muti-Party Computation，MPC），首先由清华大学姚期智教授于1982年提出两方安全计算，之后奥登·戈德里克等人在1987年将其发展到多方安全计算。简单来说，多方安全计算的原理是允许多个数据所有者在互不信任的情况下进行协同计算，输出计算结果，并保证参与计算的任何一方均无法得到除了应得的计算结果的其他任何信息。换句话说，多方安全计算技术可以获取数据使用价值，却不泄露原始数据内容。最近几年，多方安全计算技术已经在区块链的多个应用领域被采用。

零知识证明是一项非常强效的隐私保护技术，这项技术理论早在1985年就由S.戈德瓦瑟等人提出。零知识证明是证明方可以向验证方证明某事真实的方法，除了具体陈述的事实，不透露任何额外的信息。基本的零知识证明是交互式的，需要验证方向证明方不断询问一系列有关其所掌握的"知识"的问题，如果证明方均能够给出正确回答，那么从概率上讲，证明方的确很有可能知道其所声称的"知识"。时至今日，已经有很多区块链协议应用零知识证明技术，例如

Loopring 的去中心化交易协议等。

可信执行环境（Trust Execution Environment，TEE），指不被常规操作系统干扰的计算。可信执行环境技术架构见图7-9。也就是说，可信执行环境是一个与操作系统并行运行的独立执行环境，独立于操作系统及其上面的应用，为整个软件环境提供安全计算服务。例如，ARM（全球领先的半导体知识产权提供商）计算机架构里的TrustZone就是支持可信执行环境技术的产品。TrustZone在概念上将SoC（系统级芯片）的硬件和软件资源划分为安全世界（Secure World）和非安全世界（Normal World），所有需要保密的操作在安全世界执行（如指纹识别、密码处理、数据加解密、安全认证等），其余操作在非安全世界执行（如用户操作系统、各种应用程序等）。

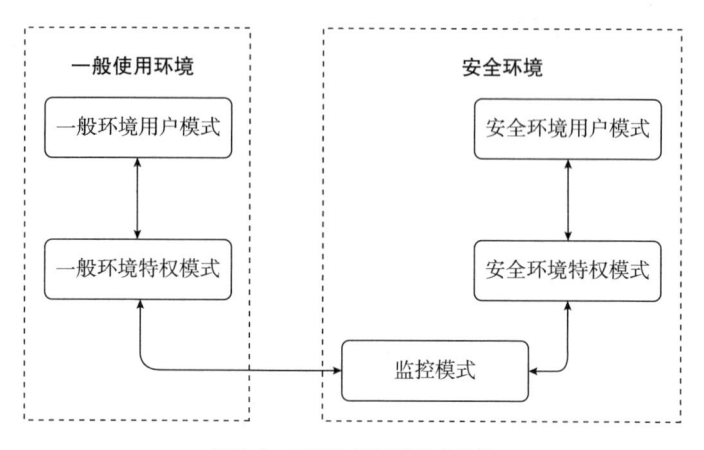

图7-9 可信执行环境技术架构

随着数字时代的到来，数字经济成为必然发展趋势，要想让数据的使用变得更有价值，让每个人、每个物分享和使用的数据都得到合适的、有价值的管理，隐私与安全就变得至关重要。当然，除了技术层面的研究，法律合规、商业变现等实际问题也需要考虑。

三、隐私计算——场景即未来

隐私计算的出现与兴起推动数据安全和数据合规分享等技术路径趋于成熟，能够在保证数据安全的前提下最大限度地挖掘数据的价值。随着技术的发展，有关隐私计算的产品逐渐成熟，数字经济的发展以及不断生效的数据保护法律等共同推动数据安全与个人隐私安全受到各界的广泛关注，互联网科技公司、金融机构等行业公司也纷纷踏足隐私计算行业，探索隐私计算的应用。总体来说，隐私计算的应用主要包括以下五个方面。

数据匿名化和数据去标识服务。随着更多数据可以在线访问，人们将寻求隐藏、删除和取消其身份与该数据的关联，以保护他们的隐私。数据去标识可能会产生对隐私计算的需求。

持续身份验证。当前用于数据安全的用户名、密码和PIN（个人身份识别码）将被持续身份验证取代，而持续身份验证将增强数据安全和隐私保护。

使用人工智能监测错误信息和虚假信息。人工智能算法将用于监测虚假信息和错误信息并阻止其传播。例如，人工智能可以在社交媒体平台和新闻网站上监测假新闻和不可靠的数据，然后警告用户以阻止其传播。

数字来源解决方案。为了验证数据的真实性，公司在创建新内容时可以使用区块链技术，作为数字来源或内容来源证明。

不在场证明服务。人们将使用可穿戴设备和存储设备来验证他们的踪迹，这不仅有助于人们记录他们个人和公共的某个时刻，还可以在需要时提供经过身份验证的证据，例如揭穿虚假内容或错误指控。对于政治家和名人来说，这可能是一个特别有用的解决方案，因为他们的声誉往往受其公众形象的影响。

低代码或无代码：
打破专业门槛也是一种进步

一、人人都是工程师

几十年来，各类组织在需要新的信息系统时有两种选择，既可以让自己的开发人员构建新系统，也可以从外部供应商那里购买系统。构建新系统，就像定制西装或连衣裙，比较能满足业务需求。但与定制服装一样，这通常意味着更高的成本和漫长的等待。供应商的系统就像现成的衣服，可能不合适，但通常便宜得多，安装速度更快。

然而，如今有第三种选择正变得越来越受欢迎。低代码或无代码（LC/NC）应用程序可以提供满足业务需求的系统，且其成本通常比内部开发的系统低得多。这些应用程序不会通过魔法带来这些好处，它们将开发交给用户，而不是专业的系统开发人员。通过点击或下拉菜单界面，用户通常可以在几个小时内设计出他们的个人或部门系统。这些应用程序也可能具有对话或搜索界面，很少需要编程技能。

2021年年初，高德纳（Gartner）发布了对低代码或无代码开发工具的新预测。在新冠肺炎疫情大流行导致远程工作增加的推动下，高德纳预计此类技术的全球市场将增长23%。随着低代码或无代码开发工具的市场稳步增长，它们有效地解决了一些技术相关的最复杂的挑战——主要是将工作流程数字化、增强客户和员工体验以及提高商业和运营团队效率。《哈佛商业评论》指出，低代码或无代码平台已经从仅仅满足特定功能的工具，演变为更广泛的真正拥有自动化和无编码的新软件应用程序。

二、拥抱超自动化

高德纳的"2022年顶级战略技术趋势"表明，未来三年，超自动化在部署和投资方面都将快速增长。业务驱动的超自动化允许组织"快速识别、审查和自动化尽可能多的业务和IT流程"。低代码或无代码工具准备在这场超自动化军备竞赛中发挥主导作用。采取集中、协调的超自动化方法的组织将能够找到与其业务目标相匹配的新效率模式。

RPA（机器人流程自动化）是市场增长最快的低代码或无代码系统之一。它使用简单的决策规则，允许用户设计可以进入多个信息系统的自动化工作流程，这非常适合后台管理流程的自动化。一些RPA工具提供了能够辨别何时需要自动化或人工智能工具的功能，以创建智能或增强自动化。

低代码或无代码工具的其他示例包括低代码工作流程或案例管理系统（传统业务流程管理工具的现代版本）、虚拟助理或聊天机器人工具等。一些新的低代码或无代码工具提供接口，使创建新应用程序和数字功能更像点击和配置菜单，而不是雇用和管理大量开发人员。

这极大地扩大了可以在企业中构建应用程序的人群。低代码软件可能仍然需要一定程度的编程技能，它通常被专业软件开发人员及混合业务或IT员工用来提高他们的生产力。无代码软件适合非技术人员使用，它们有时被称为"公民开发人员"。对于许多公司来说，这有助于它们更快地将任务和流程数字化与自动化，而不是试图雇用难以获得的开发人才。然而，需要注意的是：低代码或无代码软件在接触关键任务或企业系统时确实需要一定程度的互联网技术参与。当公司寻找低代码或无代码解决方案时，它们需要意识到，这些平台在节约成本、减少时间和错误以及提供其他改进机会的同时，仍然需要一定程度的技术能力来扩展、维护、集成和管理。

三、无代码人工智能

无代码人工智能是一个无代码系统，使用无代码人工智能的公司能够开展各种活动，例如数据分类和分析，以及构建服务于特定业务目的的人工智能模型。通常，无代码人工智能是通过定制开发的平台或模型引入的，公司可以将其集成到当前的技术堆栈中并立即开始使用。有些无代码人工智能甚至配备了拖放界面或自定义桌面等功能，以使系统更加简单。但无论如何，它的目标都是尽可能可用。

越来越多的新产品允许更多的人应用人工智能，而无须编写一行计算机代码。和任何其他新兴事物的发展路径类似，人工智能的发展也是从一小部分科学家使用到大规模平民使用。正如单击图标取代了家用计算机上晦涩的编程命令一样，新的无代码平台用简单的Web界面取代了编程语言。一批初创企业正在将人工智能的力量带给非技术人员。例如，Juji是一个旨在使构建人工智能聊天机器人像创建PowerPoint一样简单的工具。它使用机器学习来自动处理复杂的对话，并通过推断用户的特征来个性化每个参与者，而不仅仅是提供预先编程的交互。谷歌的AppSheet是一个开放的平台，人们可以连接数据，只需单击一下即可创建可以在智能手机、平板电脑或计算机上打开的应用程序。它使用人工智能来了解用户的意图，并使他们能够构建具有集成计算机视觉和预测分析功能的移动和桌面应用程序，而制作应用程序供个人使用不需要付费。

尽管如此，无代码人工智能仍然处于更大的无代码运动的早期，因为没有多少人足够了解机器学习。但可以肯定的是，随着越来越多的人了解无代码人工智能的潜力，它的市场将会增长。除此之外，无代码人工智能也需要依赖大量的数据，有了更多的数据，它才会变得更加准确，但收集这些数据的过程（如不同角度和不同光线下的脸部照片）是劳动密集型的，因此系统从未达到所需的准确水平。

可喜的是，人工智能本身的进步正在使无代码平台变得更加强大。OpenAI公司拥有庞大的人工智能系统GPT-3，其可以在简单的英语提示下编写代码，甚至可以创建网站并执行其他基本的编程任务。与OpenAI合作，软件开发托管公司GitHub等合作伙伴创建了GitHub Copilot工具，该工具拥有编码器的自动完成功能，加快了它们的开发速度。谷歌母公司Alphabet的子公司DeepMind更进一步，开发了能够编写完整代码的人工智能工具，以解决正常语音或文本给它带来的复杂问题。

8

Web3.0 新风险：
技术范式转化的双重影响

去中心化底层架构为互联网打开了新的发展空间，同时带来了新的风险，这些风险有的是互联网在不同发展阶段都需要面对的普遍性风险，比如技术风险和数据风险，也有的是去中心化底层架构及其去中心化商业模式的特定风险，比如业务风险和伦理风险。

各种风险都不会因为我们对它们的忽视而消失，恰恰相反，对风险的认知和研究是享受互联网升级红利的必要条件。

技术风险：
白帽子和黑帽子

Web3.0以其最简单的形式代表了一个新的、更平等的互联网时代。Web3.0建立在基于区块链的基础设施上，并将通证内置到点对点网络平台中。对Web3.0更深层次的理解是，它是通过更复杂的方法实现了由用户拥有的互联网，而不是由少数公司控制的互联网。批评人士表示，从技术上讲，这不可能实现，也不一定符合主流用户的利益。我们可以在绝大部分生态系统中找到适合中心化的发展空间，因为中心化往往在某种程度上代表着流程的简化、效率的提升以及成本的降低。

Web3.0的承诺是将所有网络转换为与人工智能技术兼容的数据。这将提供大量的人工智能培训集，其中大多数目前无法作为"非结构化数据"访问。想象一下，谷歌、Siri或Alexa（一家专门发布网站世界排名的网站）搜索能够使用互联网上的所有数据：今天，你问Alexa一个问题，它可能会回答"根据维基百科……"；将来，它可以理解所有在线内容的含义，并提供详细的答案。

但与此同时，Web3.0也会面临诸多新的网络威胁。虽然分布式数据和服务降低了单个攻击的风险，但它们有可能使数据暴露在更广泛的风险中。

一、匿名的风险

对许多人来说，Web3.0的支柱之一是它为用户提供的匿名性。随着Web2.0的巨头经常出现在滥用用户数据的头条新闻上，Web3.0的承诺之一是，它将允许用户匿名以保护身份和数据隐私。这在加密货币领域最为明显，用户钱包和交易虽然在区块链上完全可见，但与所有者的身份无关。

因此，匿名和隐私是Web3.0安全的基础。然而，这种匿名也给Web3.0安全带来了一些问题，即它允许黑客进行攻击，因为在Web3.0世界里将用户的真实身份与攻击连接起来极其困难。尽管Web3.0改善了Web2.0的许多隐私问题，但匿名和分散也有缺点。

首先，匿名使不良行为者难以为其行为负责，而且系统很少或根本没有为消费者提供保护。匿名使监管变得更加困难，并简化了洗钱的流程和资助了恐怖主义。我们想要一个允许坏人茁壮成长和繁殖的互联网吗？其次，分散式识别使《通用数据保护条例》等现行法规复杂化，并使其难以识别数据控制器的用户身份。最后，大多数自治身份（SSI）和加密钱包需要漫长的导入过程，这使得广泛采用更加困难。将钱包与特定身份连接起来的困难允许黑客清洗所盗取的资金，这反过来又需要一个复杂的过程来跟踪钱包之间的资金流动，以期通过加密货币发现黑客的身份。然而，龙卷风现金等隐私工具的发明切断了资金流动，使跟踪变得更加困难。

Web3.0中与身份相关的风险举例如下：

- 用户体验。大多数自治身份和加密钱包需要烦琐的导入过程、用户教育和几乎没有互操作性的多个版本。
- 隐私。Web3.0围绕隐私提出了许多问题：链上与链外分别存储哪些信息？谁需要知道何时以及如何验证交易？谁根据什么参数来决定？
- 合规性。Web3.0为监管机构造成了数据缺口，并为洗钱和资助恐怖主义打开了大门。分散式识别使《通用数据保护条例》等现有法规的执行复杂化，因此人们很难从PII（个人验证信息）数据处理器中识别个人身份。
- 匿名。正如Web2.0中的机器人所表明的那样，保密可能会导致社会规范混乱和受到侵蚀。匿名会产生围绕问责制、责任、法律追索权和消费者保护的问题。

随着Web3.0应用程序在未来十年的发展，我们必须考虑技术、政治和社会层面的潜在风险。

生物识别技术的使用将如何影响Web3.0中的身份识别？

当汽车或太阳能电池板等基础设施成为经济参与者时，物联网设备的身份功能将在Web3.0环境中如何交互？

社团组织、政治滥用和国家集中的区块链如何围绕不可变的身份数据和所有权转移影响？

与Web2.0一样，我们必须考虑Web3.0中的设计、政策、人权和货币化问题。

二、智能合约的漏洞风险

智能合约在Web3.0和区块链中很重要,因为它们消除了对律师、银行和经纪人等可信中介的需求,为点对点交易铺平了道路。然而,其必然结果是,交易各方必须有能力阅读智能合约代码。如果因代码的错误或欺诈性功能产生损失,他们就无法追索。

恶意智能合约是许多加密货币进行欺诈和制造骗局的手段。智能合约逻辑黑客创建自己的恶意软件,然后将其作为恶意智能合约代码在区块链上分发。恶意智能合约具有所有标准的智能合约的功能,但它们的行为却很奇怪。互操作性、加密贷款服务、项目治理和钱包功能都是这些黑客的目标。智能合约逻辑黑客还引发了严重的法律问题,因为智能合约通常不受法律保护,或在不同的司法管辖区存在法律地位差异。2016年以来的智能合约安全事件见表8-1。

表8-1 智能合约安全事件

序号	攻击时间	攻击目标	损失金额(百万美元)	攻击原因
1	2016-06-17	The DAO	60	重入攻击
2	2017-07-19	Parity	31	DelegatedCall调用
3	2017-11-06	Parity	1 500	无保护自杀
4	2018-04-22	BEC	6 000	整数溢出
5	2018-07-10	Bancor	12	私钥被盗
6	2018-07-31	FOMO 3D	—	合约伪随机数生成
7	2018-08-01	FOMO 3D	3	贪婪挖矿激励机制
8	2018-10-09	SpankChain	0.04	重入攻击
9	2020-02-15	BZX	0.35	多个智能合约调用
10	2020-02-18	BZX	0.65	多个智能合约调用
11	2020-04-18	UniSwap	0.22	重入攻击
12	2020-04-19	Lendf.me	25	重入攻击

(续表)

序号	攻击时间	攻击目标	损失金额（百万美元）	攻击原因
13	2020-04-25	Hegic	0.029	合约漏洞
14	2020-05-18	tBTC	—	合约漏洞
15	2020-06-18	Bancor	0.135	合约函数漏洞
16	2020-06-23	DDM	0.04	恶意劫持
17	2021-08-10	Poly Network	6 000	特权函数被调用
18	2021-12-12	AscendEX	77	热钱包攻击

分布式应用程序和智能合约是由人类编写的代码，而人类会犯错误，导致软件产生漏洞。Immunefi（黑客赏金猎人平台）的一份报告显示，仅在2022年第一季度，在DeFi类平台上，黑客造成的总损失就达到12亿美元。DeFi的一个主要问题是，许多正在启动的新协议都有黑客可以利用的代码漏洞。Chainalysis（区块链数据分析平台）的数据显示，2021年有21%的黑客利用了这些代码漏洞。国际货币基金组织的全球金融稳定报告显示，在大多数情况下，该平台30%以上的存款在遭受网络攻击后丢失或被提取。网络攻击不仅窃取资产，还破坏了平台的声誉，经常引发投资者的提款，因为他们担心无法赎回存款。

总的来说，智能合约面临的挑战主要包括：

可执行性。当智能合约具有法律约束力时，用于实施的技术偶尔可能会引起法律可执行性方面的问题。如果发生冲突，可能没有中央管理当局来解决冲突。可执行性和管辖权分歧可以通过争端解决方法来解决。在智能合约中纳入争议解决机制，将在形式上解决可执行性和管辖权分歧等问题。

透明度。区块链可以实现数据透明。但是，如果各方不希望共享信息怎么办？用户如何保持部分合约的私密性，同时保留区块链的其他好处？

更改。如果用户出于某种原因违反监管规则，那么如何解除本不应该发生的交易？在以太坊平台上，这已经发生了，技术"硬分叉"是解决方案（区块链中的分裂，未升级的节点无法验证升级节点根据新的共识规则创建的区块）。

错误或欺诈的责任。如果合约执行出现问题，并且用户承担了损失，那么他们可以在哪里寻求赔偿？我们需要一个技术先进的法院系统。法院已经开始将区块链作为改善司法的工具，而不仅仅是加密货币的工具。法院需要能够像处理电子发票一样处理区块链证据。

编码限制。合约通常涉及未知，并具有不容易简化为代码的子句，或者可以作为简单的"如果是这样，那么那个"过程自动执行。不可抗力就是一个很好的例子。合约通常包括主观判断、合理性和善意行为的概念，这些概念目前不能轻易转化为逻辑语句。也就是说，代码服务可以提供"合理性"测试，而且这些测试多年来一直用于证券交易。

可扩展性。区块链网络中的每个节点都必须处理全球发生的每笔交易，这可能会显著减缓网络的速度。因此它们的目标是提高所有交易的效率，同时保持网络的分散性和安全性。

性能。交易处理、验证和欺诈检测所需的计算资源和性能将决定区块链率先应用于哪些领域。目前，大多数区块链无法每秒处理数千笔交易，仅限于进行不计时的资产转移，例如购买或出售各种代币。

互操作性。通过确保互操作性来确保不同的区块链实现相互通信，需要付出什么代价？在理想情况下，跨链协议的标准将决定这一点。

三、加密劫持

当黑客在受害者的计算机和网络上悄悄安装挖矿软件时，加密劫持就会发生。随着Web3.0的发展，加密劫持的风险将增加。加密劫持是一种网络犯罪，主要指网络犯罪分子未经授权使用人们的设备（电脑、智能手机、平板电脑甚至服务器）挖矿。网络犯罪分子入侵设备，安装加密劫持软件。该软件在后台工作，挖矿产生的加密货币可直接转至黑客的账户。

四、信息质量问题

互联网的发展趋势是分散式网络。Web1.0提供由公司控制的内容，Web2.0由托管用户创建内容的公司控制的平台组成。为什么Web3.0不应该为在没有公司控制的情况下添加内容提供一个新的平台？与此同时，区块链成为任何人都可以发布交易的一个平台，被发布的交易将得到社区而不是平台所有者的共识的验证和接受。那些对Web2.0平台所有者控制内容感到不舒服的人突然想到了分布式和分散式平台上的用户内容。

Web3.0实现了机器可读的网络，但也带来了新的信息质量问题。

信息质量：Web1.0依赖出版商的声誉来确保信息准确。Web2.0降低了数据质量，导致网络上遍布错误和虚假的信息。在Web3.0中接受机器管理数据的共识是否包括准确性检查？谁可以做出决定？他们的资格是什么？

数据操作：对用于训练人工智能的数据进行人为操纵是一个巨大的网络安全问题。人们可以创建不良数据来制造他们想要的结果，使人工智能成为世界上最大的虚假信息系统。当微软决定通过学习Twitter来训练它的聊天机器人Tay时，人们故意发送恶意推文，训练机器成为种族主义者。想象一下，一个民族可以通过给人工智能提供错误信息数据或改变单词的含义来破坏事情。网络安全专业人员将如何查找、阻止和删除旨在欺骗的数据？

数据可用性：如果我们的系统依赖于数据，那么当这些数据不可用时会发生什么？今天的网络上到处都是破碎的链接。机器要么需要对互联网上的所有内容进行本地复制，要么需要按需检索信息，而在Web2.0中，这可能会增加对IT团队无法控制的系统的可用性的依赖。

数据机密性：机密信息不断被泄露。除了这种情况，信息可能会被意外发布或放置在不安全的位置。随着机器扫描并将这些数据纳入其知识库，私人数据被发现且被使用的可能性突然增加。网络安全领导者需要加强防御，以预防一个可能比以往更快地传播机密信息的系统。

五、网络钓鱼

网络钓鱼是指攻击者恶意说服用户签署交易，将用户资产的批准委托给攻击者。

权力下放使审查变得更加困难，但却使信息质量问题和准确性问题永久化，这已经导致了与错误信息、虚假信息和安全相关的问题。我们需要考虑一下在分布式网络和匿名行为者之间监管网络罪犯的困难。其他现有的Web3.0安全问题包括对端点的攻击、流量过载和其他服务可用性漏洞，只是它们可能较少受到IT监督。分布式网络提供了一些安全优势，但它仍会受到软件漏洞、错误或人为错误的影响。例如，Clipper恶意软件会在交易期间自动复制加密货币钱包地址，钱包地址就像银行账号的加密货币版本。当用户复制粘贴时，Clipper会将此地址替换为攻击者的地址。攻击者从流动性协议中提取闪电贷款，然后使用这些资金在Beanstalk DAO（一个算法稳定币项目）中获得投票权——投票权基于持有的代币数量，修改了紧急治理机制，从而将资金虹吸到他或她的钱包中。之后，攻击者偿还了闪电贷款，并保留了其余被盗资金。

业务风险：
越盖越高的"空中楼阁"和无处可逃的死亡螺旋

一、技术和商业模式尚不成熟

一些批评者认为，尽管Web3.0被认为带来新一波民主化、所有权变革和创造财富的机会，但Web3.0当前只不过是一种巨大的投机性经济，它主要会让一些已经富有的人变得更富有。例如，排名前0.01%的比特币持有者拥有27%的供应量。加密货币和NFT市场都有通过洗涤交易或将资产出售以及市场操纵，人为地提高价值的情况，并允许所有者通过虚假交易赚取虚拟货币。投资人雷克斯·伍德伯里

（Rex Woodbury）在《大西洋月刊》上写道，Web3.0是"一切的金融化"（而且不是很好）。基于类似的情况，软件工程师莫利·怀特（Molly White）创建了一个名为"Web3.0正在变得很棒"的网站，在那里她跟踪了Web3.0世界中的许多黑客、诈骗和热点事件。

市场不可预测的投机性可能是一个特征，而不是一个错误。加密货币是驱动Web3.0的引擎——没有加密货币，Web3.0就无法工作。无许可区块链需要加密货币才能运作，而这种加密货币需要投机才能发挥作用。区块链需要给人们一些东西来换取计算能力，而加密货币满足了这个需求——但只有当其他人愿意购买它们，认为它们将来会更有价值时，该系统才能发挥效力。

以太坊联合创始人维塔利克·布特林对以太坊未来走向非常关切，同时也深深相信以太坊会拥有光明的未来。在以太坊Reddit页面上回应莫西·马琳斯巴克（Moxie Marlinspike）时，他承认Signal创始人提出了"对生态系统现状的正确批评"，但坚持认为分布式网络正在迎头赶上，而且速度很快。现在正在完成的工作——创建代码库，将很快使其他开发人员更容易处理Web3.0项目。"我认为经过适当认证的分布式区块链世界即将到来，比许多人想象的要近得多。"

工作量证明（被比特币和以太坊采用，但效率低下）正在过时。验证不是使用能源密集的采矿，而是越来越多地通过用户购买（拥有股份）来批准交易。以太坊估计，股权证明的更新将使其能源使用量减少99.95%，同时使平台更快、更高效。Solana是一种使用股权证明和"历史证明"的较新的区块链，每秒可以处理65 000笔交易（相比之下，以太坊目前每秒约处理15笔交易，比特币每秒约处理7笔交易），并使用大约与两次谷歌搜索一样多的能源——它购买碳抵消的花费。

一些公司正在采用区块链的混合模式，这种模式具备不受限制的优势。例如，社交网络可以记录用户的关注者和用户在区块链上关注的人，但不能记录用户的帖子。

混合模式还可以帮助公司应对《通用数据保护条例》和其他法规的合规要求。辛迪·康珀特（Cindy Compert）、毛里齐奥·卢米纳蒂（Maurizio Luinetti）和伯特兰·波特（Bertrand Portier）在一份IBM白皮书中解释说："为了遵守删除权，个人数据应该在'链外'存储，只有其证据（加密散列）才应存储在链上。"这样，个人数据就可以根据《通用数据保护条例》的要求被删除，而不会影响项目整体。

无论好坏，监管正在缓慢到来，它将定义Web3.0的下一阶段。中国与阿尔及利亚、孟加拉国、埃及、伊拉克、摩洛哥、阿曼、卡塔尔和突尼斯一起完全禁止加密货币。欧洲正在考虑制定限制或禁止工作量证明区块链的环境法规。在美国，拜登政府于2022年3月发布了一项行政命令，指示联邦政府研究监管加密货币。

由于Web3.0正处于萌芽时期，对人类社会发展及技术进步所带来的影响仍不确定，因此它仍然是一个高风险、高回报的赌注。某些公司和行业比其他公司和行业更有动力去碰碰运气，特别是那些在网络早期被遗漏而摧毁的公司和行业。在Web2.0摧毁其业务模式后，像Time这样的媒体公司对Web3.0的机会感兴趣就并非巧合。某些组织（比如耐克和NBA）已经拥有商品化的经验，而其他企业还没有那么明确的道路。

关于对Web3.0抱有较高期待的主张——它将接管互联网，颠覆金融系统，重新分配财富，并使网络再次民主，我们应该持保留态度。我们听说过这一切，我们也看到了最初的Web3.0创新是如何走向失败的，但这并不意味着它完全没有成功的可能。也许它会蓬勃发展，也许它会崩溃，但不管怎样，我们都会生活在某种形式的Web3.0中。哪个版本可以决定数字经济的未来，以及下一个互联网时代的在线生活是什么样子？目前，这还是个未知数。

二、昂贵且低效的商业运作

关于Web3.0作为定义下一个互联网时代的技术是否有意义，这种问题比比皆是。IBM研究实验室软件工程首席科学家格雷迪·布奇（Grady Booch）说："无论你是否同意加密货币背后的哲学或经济学，简而言之，它们都是一场正在酝酿中的软件架构大变革。"所有技术都体现着某种权衡，而"不可信"系统的计算效率非常低，每分钟只能处理几笔交易——与亚马逊网络服务等集中式系统相比，数据量很小。分布式网络使技术更复杂，对基础用户来说更遥不可及，而不是更简单、更易于访问。虽然这个问题可以通过添加新层来解决，但这样做会使整个系统更加集中，这违背了原来的目的。加密消息应用程序Signal的创始人莫西·马琳斯巴克这样说："一旦一个分布式生态系统为了方便而集中在一个平台上，情况就会变得特别糟糕：一方面，生态系统被一方或几方集中控制；另一方面，其管理权限、决策权等仍分布式地存在于多个节点之中，而这最终会让整个生态陷入困境。"

现在，区块链的低效率是有代价的。比特币和以太坊的交易成本可能从几美元到数百美元不等。将一兆字节的数据存储在区块链上可能要花费数千美元甚至数万美元，这就是为什么用户购买的NFT实际上可能不在区块链上。区块链上指示用户所有权的代码包括一个地址，其指向图像的存储位置。这已经造成了问题：如果存储NFT的服务器关闭，用户的购买就会失效。

三、环境不友好

Web3.0对环境的影响是巨大的，它的破坏性很强。它的环境问题可以分为能源使用和技术废物两类，两者都是采矿产品。每当用户想在区块链上保存数据时，运行一个依赖超级计算机竞相求解复杂方程的网络需要巨大的能量。它还产生电子废物：根据罗森塔尔的说法，"随着矿工循环使用大量短寿命的矿机，比特币每笔'经济上有意义的'交易平均产生一整台MacBook Air的电子废物"。亚历克斯·德弗里斯（Alex de Vries）和克里斯蒂安·斯托尔（Christian Stoll）基于这一说法的研究发现，比特币每年产生的电子废物与荷兰这么大的国家的产量相当。

这些问题是否能够以及如何解决还很难说，部分原因是目前还不清楚Web3.0是否会真正流行起来。技术作家叶夫根尼·莫罗佐夫（Evgeny Morozov）说，区块链是一种寻求真正用途的技术，"大多数Web3.0企业的商业模式都是极端的自我陶醉，这助长了人们对从Web2.0到Web3.0不可避免的过渡的信心"。蒂姆·奥莱利（Tim O'Reilly）创造了Web2.0一词来描述21世纪初的平台网络，并声称我们正处于投资繁荣中，让人想起底部下跌之前的互联网时代，Web2.0不是一个版本号，而是互联网崩溃后网络的第二次出现。

如果这是真的，那么创新将付出巨大的代价。正如研究2008年金融危机的美国大学法学教授希拉里·艾伦（Hilary Allen）所指出的那样，该系统现在"反映并放大了导致2008年金融危机的影子银行创新的脆弱性"。如果Web3.0泡沫破裂，它可能会让很多人兴奋和躁动。

四、Web3.0经济学：未来的社会和金融激励

经济激励和数字资产嵌入大多数Web3.0应用程序，因此新的激励和风险因素将改变风险计算。

以网络安全为例，与传统的云或IT部署相比，Web3.0的嵌入式经济架构为黑客创造了明确的激励。在传统环境中，服务和数据往往在没有明确或直接货币利益的情况下被利用。另外，在区块链应用程序中，显著价值通常被直接编码到区块链中。

企业还必须评估Web3.0的消费者和相关法律、环境和社会风险。随着个人所有权、金融化参与和分散互操作性等概念的嵌入，Web3.0创业团队面临几个问题：

- 企业如何开展具有普惠性的业务，而不是加剧金融和数字对公民权利的剥夺？
- 当用户体验成本过高，互动由代币化、人为稀缺或其他可购买的声誉信号驱动时，组织如何支持社会和环境改善？
- 传统企业如何与Web3.0原生的DAO进行交互，哪些法律为这类交互提供保护？
- 最重要的是，组织如何培养Web3.0环境中的参与者和企业信誉？

这些只是Web3.0发展中遇到的几个问题。下一代网络不仅要通过技术、社会和经济的分布式治理来增强人们的权能，还要在此过程中更

好地保护生态系统。

无论是成熟的公司还是灵活的初创公司，Web3.0构建器都在防范风险方面发挥着至关重要的作用。开发Web3.0系统时，设计安全至关重要，这一原则应贯穿整个基础设施和事件响应流程。开发人员应具备在实施之前、实施期间评估风险的能力，并将任何加密资产的相关风险纳入其现有的风险监测系统。

数据风险：
"匿名交易"和"数据标签"可以共存吗

一、隐私——数字时代的黄金

人们较少讨论的是Web3.0对用户隐私保护的双重影响。支持者认为，Web3.0将通过分布式个人数据存储让个人控制他们的数据，从而改善用户隐私保护。但批评者说，公共分布式账本的透明性使所有参与者都能看到交易，这与隐私是对立的。

隐私保护作为一项功能是很重要的，不仅因为它可以保护用户的个人数据，还因为它从根本上扩展了应用程序的设计空间。特别是考虑到Web2.0时代大量数据泄露的背景，数据保护必须成为下一波科技创新的核心。隐私基础设施将促成一套更具保护性的应用程序。

许多现有区块链网络的局限性之一是，它们在设计上是完全透明的。区块链上的服务是匿名的，这意味着它们向网络中的所有参与者公开账户状态。因此，虽然用户可以重新控制他们的资产，但如果该活动与其他元数据之间的联系比人们知道的要多，则可能意味着隐私泄露。但是，密码学领域的前沿研究使得从数学上证明某些信息的有效性成为可能，而无须提供信息本身。例如，用户可以向网站证明他们知道自己的密码，而网站不必将用户的密码存储在容易受到攻击的数据库中。

我们的私人生活已经成为一种公共商品。今天，网络的商业模式是提供免费服务以换取个人数据，然后网络服务商出售这些数据。用户没有选择，而是被迫放弃数据，以换取他们想要的服务，通常以牺牲个人隐私为代价。随着网络服务变得越来越个性化，这种商业模式使网络服务商与用户发生冲突，解决方式是加强监管。近年来，欧盟《通用数据保护条例》和《加利福尼亚州消费者隐私法案》等新法规已经颁布，要求网络服务商允许用户选择不被跟踪并删除其数据。然而，这些任务为网络服务商带来了不正当的激励。用户首次登录一些网站时会看到一些弹窗，而这些弹窗是具有误导性的。每个网络服务商都使用自己的标准：一些默认用户点击后进行数据跟踪，另一些默认用户可以选择退出。而在大部分情况下，用户选择默认数据跟踪，从而为网络服务商提供数据。

在更根本的层面，我们必须调整对用户和网络服务商的激励措施，使变革真正有效和持久。幸运的是，我们即将看到网络工作方式的变化。基于密码学的新技术正在使一类对用户更具激励性的网络服务成为可能。除了数据所有权问题，这些技术还可以解锁新功能，使网络更公平，更以用户为中心。

二、Web3.0中的数据安全风险

使用分布式网络平台,安全漏洞出现的可能性增加。黑客寻找到了访问财务信息的方法,并一次性清空数字钱包。Web3.0具有很大的增长潜力,但由于Web3.0设计和定义不当,有很多网络安全风险需要防范。

(一)信息质量的可信性

Web1.0依赖知名出版商提供的准确信息。由于用户提供的错误信息急剧增加,Web2.0的数据质量大幅下降。Web3.0可能会产生更多可疑的数据,因为它依赖人工智能和机器学习。在当前的条件下,很难说人工智能是否能够将事实与虚构区分开来,并知道哪些信息来源值得信赖。

(二)操纵数据

在人工智能和机器学习方面,故意篡改数据是一个重大的网络安全问题。除了不确定的信息质量,它们还可以创建用户生成的内容来产生糟糕的数据结果。人工智能和Web3.0应用程序可以转化为大规模的虚假信息来源,这可能是一场数字噩梦。Tay是一个聊天机器人,根据与Twitter上的用户随意对话而变得更加智能。这表明,用户提供的信息可能会导致破坏性的后果。

(三)数据可用性

在讨论Web3.0时需要考虑的一个大困境是数据可用性。如果网页不可用或链接损坏,人工智能会怎么做?解决方案是让这些Web3.0应用程序在完整的互联网上创建数据备份,以便随时访问吗?这可能会增加对IT团队几乎没有控制的系统的可用性的依赖。

(四)数据保密性

数据泄露是常见的,这会暴露机密信息。除此之外,此类内容可能会被意外发布在互联网上不安全的部分或位置。使Web3.0更危险的是,人工智能和机器学习类Web3.0应用程序可以通过不断扫描来遇到这些数据,并将其同化到它们的数据库或知识库中。

为什么这很危险?这是因为人工智能盗取私人数据,随时可能会偶然发现并使用它。因此,Web3.0公司需要增强游戏的安全性,以确保其数据不会传播到互联网中。

伦理风险:
代码和法律,哪个更底层

一、算法治理与代码治理

2010年,一位位于纽约的企业家试图通过设计一个计算机程序(WeWork)来改善企业客户的办公生活,该程序将通过重新设计办公空间来优化工作条件。[1]由于人类建筑师有时考虑不周,这位企业家认为计算机程序可能能够以更好的方式进行建筑设计工作。WeWork是一种算法——一套计算决策规则,用户可以将有关需要设计的办公空间的所有数据放入其中——它具有办公空间设计功能,能让用户在曼哈顿市中心的开放式办公室获得所有商品。

在过去十年中,计算机算法可用于为改善社会流程创造条件的想法——就WeWork而言,是改善办公环境以提高工作效率。数字化转型正在逐步成为现实,从企业运营、个人通信、交通出行再到社会治理,人们在线上平台进行互动的时间也越来越多,平台的用户甚至要比主权国家的总人数还多。例如,Facebook拥有超过20亿用户,Youtube拥有10亿用户,Instagram拥有7亿用户。然而,它们是用软件和算法来管理用户互动的。正如莱西格所说,"代码即法律",这是一种监管形式,私人可以将他们的价值观植入技术工件,有效地限制他人的行动。今天,代码也被公共部门作为一种监管机制使用,这带来了各种好处,主要是与法律自动化的能力有关,并能先验地执行规则和条例。

从根本上看,治理是指旨在解决集体行动问题的社会互动。我们正在谈论的治理是公共的,与关乎公众的想法、计划、法规和政策的制定与实施有关,而不是私人组织内部的公司治理。此外,我们对治理的看法是互动的,而不是以国家为中心,并将治理视为个人和集体之间由其运作框架构建的模式化或有序(而不是混乱)互动的过程。不同的结构(持久的体制安排,比如官僚机构、网络和市场)从正在进行

---

[1] Anderson C, Bailey C, Heumann A, Davis D. Augmented Space Planning: Using Procedural Generation to Automate Desk Layouts[J]. *International Journal of Architectural Computing*, 2018, 16(2), 164-177.

的治理过程中产生并维持。

根据结构化的社会学理念，研究治理作为协调过程的传统试图整合功能（基于规则或结构）和代理维度。这导致了"治理组合"的产生——官僚机构、市场和网络等体制安排总是不同的逻辑和运营原则相结合的结果。库伊曼（Kooiman）等人提议根据它们的轨迹来区分治理模式。他们总结了如下三种治理模式：

- 等级治理是"那些统治者认为自己叠加在那些被统治者身上"。等级治理模式的关键不是官僚主义（自治和共同治理也可以是官僚主义的），而是那些执政者认为自己表现得像是自上而下的治理者，并要求人们遵守他们制定的规则或法律。
- 自治是"代表不同社会领域的（公司）治理行为者能够组建网络，将这些领域的资源用于共同目的"。自治发生在组织内部或治理行为者之间，本质上是为了"在政府权限之外照顾好自己"。例如，监管真空的出现有助于市场的主要用户或生产者制定和采用规则。
- 共同治理是"社会多方携手共进，基于共同的目标，并在此过程中关注其身份和自主权"。共同治理有多种例子，包括协作、合作、共同管理、公私伙伴关系和其他涉及共同目的的治理安排。共同治理与分享权力、责任和信息有关。共同治理与自治相似，因为行为者群体不依赖等级干预来对系统施加单一规则，但不同的是，共同治理可能涉及与政府和非政府行为者的合作。共同治理的规则和规范通常也通过政府的"元治理"或远程协调来设计和管理，并得到相关人员的接受。

然而，通过代码进行监管也有限制和缺点，可能会产生与公平和正当程序有关的新问题。区块链技术带来了许多将法律变成代码的新机会。如果将法律或合同规定移植到基于区块链的智能合约中，这些规则就会被底层区块链网络自动执行，无论各方的意愿如何。当然，这产生了新的问题，与没有任何一方可以影响该代码的执行有关。机器学习的广泛采用有可能规避代码监管的一些限制。机器学习允许引入基于代码的规则，这些规则具有内在的动态适应性，复制了传统法律规则的一些特征。一个典型的例子是数字版权管理计划，它将版权法的规定转化为技术保护措施，从而限制了版权作品的使用（例如限制数字歌曲的复制数量）。这种代码监管的优点是，不依靠第三方（法院和警察）的事后执行，而是事先执行规则，因此人们很难事先违反规则。此外，与传统的法律规则相比，技术规则本质上是灵活和模糊的，而法律规则是高度正规化的，几乎没有模糊的空间，从而消除了司法仲裁的需求。

但在监管方面，使用机器学习并非没有任何缺点：数据驱动的决策显示出歧视少数群体的隐性偏见，而机器学习驱动的法律可能会损害传统的原则，比如普遍性和非歧视性。一方面，传统的法律规则必须被法官欣赏并逐案适用，而基于代码的规则是以僵化和形式化的代码语言写成的，它不能受益于自然语言的灵活性和模糊性。另一方面，在线平台的架构实现最终取决于平台运营商和软件工程师的具体选择，以寻求促进或防止某种类型的行动。就像任何其他技术制品一样，代码不是中立的，而有固有的政治性：它具有重要的社会影响，因为它可能会支持某些政治结构或促进某些行动和行为。

二、代码即法律吗

在这个各种交易正在转移到区块链平台的时代,"代码即法律"已成为一句流行语。有些人使用这句话来暗示,当涉及这些交易时,代码应该在许多方面取代法律。劳伦斯·莱西格(Lawrence Lessig)借他1999年出版的《网络空间守则和其他法律》一书,提出了"代码即法律"。在这部著作中,莱西格探讨了当时新兴的互联网问题,并认为缺乏政府监管并不意味着应该没有任何监管。相反,莱西格断言,软件工程师编写的代码将提供交互规则,并体现价值判断,为更广泛的用户如何在网络空间中互动制定规则。莱西格的主要论点是,我们必须集体理解代码如何调节互联网,因为它是我们与数字世界互动的基础。由于代码不像人类那样使用自由裁量权,因此自动化治理结构将改变在线法律的性质。他指出,代码可以"嵌入或取代宪法所倡导的传统价值观",我们可以通过理解互联网的监管者即代码来确保价值观不会被取代。

其他人用代码来反驳声称他们行为错误的说法,并辩称他们只是通过使用在技术上复杂的规则来战胜数字平台上的其他人,并获得其他人认为不会发生的结果。由于法律规则是概念性的,而不是有形的,因此它们无法自行执行。法律的监管结果不是通过法律规则本身来实现的,而是通过代理人和法律主体的行为来实现的。正是出于这个因素,大多数(如果不是全部的话)现代实证主义法律理论需要某种形式的代理来实施法律规则。汉斯·凯尔森(Hans Kelsen)和约翰·奥斯汀(John Austin)等早期理论家主张,法律规则必须得到制裁和威胁的支持。CFTC(美国商品期货交易委员会)专员表示:"我听到一些人说'代码即法律',这意味着如果软件代码允许,则可以采取行动。我不同意这个基本前提。判例法、制定法和其他法规就是法律，它们适用于代码，就像它们适用于其他活动、合同或协议一样。"他解释说："当然，软件代码可能不代表参与者协议的全部内容，必须结合诚信和公平交易等传统合同法概念来解释。"换句话说，法律胜过计算机生成的代码。

三、DAO 治理

区块链的出现引发了人们对涉及各方的新治理模式的担忧。DAO 最初被称为分散式自治公司，加密货币作为分散式自治公司的股份，其章程由源代码定义。从理论上讲，DAO 并不代表单一的应用程序，而代表一家没有典型物理结构的公司。这个想法源于它完全自主运行，人类（作为用户）在某些程序中拥有投票权。与有条件的交易程序不同，DAO 不是由具有盈利动机的公司构建和维护的，因为它们由用户"拥有"。

分布式金融通过更有效地验证和量化经济决策，增加了价值。由于用于简单或复杂交易的自动信任机制具有量化决策收益的简单标准，因此事实证明它是成功的。这种形式的公司实体的法律地位通常不确定，可能因司法管辖区而异。2017 年，美国证券交易委员会裁定，DAO 可能会非法提供未注册证券。尽管如此，怀俄明州于 2021 年成为美国第一个承认 DAO 为法律实体的州，CryptoFed DAO 是第一个被承认为有限责任公司的 DAO。DAO 可以作为没有法律地位的公司运作，通常被视作普通合伙企业。

加密市场是 DAO 现场实验的温床，发起者和参与者在看到其社区运行数十亿美元的协议时，会感到兴奋。但从长远来看，DAO 为什么很重要？在最高层面，DAO 正在网络、组织和社区中实现新形式的经济协调和决策。以下是理解DAO含义的三种角度。

（一）网络视角：创建以用户为中心的网络

数字世界由强大的网络主导，例如Facebook拥有全球近40%的人口作为其每月活跃用户。

传统网络通常遵循标准流程，通过增加价值达到关键网络效果，然后通过提取价值来获取网络用户。

在任何网络中，股东利润最大化的公司模式都从根本上与用户利益的增加相悖。因此，在目前的规模上，Facebook的优先事项是通过提高参与度来增加广告收入。我们看到了很多丑闻和证据，它们说明了为什么参与度的提高和收入的增加可能不利于用户：Facebook可能没有优先考虑用户的隐私，也没有优先考虑健康但参与度较低的内容。

在Web3.0网络中，用户或社区主导的治理结构可以更好地调整网络和用户之间的激励措施。即使互联网规模扩大，也不应以价值变现为唯一目标，而应继续与社区价值保持一致，特别是当多数代币由活跃用户持有，而不是由金融投资者或其他利益相关者持有时。

（二）组织视角：创建自治法律实体

公司是法律承认的组织，享有一定的权利并按照一定的流程运行。然而，公司依靠许多中介机构来运作，比如公司注册商、董事会等。

相对于其他法律结构，DAO声称：

- 更广泛的人群可以参与。
- 自主实施。决定是通过自我执行的智能合约而不是人工干预来执行的。
- 抵制审查。DAO的决定不能被审查。

(三) 社区视角：启用基层组织

创作者使用DAO来创造新颖的数字行动形式。例如，建立Constitution-DAO的唯一目的是竞标美国《宪法》剩余的两份原件副本之一。在12小时内，ConstitutionDAO筹集了近4 000万美元，平均门票价格为200美元。许多参与者首次购买和发送加密货币。ConstitutionDAO参与者不但可以购买《宪法》副本，而且有权就资产的各个方面进行投票，例如资产将在哪里存储、如何对待资产等。

互联网最令人惊叹的事情之一是，它聚集了从艺术到行动主义的各种奇怪、充满激情的社区。DAO为这些社区创建了另一个选项或工具来组织、筹集资金、分配资金和做出集体决定。

四、更强的合规性和公平性

区块链应用中最受关注的是可编程货币和DeFi，包括去中心化交易所，用户可以通过开放的公共网络直接相互交易。区块链没有将金融服务局限于传统银行和经纪公司，而是为一场可以让更多人进入系统的金融革命铺平了道路。

挑战在于，虽然用户现在拥有对其资产的直接所有权，但这种新模式中的金融交易对任何人来说都是公开可见的。这意味着他们的交易可能会受到任何观察交易所的人的前端运行和套利。这不仅对用户有影响，还违反了外汇法规。然而，通过使用隐私计算，交易所可以私下促成用户的交易，证明每个已完成交易的有效性和合法性。这意味着只有进行交易的用户才能看到交易的内容，交易所也不知道交易细节。

那么，这会不会造成另一个问题，即如何向重要的客户和反洗钱合规法验证这些信息？这就是隐私计算的高明之处：在使用时，它会进行审计跟踪，允许用户（和监管机构）验证交易所进行的每笔交易的有效性和合法性。

虽然监管机构将配备新的工具来保护网络用户，但它们需要抓住这些技术为安全、隐私、合规性和公平所提供的机会。例如，在使用时强制执行合规性，而不是事后进行日志检查，这为网络服务带来了新的可审计性和可追溯性。监管机构需要根据这些技术为私人资金和私人应用开发新的框架。

这些技术能给我们带来真正的变革。新技术（比如隐私计算）将重新定义网络服务的隐私保护，并颠覆用户管理个人数据的模式。区块链将使用户能够真正控制其金融资产和个人数据，而不需要第三方以并不总是有利于用户的方式保留控制权。随着越来越多的人在日常生活中依赖网络，这种范式将从根本上改变世界各地用户之间的互动方式。正如智能设备已成为我们日常生活中不可或缺的一部分一样，网络的隐私层将成为我们互动和共享的基础，它将改变一切。

9

下注 Web3.0

Web3.0代表了目前技术领域和应用领域对于互联网升级达成共识的一种方案，而包括各国政府、创业团队、投资基金以及Web3.0的"革命对象"互联网公司在内的各类机构都已经从自己独特的角度开始种种探索，它们分别采取的措施又可以在某种程度上形成一种合力，为Web3.0创造一条更加积极且理性的发展之路。

即使是个人，在面对Web3.0这场已经开启的互联网革命时，也需要采取一种积极而务实的态度，以便在互联网发展的这面镜子中更清晰地看到自己。

投资机会的多层次、全方位呈现

一、技术

区块链的底层技术仍有巨大的发展潜力，过去的几年里，市场上出现了不少为公链加速的解决方案。新型公链也如雨后春笋般冒出，且希望自己的方案能够对"不可能三角"形成突破。其中比较典型的是侧链技术和分片技术。侧链像是在公链这条大马路上分出了一条平行小路，基于为主干道分流的逻辑，实现区块链的扩容。侧链的优势在于代码、数据独立，不增加主链的负担，避免数据过度膨胀，但缺点在于没办法共享主链的节点网络和安全性。

分片是数据库分区的一种形式，可理解为将一个大的数据库切分成很多小的可独立处理计算任务的部分，从而提高性能，缩短响应时间。区块链相当于一个数据库，每个节点都是一个独立的服务器。在正常情况下，所有的网络节点都在进行着同样的运算，每次只有一个节点能获得记账出块权利，剩余没获得记账出块权利的节点相当于做了无用功。区块链的分片技术相当于将区块链网络的待处理任务进行分解，将全网节点进行分组，由每一组分别处理不同的任务，这样就从原先单一节点处理全网的所有任务变成了多组节点同时并行处理不同的任务,从而提升网络运算效率。

分片技术在某种程度上可提升区块链的性能,但它也存在缺陷。第一个缺陷是技术上的复杂性。假如我们把以太坊规划成64个分片,每个分片都是独立的,如果要通信,势必要为网络添加跨分片的通信同步机制(类似跨链),这增加了区块链的复杂性和开发难度。第二个缺陷是区块链网络的安全性。假如以太坊网络有6 400个节点,在被划分成64个分片后,每个分片的节点数量急剧下降,只有100个。这时黑客对其中一个分片进行51%算力攻击就简单很多,控制了一个分片,黑客就可以在这个分片内作恶,篡改交易。

为了让区块链早日实现商业化,进入Web3.0阶段,开发者做了很多尝试。除了对性能进行提升,我们还看到了很多关于分布式计算、边缘计算、隐私计算的研究,如何使用闲散的计算能力和通过零知识证明去提升隐私性等都值得我们持续关注。

二、商业

(一) NFT

NFT作为一种新型数字商品,有天然的粉丝效应,自带潜在用户群体。如果能与品牌进行良好互动,它就能吸引更多年轻人的注意力,给予粉丝强烈的参与感和品牌认同感,在互联网上帮助品牌实现更快、更广泛的传播,从而提升品牌价值并发展出新的商业营销模式。一线的奢侈品牌都在以这种方式来推广品牌,比如Burberry(巴宝莉)、Louis Vuitton(路易威登)、古驰等。国内品牌中国李宁也有尝试,宣布与BAYC旗下编号#4102的非同质化代币达成合作,发售系列产品。

(二) 社交

在Web2.0发展早期，每个社交应用都有自己独立的社交图谱，但并非每个社交应用都有那么大的流量，所以人们不得不在每个新网站上注册和重新添加好友。当Facebook获得大量用户时，公司意识到其拥有的社交图谱的价值，关闭了对外的API，以保护自己免受外部竞争，使用户的社交关系和行为数据成了公司的护城河。

当一个社交图谱只有少量的用户节点时，用户之间的关系很容易被反映出来，但当一个社交图谱有大量的用户节点时，用户之间的交叉关联会很快变得复杂起来，任何人都很难从图谱中直接获得有效信息。所以，大型数据库分析软件会通过专业的数据查询与分析，让这些杂乱的关系变得简单易用。大多数社交应用也会用搜索算法、推荐算法来将用户群体组合分类，给每个用户群推送个性化新闻和定向广告，这是科技巨头的主要盈利来源。

Web3.0创业者在区块链上创建去中心化社交图谱，即真正对所有人开放访问的Web3.0基础设施。所有Web3.0用户和去中心化应用都可以公开访问社交图谱协议，为该协议做出贡献，同时社区由用户群体来治理，共同构建去中心化社交网络和元宇宙。为了尊重部分不愿意公开自己社交图谱的用户，该协议应该提供隐私保护方案。用户贡献出自己的信息价值，该协议会公平地给用户奖励代币。虽然社交图谱数据对所有人开放，但只有用户才能完全控制自己的社交图谱，比如关注、取关和更新社交状态等。该协议也应该是基于多链生态创建的，而不是只绑定单一区块链，它应该可以支持来自其他区块链网络的连接。

(三) 元宇宙

元宇宙是一个将产品、服务和功能连接到一起的超级虚拟世界。元宇宙的出现打破了物理世界的各种限制，让世界各地的人们可以随时随地沉浸在同一个虚拟空间，这样的空间让人类在网络上所做的一切变得更加真实。元宇宙的商机包括以下五个方面。

1. 数字建造服务

元宇宙是一个新的虚拟世界，用户可在虚拟世界里购买土地并进行开发，比较流行的是游戏副本、社交中心、游乐园、迷宫或私人住宅等开发类别。不是每个用户都有专业的搭建知识与精力去打造自己的虚拟空间，但他们也想要高质量的虚拟内容。于是产生了元宇宙建造的第三方服务商，它们帮助用户打造心中的建筑或场所。当各式各样的虚拟场所成为流量聚集地后，广告宣传也成为必不可少的一环。事实上，如今国内外都有专门提供元宇宙建造、广告的服务公司，流行歌手林俊杰就在元宇宙里打造了自己的虚拟住宅，很多粉丝都慕名而来。

2. 虚拟土地租赁服务

除了找第三方服务商开发建造，用户有时也会选择直接出租持有的土地，和现实生活中的地产行业一样，租赁与买卖也存在于元宇宙中。某些元宇宙用户手中持有多块土地，他们购买土地并非是为了短线炒作，而是进行长期投资。他们把空地租给想建设或运营的人，以便产生稳定的现金流。许多人因不想花费过多的时间和资源而不想入市，但地产租赁公司的存在能够增强此类人购买虚拟土地的欲望。

3. 虚拟办公与教学

受到疫情影响，人们对于线上办公的需求猛增，带动了如Zoom、腾讯会议等线上视频会议软件的发展。视频带给用户的体验感是二维平面的，再加上较为粗糙的虚拟背景，使得沉浸感进一步降低。Facebook正在测试中的Horizon Workrooms是专注于线上办公的产品，该产品可供团队线上连接、远程协作和头脑风暴，让团队在虚拟办公室里召开会议，参与会议的人同时还可以使用真实世界的电脑。不仅仅是Facebook，微软也宣布会以微软Teams会议软件为基础，拓展商业用途的元宇宙，首要目标领域就是虚拟办公。基于元宇宙进行教学同样备受关注，除了可以模拟课堂环境，虚拟空间还可以营造配合学习主题的其他环境，例如：天文学虚拟课堂可以模拟出黑洞的形成、宇宙大爆炸等场景；热爱艺术的学生则能够观看画家完成一幅画的全过程；医学院的学生则可以更加直观地感受一场手术的所有操作。

4. 商品销售

在现有的电商平台购物，常会出现图片与实物不符或者码数偏差的问题，一部分商家已经通过手机摄像头在做模拟上身的展示，但效果仍然不佳。元宇宙里的三维显示可以对这些场景进行优化，通过NFT技术，既可以把实体物品电子化，也可以把原生虚拟物品和现实中可交易的实体对应起来。随着虚拟世界的蓬勃发展，未来电商也不会局限于售卖实体的物品，虚拟物品会在电商领域占据一席之地，比如蒂芙尼（Tiffany）推出的CryptoPunk吊坠充分体现了虚实结合这一想法。

5. 沉浸式游戏、娱乐

由于本身的虚拟属性，游戏项目很容易植入元宇宙。元宇宙可以让人们摆脱真实世界的物理环境，进入虚拟空间享受沉浸式体验，让赛车类、射击类等游戏更加真实。人们还可以获取真实世界中无法拥有的体验，在霍格沃茨魔法学校里和哈利·波特一起骑着扫帚玩魁地奇，在三体世界里和罗辑并肩作战对抗其他的宇宙文明，还有开办元宇宙音乐会、演唱会。在游戏《堡垒之夜》(Fortnite)里陆陆续续举办的多场虚拟演唱会，验证了这些设想的可行性。

三、组织形态

每个DAO也许都有不同的愿景和方向，但又都面临着许多相似的挑战，例如如何扩大社区规模、如何实现线上的去中心化治理以及如何平衡资本提供者与积极社区贡献者的利益。与传统公司类似，DAO也有具体的职能部门，比如运营部、市场营销部、财务部和产品部，DAO需要在保持社区去中心化的同时，最大化工作效率。

随着不断增长的DAO和NFT社区，DAO工具的需求日益增长。这些工具都是为了让所有成员能在社区内更好地协调和积极地采取行动，以满足DAO生态系统的需求，释放DAO的真正力量。DAO工具可在以下方面为提升DAO的运营效率做出贡献。

（一）启动器

Aragon和Colony等免费提供通用型设立DAO的工具，服务能力包括DAO设置和启动、灵活的结构和资金管理等。针对特定领域的

DAO工具将为这一领域带来新的空间。比如，Syndicate专门为投资型DAO提供工具，某个成员可以基于任意钱包用几分钟的时间设置一个投资型DAO，其他成员可以将资金转入这个DAO，由操盘手兼DAO的管理员为大家进行交易，所有交易记录都在链上清晰可见，并由DAO工具进行利益分配。

（二）治理和投票

DAO必须保证其社区投票决策是透明的，社区资金流通是可见的，这一系列过程需要由社区成员创建提案，其他成员通过治理代币或在社区内的贡献值获得投票权，进行投票。一旦提案获得批准，这些投票将自动转化为链上行动，被记录在区块链上，例如将资金从财务部转移到外部实体。链上治理工具有Tally、Sybil和Boardroom等。由于链上投票的手续费上涨，许多DAO选择使用Discord、Telegram等聊天软件进行链下投票，也因此出现了Snapshot这类项目，它支持各种投票类型，同时创建提案和投票过程都是在链下执行的，不会花费链上手续费。

（三）财务管理

DAO有很多财务事务需要完成，比如运行工资单和检查交易活动。社区成员、投资者、会计师通常会在区块链浏览器上锁定DAO的金库钱包地址，以便检查公司的财务状况。每当有提案通过，执行与金库钱包相关的操作的权力就留给DAO的管理员们，他们是钱包多签交易的执行者。Gnosis Safe是DAO常用的多重签名智能合约钱包，它允许用户定义和限制确认交易所需的签名者列表。也有不少群体在使用Coinshift，它建立在Gnosis Safe安全协议之上，正在简化加密资产管理流程，可以在安全的情况下运行曾经手动实现的所有操作，有出色的操作界面和功能。

（四）贡献与薪酬

在成为核心成员之前，许多成员初期都会从探索留言板内容开始，去完成DAO给他们布置的第一个任务。对于任何做出贡献的人，DAO会给予他们代币奖励，这对分散型组织获得可交付成果有很大的促进作用。链上任务可以通过Rabbit Hole等工具自动验证，而链下任务的验证则是通过Gitcoin和Coinvise等工具。一旦任务完成，许多DAO就转向使用POAP或MintGate等工具，提供奖励或奖章，以代表社区内的荣誉。

DAO的社区行为将决定它是否能走远，最重要的因素是社区能否持续关注DAO正在做的事情，DAO工具可以发挥促进凝聚力和长期协调的作用。前面提到的几个工具只是DAO工具赛道的一个缩影，随着社区规模和功能的拓展，业内必然会出现更高效的新工具来重塑DAO的管理和运营方式。

四、基础设施

（一）数字钱包

数字钱包就像是Web2.0时代的银行账户或支付宝、微信支付，它们都具有支付功能，但不同之处在于，数字钱包还承载了独立的数字身份功能，设置好公钥或私钥，不需要身份信息就可以使用。数字钱包将数字身份与私有财产、个人信息高度绑定，用户数字身份、行为信息将由自己掌控,作为进入Web3.0甚至元宇宙的入口。数字钱包未来会集成更多功能,例如点对点的即时聊天、资讯推荐功能,链上应用会做更进一步的体验优化。

(二)节点服务

区块链节点存储着分布式账本的完整副本,同时,在部署完整的区块链节点时,服务器需要满足一定的硬件、软件和网络宽带要求。区块链节点的运行维护需要一定的编程能力,这一门槛把大多数用户拒之门外。区块链节点的商业模式就是帮助用户质押代币获得收益奖励,并收取一定的服务费用。

最受市场瞩目的节点服务莫过于Lido——以太坊2.0的质押协议。以太坊2.0版本将从工作量证明转变为权益证明,这意味着之前的GPU矿机都将不再使用,以后大多是在云服务器上部署节点,维持网络运行。有技术背景的用户可以自行设置网络节点,在满足运行条件后,质押32枚ETH,节点便开始运营了。用户也可以选择将ETH质押给Lido,委托Lido负责技术运维。用户可以质押任意数量的ETH,与其他用户一起凑够32枚ETH,从而形成节点,按照自身份额分配收益,这大大降低了参与门槛,用户也无须操心技术方面的难题。而Lido作为技术提供方,会抽取10%的收益。

美国合规交易所Coinbase在2021年收购了Bison Trails节点服务公司,为交易所平台用户提供节点服务,其逻辑与Lido相似,目前支持六种代币的节点服务。与此同时,Coinbase也为高净值客户与机构提供托管服务。根据监管规定,对冲基金、养老基金、投资银行和家族办公室等金融机构必须有一个托管合作伙伴,以确保客户资金的安全。随着更多的机构投资者开始涉足数字资产，以及MicroStrategy这样的上市公司开始购买大量比特币，加密货币的托管服务需求日益增长。

政府：
在趋势和风险中寻求平衡

一、确保本国处于Web3.0前沿地位

Web3.0的概念在全球范围形成了席卷之势。前文提到的新技术和商业场景在不断进化升级和涌现，不仅是科技巨头，社会大众也都已认识到Web3.0的出现可能不亚于曾经智能手机和移动互联网的兴起，它的出现必将重构现有的互联网行业格局。一个新兴行业为所在地区带来的收益是巨大的，为了在该赛道抢占先机，各个国家都在陆续出台相关政策，为Web3.0的发展提供必要的指引，以谋求更大的发展空间。

（一）美国

在Web3.0的实践方面，美国称得上是当前最为活跃的国家。CB Insights 2022年第二季度的区块链行业报告显示，区块链行业共有71个独角兽企业，其中46个来自美国，占比约65%；在融资方面，美资基金融资占比达52.3%。与此同时，美国政府也对Web3.0领域采取一种比较务实的态度，通过虚实结合的方式，在联邦政府层面和州政府层面及业界建立一种相对透明的沟通机制，并推出一系列的政策

法规向外界表明政府的关注，说明开展Web3.0业务需要遵循的必要规则和监管适用框架，以及尚未有明确的适用规则但需保持高度关注的重点领域。

2021年12月8日，美国国会众议院金融服务委员会主席马克辛·沃特斯（Maxine Waters）和首席成员帕特里克·麦克亨利（Patrick McHenry）主持了一场主题为"加密资产和金融的未来：了解美国金融创新的挑战和好处"的听证会，众议院金融服务委员会的50多名成员全都参加，想通过听证会来对加密资产有更深入的了解，并就正确监管规则展开辩论。辩论主要聚焦监管方式、稳定币、投资者保护、Web3.0、行业其他问题等。包括FTX、Circle、Coinbase、Bitfury、Paxos和Stellar在内的六家公司的高管参加了本次会议，向议员们解释行业技术以及未来发展。

在本次听证会上，部分议员表达了对数字货币在碳排放、反洗钱、冲击美元地位方面的担忧，而多数议员还是在积极地了解数字货币技术和目前能实现的应用场景。对于监管，有议员认为尽管数字货币领域已经受到监管，但由于这是一个新兴行业，并且已逼近三万亿美元的市场规模，现有法律框架的滞后性可能影响或不适用于新兴行业的某些特殊场景，会有监管过度的倾向，立法者需要制定更好、更新的监管规则，不可因为监管过度而影响行业发展。

首席成员麦克亨利在听证会上强调，Web3.0是下一代互联网，未来的影响可能比互联网还大，应该认真思考如何确保Web3.0革命发生在美国，让美国在这次竞赛中保持竞争力。这个观点引起了参会者的普遍认同，这次听证会也成为美国政界对Web3.0基本态度的首次公开表达。

2022年3月9日，美国总统拜登正式签署《关于确保负责任地发展数字资产》（14067号）行政命令，该命令主要强调围绕消费者和投资者保护、金融稳定、非法金融活动、美国在全球金融系统及经济竞争中的领先地位、金融包容性以及负责任的创新等领域，美国政府应该采取积极关注的态度，并督促政府部门关注风险，积极探索和建立相关的监管政策。该行政命令是美国第一个专注于数字资产领域的行政命令，虽然主要内容侧重宏观层面，但其开放态度受到许多加密行业人士的欢迎。

2022年6月7日，美国共和党参议员辛西娅·鲁米司（Cynthia Lummis）和民主党参议员科尔司藤·吉利布兰德（Kristen Gillibrand）发起一份跨党派提案——《负责任的金融创新法案》（The Responsible Financial Innovation Act），主要是希望针对Web3.0监管中遇到的一些具体问题给予回应。该提案包括七部分内容。

第一部分关于税收。提案希望针对个人以及DAO通过各种Web3.0相关应用获得的收入给出明确的税务征收和豁免的说明，比如：在"挖矿"和"质押"业务中，如果收益没有被处置，则不应计入应税所得，如果收益已经被处置，则应计入应税所得；在借贷业务中，参照美国目前已有的证券借贷相关的规定，贷方获得的超过其自行持有可获收益部分的超额收益，在处置之前不应被记为应税收入，但在处置之后应被记为应税收入；因为"分叉"和"空投"获得的收入应该被记为应税收入；因为"加密资产交易"发生的损失应被记为个人损失；而DAO则应被接受为税法意义上的商业实体，相应地，其获得的一切收入应按照税法规定进行税务申报。

第二部分关于证券属性的判定。在美国，关于加密资产是否具有证券属性一直是金融监管领域非常核心的讨论话题。在目前情况下，业内主要根据1946年的豪威测试进行判断，即凡是可以通过对第三方的依赖产生可能收益的情况都应该属于证券，最典型的如股权、债权和优先股等。在加密资产领域，一般认为，基于工作量证明共识机制产生的代币不具有证券属性，因为在工作量证明共识机制下，用户还需要投入设备和电力才能获得代币，而基于权益证明共识机制产生的代币则可能具有证券属性，因为用户在投入代币之后无须进行其他投入就可以获得代币奖励。但在实际应用中，对于具体代币是否具有证券属性往往要美国证券交易委员会通过司法途径进行定性。在过去几年内，美国证券交易委员会就针对瑞波等代币提起相关诉讼。本法案引入了"辅助资产"的概念，并将辅助资产界定为通过投资协议的安排向资产买卖人发行、出售或以其他形式提供的无形的可替代的资产，辅助资产不附带任何债权、股权和清算权，所以不具有证券属性。

第三部分关于加密资产。提案认为大部分加密资产（仅指同质化资产）属于辅助资产，因此，加密资产和加密资产交易的监管应该被纳入《大宗商品交易法》所设定的框架，并由CFTC监管。加密资产交易所在提供服务之前需在CFTC上进行注册，否则不能开展相关业务。此外，非同质化代币不属于辅助资产类型。

第四部分关于消费者保护。提案明确了个人拥有或控制加密资产的权利，同时要求加密资产服务商通过服务协议向用户明确说明亏损风险、项目破产对加密资产的影响、相关费用、源代码、是否具有证券属性以及判断交易是否完成的判断标准。另外，加密资产中介机构和存款机构应该适用更高等的披露标准，联邦和各州政府应该在上述领域制定具体规则。

第五部分关于支付。稳定币是加密领域开展支付业务的重要媒介。美国货币监理署可以特许国家银行协会发行稳定币，并在稳定币的支付范围、资本充足率以及会员出资方面推出相关制度。同时，州一级政府也可以授权稳定币的发行，并以此促进稳定币市场的充分竞争。所有稳定币的发行方必须保证稳定币的足额抵押，并且需要及时公布抵押资产相关信息。提案还指出，要针对美国之外其他机构发行稳定币制定指引，以防止外国政府、企业和个人利用稳定币逃避美国制裁。此外，提案还特意指出白宫行政管理和预算局应会同其他部门对美国政府一切设施使用数字人民币制定防范措施。

第六部分关于银行。提案要求美联储针对如何运用分布式账本技术降低结算操作风险和提升资本金透明度开展研究，要求美国联邦储备银行向稳定币发行机构提供汇款机构编码以及支付和清结算服务，要求联邦金融机构审查委员会尽快制定存款机构关于加密资产相关业务的审查标准，要求银行监管部门在要求终止某个个人账户的相关业务时提供明确的理由说明。

第七部分关于监管。提案要求各州银行监管机构在两年内统一关于加密资产法律地位的界定，要求经过金融沙盒实验之后允许加密资产服务机构跨州开展业务，要求商品与期货交易委员会与证交会在数字资产能源消耗、行业自律以及网络安全方面进行研究，积极推进制度建设。

2022年5月4日，美国加利福尼亚州州长嘉文·纽森姆（Gavin Newsom）签署行政命令，强调加利福尼亚州将通过和美国联邦政府加强合作、为区块链应用创造机会以及加强消费者保护等方式，为区块链创业公司提供一个公平、包容和利益均衡的商业环境。

迈阿密对于发展Web3.0也非常积极,并提出将迈阿密建成Web3.0新硅谷的计划。迈阿密不仅每年举办一次NFT全球大会,还积极支持基于加密资产进行支付,甚至包括房地产。迈阿密成为美国第一个将数字货币收益作为股息发放给居民的城市,而市民需要通过去中心化钱包接收和使用这些奖励。

(二)欧盟

欧盟通过制定《加密资产市场条例》为Web3.0涉及加密资产的相关业务提供指引,主要提出针对加密资产交易所和稳定币进行严格监管,而对NFT、权益证明挖矿则不予监管,对DeFi暂时不予监管,但2023年之后将试点以嵌入式的方式进行监管。

(三)日本

日本政府对Web3.0表现出非常明确的积极态度。2022年3月,日本自民党数字社会推进总部发布《数字日本2022》白皮书。2022年5月,日本首相岸田文雄发表讲话并指出:"整合元宇宙和NFT等新的数字服务将为日本带来经济增长,我强烈认为我们必须从政治角度坚决支持营造这种环境。"

2022年6月7日,日本政府批准了《2022年经济财政运营和改革的基本方针》,该方针提出日本将为建设一个去中心化数字世界创造必要的环境。为了实现这一承诺,日本政府设立了专门的Web3.0部长,发布了《NFT白皮书》《关于在日本社会开放Web3.0稳定币的提案》,以及世界上第一部关于稳定币的法案《资金决算法案修订案》,旨在为Web3.0创业者提供指引,推动日本Web3.0的发展。

日本非常关注Web3.0具体业态的发展，对稳定币、NFT和DAO尤其重视。《资金决算法案修订案》将稳定币列为加密资产，并允许持牌金融机构和银行信托公司发行稳定币，同时特许设立30多家加密资产交易所。

（四）新加坡

新加坡一直以开放而积极的产业政策以及透明和高效的营商环境而著称，对于Web3.0的态度也不例外。新加坡已经建立了一个包括会展、投资、孵化等多种业态在内的Web3.0产业生态。新加坡最大的国企也是最大的投资机构淡马锡多次出手投资Web3.0项目，包括专注于游戏领域的公链Immutable、投资和行研机构Amber Group，以及数字资产交易平台FTX。

（五）阿联酋

2022年3月，阿联酋在迪拜设立虚拟资产监管局，并通过了第一部关于加密资产交易的法律，针对加密资产交易相关业务进行规范。迪拜希望通过立法促进其成为全球加密资产市场的关键一环。迪拜还通过设立免征所得税和公司税的特区，允许外资独资型加密资产公司以及专门针对这一领域的孵化器进入，吸引全球Web3.0公司入驻。

（六）帕劳

帕劳推出数字居民身份项目RNS，为世界各地的人们提供加入帕劳并体验Web3.0的机会，允许加密资产交易平台在本地注册。

综上所述，各国政府对于Web3.0的态度，一方面是对Web3.0的发展势头表示充分的关注，在政策、组织等方面积极调整，以适应这一变化，另一方面是针对某些领域提出一些框架型的政策，以实现监管覆盖和规范创新的双重目标，比如针对加密资产交易、法定数字货币计划、稳定币的法律地位、DAO的税收、NFT确权以及投资者保护等领域。

二、关于数字资产的监管视角和模式

尽管各国政府对Web3.0发展均表现出非常积极的态度，但它们对数字资产的态度却比较谨慎，主要原因在于，资本市场需要通过严格的信息披露和投资者准入制度来保护广大投资者免受市场操纵带来的损失和超出自己承受能力的风险。另外，国情的不同也决定了各国对数字资产交易业务采取的不同态度。一般来说，经济体量小的国家，试错成本更低，更愿意大胆尝试；而经济体量比较大的国家，试错成本高，也会相对谨慎一些。

回到监管视角，欧盟地区已起草了涵盖证券类通证和功能型通证的综合监管框架，而英国对数字资产行业的监管尚处于起步阶段。大部分国家建立了针对中心化的数字资产服务提供商的注册框架，例如交易所、第三方托管商等，但DeFi、DAO等去中心化服务还没有被纳入其中。然而，大多数国家没有针对稳定币的具体监管措施，如果稳定币完全由法币在背后支撑并由公司运营，那么它极有可能被归为与电子支付通证或电子货币相关的现有金融监管。美国数字资产行业的监管方向和进展是比较关键的，它会间接对其他国家加密资产相关业务的监管模式产生影响。

（一）美国

美国的数字资产行业监管较为复杂，首先是联邦政府与州政府之间存在监管差异，每个州政府都有自己的加密监管法规，而联邦政府还没有进行统一的正式监管。从 Coinbase、Gemini 这些美国合规的数字货币交易所的执照信息中可以看出，数字货币交易所需要在美国 50 个州分别申请交易执照。在联邦政府层面，不同的监管机构对数字资产行业监管持有不同看法，美国证券交易委员会的态度强硬，而商品期货交易委员会则更为友好。数字资产是否应由美国证券交易委员会或商品期货交易委员会监管尚未确定，结果可能导致监管立场的明显差异。

（二）欧盟

欧盟出台了目前最全面的数字资产法规，该法规主要包括两个部分。

第一部分是全球首个明确设立整体监管框架的数字资产行业法规 MiCA。它的监管范围包括电子货币类通证、资产挂钩类通证、功能型通证。该法规同时明确了发行数字资产的相关要求，项目方需要发布类似招股书的白皮书并得到相关部门的批准，与项目方合作的资产托管机构以及咨询数字资产服务商也必须接受 MiCA 的监管，但该法规仅适用于不受其他法规约束的数字资产。简单来说，证券类通证仍然是受证券法约束的，不在 MiCA 管辖范围内，由央行发行的数字资产也不在 MiCA 管辖范围内。

第二部分是欧洲议会和理事会于 2022 年 5 月 30 日颁布的 2022/858 制度《关于基于分布式账本技术的市场基础设施试点制度》。该制度为欧盟应对分布式账本技术在金融领域应用所带来的变革与挑战，引领数字经济发展起到重要作用，也为该技术在其他领域的拓展性应用起到良好的奠基和示范作用。该制度为证券类通证提供了试点制度，可视为沙盒计划，在制度内的项目方可以豁免一些证券法的条款。和MiCA一样，与项目方合作的资产托管机构以及咨询数字资产服务商必须接受监管。

（三）英国

英国金融行为监管局负责证券和金融服务以及数字资产相关业务的监管，数字资产交易所必须在英国金融行为监管局注册后，才可在英国合法开展业务。但数字资产交易所的注册仅出于反洗钱的目的，大多数和数字资产相关的业务仍然不受监管。2022年4月，英国宣布了"成为全球数字资产技术中心"的计划，将稳定币纳入支付方式，在金融市场进行基础设施试点。此外，英国还成立了数字资产政策小组，探索将分布式账本技术用于主权债务工具的可行性。很明显，英国的数字资产监管处于起步阶段，关于稳定币的监管法案可能会被优先制定，更广泛的数字资产行业监管尚未提上日程。

（四）日本

日本外汇市场的开放与发达让民众很早就接受了比特币这种新兴金融资产，曾经位于东京涩谷的Mt.Gox交易所承担了当时全球超过70%的比特币交易量。日本的核心监管机构是金融厅，优先监管资金是否符合反洗钱、反恐怖主义融资的标准，并明确表示在交易所交易的数字资产属于支付服务法的监管范围。截至2022年6月，金融厅一共颁发了31张交易牌照，并限制了交易币种，可见日本在数字资产类别上是较为保守的。

(五) 新加坡

新加坡是尽量使用现有法律框架, 而不是起草新的。在新加坡, 数字资产分为三种, 即证券类、功能类（包括支付类）、其他, 由金融管理局根据数字资产种类的不同, 采取相应的监管规则。证券类毫无疑问需要受到证券和期货法的监管, 并在金融管理局注册。对于稳定币, 如果是由单一法币背书的中心化稳定币, 那么它将被归类为电子货币, 并被支付服务法所覆盖, 该法案主要是规范服务提供商, 包括数字资产转移、提供托管钱包服务等。

(六) 中国香港

中国香港将数字证券与数字货币分别纳入证券、货币等既有监管框架进行分类监管。香港证监会承担数字证券、相关衍生品发行及交易的主要监管职责, 未来将由香港财库局负责监管数字货币及其他数字资产。香港证监会沿用了既有的10类金融牌照, 对数字资产交易所采取牌照管理机制, 目前已发出两张虚拟资产交易牌照。在中国香港, 拟从事虚拟资产交易的服务商需要申请香港证监会的第1、7号牌照, 分别是第一类证券交易业务牌照和第七类提供自动化交易服务牌照。

互联网公司：
延续还是嬗变

2022年是新冠肺炎疫情在全球肆虐的第三年，虽然受疫情影响人们对线上场景的依赖进一步加强，但全球大型互联网公司的经营业绩却难言乐观。2022年第一季度，Facebook母公司Meta的总营收同比增长7%，净利润却同比下降21%；谷歌母公司Alphabet的总营收增幅达23%，但净利润同比下滑8%，利润指标是2020年以来的最低纪录。微软发布2022年第四季度财报，营收同比增长12%，净利润仅同比增长2%。亚马逊公布2022年第二季度财报，营收同比增长7.2%，但利润却出现了7年以来的第二次亏损。流媒体公司网飞在2022年第一季度，不但营收增幅低于10%，而且全球付费用户流失超过20万人。[①]

国际互联网巨头的发展遇到瓶颈，国内互联网公司的业绩也不容乐观。2021年，阿里巴巴（09988.HK）全年营收同比增长29.8%，但主营业务客户管理收入却在第四季度出现同比1%的负增长。百度集团（09888.HK）2021年主营线上业务增幅仅为12%。2022年上半年，腾讯营收同比下降0.72%，其中，国内游戏同比增长1%，海外游戏同比增长4%，社交网络同比增长1%，社交广告同比下滑15%，媒体广告同比下滑30%，金融科技及企业服务同比增长10%。腾讯的广告收入明显下滑，游戏业务因受到国内未成年人保护措施影响而增长乏力；在社交方面，微信及海外版WeChat的月活跃账户数量为12.9亿

[①] 数据来源：https://baijiahao.baidu.com/s?id=1730716102679176841&wfr=spider&for=pc。本段所提及的季度及年度数据是基于美国企业的财年规定的，其时间要求不同于中国的财年。

个，同比增长3.8%，QQ移动端月活跃账户数量达5.638亿个，同比下滑7%。①

以上数据都说明同一个问题，从移动互联网开始的一波红利已经遇到了天花板。考虑到各国政府针对数据泄露和数据滥用的监管力度持续加强，以大型互联网公司为代表的消费互联网很难保持原来的高速增长。大型互联网公司要想在Web3.0掀起的这场互联网革命中找到新的成长空间，首先需要的是对自己的功能进行重新定位。从目前的情况来看，大型互联网公司的实践主要体现在两个方面，一个是以Facebook为代表的元宇宙路线，另一个是以谷歌为代表的基础设施路线。

Facebook向元宇宙进发的决心和行动是有目共睹的，早在2014年Facebook就收购了Oculus，并经过数年的持续投资推出了在VR市场占据绝对优势的Oculus Quest系列成品。2021年10月，Facebook更名为Meta，而Oculus产品线被整合为Reality Labs，专门负责元宇宙相关产品的研发，截至2022年第一季度已有近万名员工，占Meta全体员工的20%。已推出的Horizon Workroom可以为用户提供一种虚拟和现实相混合的办公环境，用户可以将自己的办公桌、电脑等设备带到这个虚拟空间，并进行多人互动和召开会议。此外，Facebook还积极推广稳定币项目，2019年就发布了Libra项目白皮书，计划为多国货币打造一个通用的稳定币发行平台，后来项目方案几经修改，最终以Diem为名上线。

2022年5月，谷歌组建Web3.0团队，目标是为区块链开发人员提供

---

① 数据来源：https://m.thepaper.cn/baijiahao_19662644。

后端服务。谷歌的Web3.0团队设置于谷歌云旗下，这种组织架构设计显然是希望谷歌云能在不断增长的区块链基础设施服务市场中获得更大的份额。虽然区块链以去中心化的节点为基本计算单元，但是目前有相当多的节点其实是运营在云计算平台上的，比如微软2015年在Azure云服务平台中加入了BaaS（Blockchain as a Service）服务，为企业客户、合作伙伴和开发人员提供基于云的一键式区块链开发环境，让他们可以快速创建基于公有云、私有云以及混合云的区块链环境。亚马逊云也针对区块链节点运营服务推出过专门的产品，并且已经在这一领域获得了较大市场的份额。所以，以自下而上重构互联网为目的的Web3.0，对于中心化的基础设施服务既存在一种心理上的排斥，又存在一种事实上的依赖。谷歌正是瞄准了这一机会，为其正处于上升势头的云服务增添新的发展空间，毕竟谷歌云相对于亚马逊云和微软云还处于明显的劣势。

相对于谷歌和Facebook来说，微软在Web3.0领域的发力更具多元化色彩。微软早年布局去中心化身份认证，希望通过提供一种跨平台的通用的数字身份为用户使用各种数字化应用提供便利，同时让用户产生一种新的黏性。2021年4月，Microsoft Azure Active Directory可验证凭证的预览版上线，这一产品的最大特点在于为用户创造了一种具有隐私保护功能，且不受某一种应用限制的身份体系。此外，微软在内容创作方面也频频出手，不仅在2014年收购了曾经占据游戏流量榜首的《我的世界》，还于2022年1月斥资687亿美元收购动视暴雪，从而为其游戏及内容层面增添了新的砝码。

在这些互联网巨头之外，Web3.0正在某些领域形成明显的热点。

其一是支付。包括万事达、贝宝和Stripe在内的美国支付巨头都已入局，并推出相应的产品以抢占市场：Stripe主营法币入金业务，通过支持多种法币买卖加密资产，这类业务的收入已经在Stripe总收入中占据相当比例；贝宝主动出击日本、英国等海外市场；万事达则推进到项目层面，通过接入Immutable等公链为其应用生态提供支付服务。

其二是社交。一方面，Twitter、Instagram等社交平台纷纷测试NFT展示功能，使得用户通过这些已有账户就可以展示自己的身份和个性；另一方面，不同的平台（比如Instagram和Facebook）正在探讨用户数据的可迁移性，用户可以在不同平台之间对自己的社交关系进行融合，从而掌握自己数据的主动权。

国内互联网公司对于Web3.0也比较积极，但在实践中把更多的精力集中在应用层面，通过投资或项目开发的方式，选择和自己业务结合比较紧密的方向开始尝试。

阿里巴巴通过蚂蚁金服的技术开发，打造了公益链，试图解决公益善款信息不透明的问题。公益链自发布以来，实现约20亿笔善款存证和跟踪，完成近1 000万元善款发放，发放效率提升90%以上。阿里巴巴将区块链技术加入自身电商平台，通过与多方合作，建立并升级了商品溯源链，扩大区块链溯源技术的应用。不难看出，阿里巴巴的做法是在现有业务的基础上加入区块链技术，利用区块链特性去解决一些痛点，以更好地为用户服务。2022年3月，腾讯参与投资了澳大利亚创业公司Immutable，该项目计划为链游打造一条专用的、高性能的公链。此外，百度、哔哩哔哩、陌陌以及映客等互联网公司都在NFT领域推出相关产品并抢占全球市场。

资本：
用最聪明的钱做最诚恳的表白

一、方兴未艾的投融资市场

如果说大型互联网公司对Web3.0还在采取一种局部适应的态度的话，风险投资机构对Web3.0的态度可谓是毫无保留地拥抱。作为最聪明也对趋势最敏感的资金，风险投资机构对Web3.0的投资规模在迅速扩大，赛道选择也更加全面。

零壹智库《中国区块链产业发展普查报告（2021）》数据显示，2021年，全球区块链产业共发生1 812笔融资事件，1 433笔披露金额的融资涉及金额总计达486.74亿美元，其中，70%的融资事件为战略投资或种子/天使轮投资，14%的融资事件为A轮，4%的融资事件为B轮，其余为并购。从融资发生的地域来看，融资发生数量最多的国家是美国，美国融资事件在全球总融资事件中的占比达42.54%，其次是中国，发生在中国的融资事件约占8.33%，英国、加拿大发生的融资事件略少于中国，占比均约为8%。从融资项目所在的细分赛道来看，加密资产交易相关项目的占比最高，接近项目总数的30%，NFT相关、DeFi和链游等赛道获得的融资也比较可观，而分布式存储或计算、身份认证等赛道则处于第三梯队。[1]

进入2022年，虽然加密资产市场行情出现较大回调，但风险投资机构对Web3.0的热情不减。据PAWews不完全统计，2022年上半年全

---

[1] 数据来源：金色财经，https://www.jinse.com/blockchain/1179029.html。

球范围共推出107只Web3.0相关主题基金，总金额达399亿美元，其中，资金规模排在前三位的分别是Tiger Global（老虎环球）推出的新基金Private Investment Partners（110亿美元）、a16z的第四只加密货币基金Crypto Fund 4（45亿美元），以及加密资产交易所FTX推出的风险投资基金（20亿美元）。[①] 从设立投资基金的机构类型来看，107只基金主要由6类机构发起，分别是传统风险投资机构、Crypto Fund（加密行业原生的投资机构）、生态基金、加密资产交易所、Web3.0应用类项目以及其他机构，其中，Crypto Fund、生态基金和传统风险投资机构在基金数量上相对于其他机构均表现出明显优势；但从基金规模上看，仅传统风险投资机构就占到全部基金的一半以上，而且其在基金平均规模上也占明显优势（见表9-1）。从基金公布的拟投资对象来看，基础设施、工具、元宇宙、NFT及游戏是各基金相对聚焦的投资领域，DeFi、DAO和中心化交易所则涉及较少，另有专门针对链游和基础设施的专项基金。

表9-1　2022年上半年Web3.0投资基金设立机构类型、数量和规模

类型	数量（只）	金额（亿美元）	平均规模（亿美元/只）
生态基金	28	47.88	1.71
传统风险投资机构	26	223.44	8.59
Crypto Fund	30	75.81	2.53
加密资产交易所	6	27.93	4.66
Web3.0应用类项目	9	7.98	0.89
其他机构	8	15.96	1.77

数据来源：零壹智库。

[①] 数据来源：澎湃新闻，https://www.thepaper.cn/newsDetail_forward_19214850。

二、以a16z为例的样本分析

Andreessen Horowitz（简称a16z）是一家位于美国硅谷的风投公司，旗下设立多只区块链基金，是Web3.0投资领域的代表机构。a16z的两位创始人在进入风投领域之前，一同创立过两家科技公司，在通信和云服务领域都颇有建树。2009年，两人成立了风投公司，用各自的姓氏组合成了这家风投公司的名字，并成功投资了许多互联网公司，包括Facebook、Twitter等。2013年，a16z参与了Coinbase的B轮融资，正式开启了其在Web3.0行业的投资布局。

由a16z公开的信息可知，其在Web3.0领域的投资项目几乎涵盖了所有Web3.0赛道，比如基础设施、交易所、DeFi、NFT、元宇宙、区块链游戏等。其中，基础设施类包括底层公链、加速协议、隐私协议、钱包，该类别约占四成。区块链技术尚未成熟，目前各公链都有不同的技术路线，使用的编程语言也不同，有以太坊的Solidity和近期火爆的Move语言。底层的技术设施可类比为苹果的iOS系统，苹果的应用商店会在交易中抽成，这与公链的交易手续费相似。应用和用户越多，底层公链价值则越高。有技术含量和商业价值的基础设施永远是更为安全的投资标的。

其他类别的公司从数量上说较为平均，都约占12%。以NFT为例，加密猫（CryptoKitties）曾在2018年爆火，a16z也在当时对加密猫的母公司Dapper Labs进行了投资。加密猫的热潮很快退去，许多人对这笔投资都充满不解。经过几年的沉淀，Dapper Labs又推出了轰动市场的NBA球星卡，NFT再次成为市场追捧的宠儿。资本也许目光长远，也许在试错。但正是因为这些尝试，当下最大的NFT交易市场Opensea和最受瞩目的NFT工作室Yuga Labs都能见到a16z的身影。

个人能力的变与不变

写到这里，关于Web3.0的内容差不多已"蜻蜓点水"般讲述了一遍，虽然我们花了大量的笔墨，但实际上对于Web3.0的叙述还远远不够。一方面，Web3.0本身的体系非常庞大，按照从基础设施到应用的方式进行叙述并不能将Web3.0的相关内容全部覆盖，合规方面和治理方面以及社会文化和伦理方面还有很多与Web3.0紧密相关但本书没有覆盖的内容；另一方面，Web3.0各个领域还处于一种非常迅速的发展状态，在本书的写作过程中我们就见证了以太坊的"Merge"（合并）。所以，写到最后，我们更愿意把关于Web3.0诸多细节的内容先放一放，从个人视角谈谈我们的一些想法，希望对读者有所启发。

一、不要把习以为常的模式当成理所当然

我们先来看一个关于电灯的故事。我们知道，爱迪生是一名伟大的发明家，因为爱迪生的发明，人类有了电灯、留声机、电影的摄影机和放映机。电灯的发明使人类获得一种全新的光源，人类因此打破了日出而作、日落而息的生活习惯。但在爱迪生发明了电灯之后，电灯并没有直接走进千家万户，而仅仅变成了少数富豪才能拥有的奢侈品。为什么会出现这种情况呢？因为当时只有发电机，而没有输送电力的配电网络，普通家庭要想使用电灯，就必须自备一台小型的燃油发动机，一个小小的灯泡必须由一台独立的发电机供电才能点亮黑夜。后来，来自塞尔维亚的另一名科学家特斯拉发明了交流输电系统，电灯才真正走入寻常百姓家。

这个故事说明一项伟大的发明真正走进人类的生活需要一个不断迭代的过程，这个过程不仅需要技术层面的突破以推动新发明的诞生，还需要进一步的升级以使新发明在经济成本和社会成本层面具备现实的可行性。

当下的互联网与没有配电网络支持的电灯何其相似。互联网对于人类生活的价值和意义已经清晰可见，但使用互联网带来的社会成本和经济成本显然还处于一个很高的水平，我们不能把自己习以为常的模式当成理所当然。Web3.0已经通过真实案例向我们展示了其升级改造互联网的可能性，Web3.0不是趋势，而是现实。

二、从结果上看选择大于努力，但需要基于理性做出选择

很多人都愿意说选择大于努力，当然从结果上看确实是这样的。一个方向都没有选对的人，无论怎么努力都不可能达到预期的目标；而一个站在风口上的人，无论怎么扭捏都会被风力吹上云霄。但问题是如何站在风口之上？我们不能把对风口的选择看成"扔骰子"，不能把自己的命运建立在一种完全随机的选择之上，也不能完全"听忽悠"做出自己的选择，要思考别人的故事搬到自己身上是不是还能重复上演。所以，相信选择大于努力的人，更需要理性选择！

Web3.0的发展以推动互联网升级为目标，前提是互联网服务的公共属性和互联网公司的私人属性之间存在巨大的冲突，Web3.0需要从底层技术上消除互联网公司建立垄断优势的技术基础。所以，Web3.0提出在去中心化的基本框架下通过分层协议功能组合的方式为完整的数据生命周期建立全新的基础设施。但模式的迭代既不应以功能的损失为代价，也不应成为突破更底层的价值观的借口，去中心化的技术

架构以及商业模式的改变离不开技术和资源的重新组合,但其目标始终是对外输出价值。只有在对外输出价值的前提下,我们才能去评价某种组织效率的高低,否则是否具有去中心化的属性都没有太大的意义。所以,NFT的数据确权功能和实际权益结合起来才更有意义;DeFi创造了一种全球流动性,但基础资产的价值凝聚更为重要;通证体系和DAO可以让一个组织实现更为精细化的激励,但激励的前提是具备对外输出价值的能力,因为激励虽然可以刺激需求和供给,但永远不能替代它们。

三、新的叙事需要构建全新的逻辑,在全新的逻辑中重新定位才能获得新的机会

这一点我们从一段历史说起。你一定知道,英国是资本主义的发源地。英国曾经因其遍布全球的殖民地和贸易链而被称为"日不落帝国",而全球海洋运输线的拓展对英国全球贸易链的建立发挥了非常关键的作用。但是,引领欧洲走出大西洋,开启大航海时代的并不是英国,而是西班牙和葡萄牙——哥伦布是在西班牙女王伊莎贝拉的资助下,才开始发现美洲新大陆的航行的,而全世界第一个实现环球旅行的人是葡萄牙人麦哲伦。那么为什么西班牙和葡萄牙并没有因此建立自己的全球贸易链,而英国最终却凭借西班牙和葡萄牙开拓的航线成就了自己全球贸易霸主的地位呢?

一个很重要的原因就在于,西班牙和葡萄牙把海洋看成从欧洲大陆迈向其他大陆的障碍,只有跨越这个障碍,才可以获得其他大陆的金银和财富。历史上,西班牙和葡萄牙的殖民者在踏上新大陆之后,一方面忙着和当地的土著抢地盘,另一方面忙着把从当地掠夺的黄金、白银运回欧洲,海洋对于他们来说,就是一个拦在财富之路上的障碍。

这种以掠夺财富为核心的思路是一种典型的"陆权思想"。

但是，英国就没那么"幸运"了。等英国走出去的时候，最富饶、最容易到达或者最方便掠夺的土地已经被西班牙和葡萄牙瓜分得差不多了。英国只能就近占领一些处于大陆边缘，但是距离大洋航线比较近的"弹丸之地"，比如新加坡和南美最南端的马岛之类的地方。这些地方虽然没有丰富的物产，但是对于贸易航线的建立却非常重要。通过这些"弹丸之地"的串联，英国人可以在广阔无垠的蔚蓝大海上经营自己的海上交通线，通过配备方便贩运货物的仓储设施、方便交易的市场、方便分摊风险的保险交易所，以及船只修理、物资补给和人员修整等一系列设施和服务，不仅使海上交通线本身变成了创造财富的"海上黄金线"，也最早通过全球贸易使自己变成了"世界工厂"。

英国的故事就是这样的，从这段历史中，我们看到的是，新的叙事以构建全新的逻辑为基本特征，在全新的逻辑中定位自己才能获得新的机会。Web3.0正是为我们开启了下一代互联网的全新叙事，在这次全新的叙事中，数据逻辑和业务逻辑变得同等重要，并放协作和规则透明成为全新的标准。而站在个人技能的角度，有两种技能在Web3.0时代显得非常重要。

一种是与场景相关的软件开发能力。在协议无处不在且智能合约的效率优势不断显现的背景下，能够凭借对场景的理解进行代码开发就显得非常重要。基于合约的代码开发完全有可能建立全新的商业模式，而且低代码甚至无代码平台的出现使得没有技术背景的人员也可以加入软件开发的队伍，比如从事设计或者艺术创作的人员，除了具备独特的美学素养，还要具备使用3D引擎进行设计的能力。在这种情况下，很多人都可能因为成为Web3.0的建设者而获得分享互联网下一波红利的机会。

另一种是创新产品的体验能力。在Web3.0世界中，数据是最核心的生产要素，对于新上线的产品来说尤其如此。作为创新产品的体验者，你不仅需要学习新的操作技能，完成新的体验，还要面对新的风险，接受代码漏洞带来的各种考验。所以，产品体验者往往可以获得各种奖励，甚至可能因为体验产品变成早期社区的重要成员，开启一段伴随社区成长的重要经历。从数据逻辑来看，产品体验者也应该获得奖励。